Aristoteles zur Einführung

Christof Rapp

Aristoteles zur Einführung

JUNIUS

Junius Verlag GmbH
Stresemannstraße 375
22761 Hamburg
info@junius-verlag.de
www.junius-verlag.de

Umschlaggestaltung: Florian Zietz
Titelfoto: Archiv Gerstenberg
Satz: Druckhaus Dresden/Junius Verlag
Printed in the EU 2026
ISBN 978-3-88506-690-3
7., korrigierte Auflage 2026

Bibliografische Information der Deutschen Nationalnbibliothek
Die Deutsche Nationalbibliothek verzeichnet diese Publikation in der Deutschen Nationalbiografie; detaillierte bibliografische Daten sind im Internet über http://dnb.dnb.de abrufbar.

Inhalt

Vorbemerkung

Eine einigermaßen befriedigende Darstellung eines so vielseitigen Denkers wie Aristoteles ist auf rund 250 Taschenbuchseiten kaum zu leisten, wenn man nicht in die bloße Aufzählung von Lehrsätzen verfallen will. Um aus dieser Not eine Art von Tugend zu machen, verzichte ich auf das gelehrte Drumherum und konzentriere mich ganz auf die für eine Auseinandersetzung mit dem Philosophen Aristoteles zentralen Argumente. Unter anderem erspare ich den Leserinnen und Lesern den Versuch, aus den dürftigen biografischen Informationen ein Charakterbild des Aristoteles zu erschließen. Auch fange ich gar nicht erst damit an, im Haupttext aus der fast unerschöpflichen Forschungsliteratur zu zitieren. Stattdessen gebe ich in den Anmerkungen jeweils Hinweise auf neuere und weiterführende Literatur; auch dabei wird keine Vollständigkeit angestrebt.

Zahlreiche Korrekturen zur ersten Auflage hat Tim Wagner beigesteuert. Bei den weiteren Auflagen kamen wichtige Anregungen und Korrekturen von Mitarbeiterinnen und Mitarbeitern in Berlin und München hinzu. Zur vierten Auflage habe ich die Einleitung erweitert und eine Skizze der Wirkungsgeschichte ergänzt, in der fünften Auflage wurde Kapitel 9 wesentlich erweitert. In der sechsten Auflage habe ich ein Kapitel über die Grundzüge der Aristotelischen Biologie eingefügt. Wie bei den vorigen Auflagen wurden die Literaturhinweise aktualisiert.

1. Einleitung

Leben

Aristoteles wurde im Jahr 384 v. Chr. im makedonischen Teil von Griechenland, in Stagiros, geboren.[1] In den Jahren 367 bis 347 war er – zunächst als Student, später als Lehrender – Mitglied der platonischen Akademie in Athen. Wahrscheinlich verfasste er schon in dieser Zeit eigene Schriften, die zwar meist an Platon und Lehrmeinungen der Akademie anknüpften, diese Lehren aber in origineller Weise umformten. Platon starb 347 im Alter von achtzig Jahren. Im selben Jahr noch verließ Aristoteles Athen. Kurz zuvor hatte Philipp II. von Makedonien die von den Athenern unterstützte Stadt Olynthos eingenommen, was zu wachsenden antimakedonischen Umtrieben in Athen geführt hatte; als Freund der Makedonier dürfte auch Aristoteles unter diesen Umständen um seine Sicherheit in Athen gefürchtet haben. Auf Einladung des Hermias von Atarneus gelangte Aristoteles nach Assos und später nach Mytilene auf der gegenüber von Assos gelegenen Insel Lesbos. Hermias war ein philosophisch interessierter Herrscher an der kleinasiatischen Küste, dessen Verbindungen zu Platons Akademie dokumentiert sind. Aristoteles fühlte sich ihm freundschaftlich verbunden; später heiratete Aristoteles dessen Schwester oder Nichte Pythias. Aus dieser Verbindung gingen die beiden Kinder des Aristoteles, ein Sohn namens Nikomachos und eine Tochter namens Pythias, hervor.

Auf die Zeit, die Aristoteles auf der Insel Lesbos verbrachte, geht offenbar auch die Freundschaft mit Theophrast zurück. Man nimmt an, dass sich Aristoteles in dieser Zeit zusammen mit Theophrast den naturwissenschaftlichen und vor allem den zoologischen Studien zuwandte. Wahrscheinlich aufgrund der Verbindung von Hermias mit dem makedonischen Hof wurde Aristoteles im Jahr 343/2 von Philipp II. zum Lehrer seines damals jugendlichen Sohnes Alexander bestellt. Da dieser wenig später ein Weltreich begründete und als Alexander der Große in die Geschichte einging, würde man gerne mehr über den Einfluss des Philosophen Aristoteles auf den späteren Feldherrn wissen. Allerdings sind nur wenige Details bekannt: Alexander begeisterte sich für die Epen Homers, und Aristoteles ließ für ihn eine Abschrift der *Ilias* anfertigen, die dieser auch später auf seinen Feldzügen mit sich geführt haben soll. Eine Verbindung zwischen Aristoteles' politischem Denken und Alexanders Feldzügen lässt sich dagegen weniger leicht herstellen: In Aristoteles' politischer Philosophie dreht sich alles um den griechischen Stadtstaat, die *polis*, die eine bestimmte Größe nicht überschreiten soll – ein politisches Gebilde von dem Ausmaß, wie es durch Alexanders Eroberungen zustande kam, findet hingegen bei Aristoteles keinerlei Berücksichtigung. In einem späteren Brief an seinen Freund Antipater kritisiert er den Feldherrn Alexander dafür, dass dieser von seinen Untergebenen Unterwerfungsgesten nach persischem Brauch einforderte.

Nach Abschluss der erzieherischen Tätigkeit am makedonischen Hof reiste Aristoteles unter anderem auch nach Delphi, wo er beauftragt wurde, eine Liste der Sieger bei den pythischen Spielen zu erstellen. Für diese Leistung wurde ihm ein Ehrendekret verliehen, das in einer bei modernen Ausgrabungen wiederentdeckten Inschrift dokumentiert ist. Erst um das Jahr 336/335 herum kehrte Aristoteles nach Athen zurück; dies war wohl durch die uneingeschränkte Vormachtstellung Makedoniens nach der Schlacht von

Chaironeia (338) und der Zerstörung Thebens (335) möglich geworden. Die philosophische Ausrichtung der platonischen Akademie hatte sich unter der Leitung von Platons Nachfolgern deutlich verändert. Nach Platons Tod hatte dessen Neffe Speusipp die Leitung der Akademie übernommen; dass Aristoteles dessen Philosophie nicht besonders schätzte, ist an mehreren Stellen seines Werks deutlich zu spüren. Als Aristoteles nach Athen zurückkehrte, war bereits seit einigen Jahren der ihm näherstehende Xenokrates Leiter der Akademie. Er war nach Speusipps Tod im Jahr 339/8 in einer formellen Wahl zum Schuloberhaupt bestimmt worden; dass – der philosophisch wohl deutlich überlegene – Aristoteles bei dieser Wahl nicht berücksichtigt wurde, erklärt eine antike Quelle damit, dass Aristoteles zu dieser Zeit eben nicht in Athen gewesen sei. Aristoteles gründete seine eigene Schule, das Lykeion; während der Jahre im Lykeion dürfte eine große Zahl seiner philosophischen und wissenschaftlichen Werke entstanden sein. Im Jahr 323 musste Aristoteles – nach dem Tod Alexanders – erneut aus Athen fliehen; er starb 322 in Chalkis auf Euböa. In einem Testament wünscht er, neben seiner verstorbenen Frau bestattet zu werden, regelt die Verheiratung seiner Tochter und trifft Vorkehrungen für die Versorgung seiner Wirtschafterin Herpyllis. Aristoteles' Schule wurde zunächst von seinem Freund und Schüler Theophrast weitergeführt. Die Philosophen aus dem Umkreis von Aristoteles und Theophrast wurden als Peripatetiker bezeichnet.

Voraussetzungen

Prägend ist für Aristoteles natürlich die Philosophie seines Lehrers Platon. Das markanteste Lehrstück Platons ist die Ideenlehre: Neben den wahrnehmbaren Einzeldingen gibt es allgemeine, ewige Formen und Ideen, die nur durch vernünftiges Denken, nicht aber durch Wahrnehmung zugänglich sind. Weil die Ideen konstant und unvergänglich sind, stellen sie – verglichen mit den inkonstanten Dingen der Wahrnehmungswelt – das eigentlich Seiende dar; und nur durch Teilhabe an den ewigen Ideen werden die Dinge der Wahrnehmungswelt erkennbar. Aristoteles folgt seinem Lehrer zwar darin, dass man Formen, wie die Form des Menschen, des Pferdes usw., annehmen muss, um zu erklären, warum konkrete Dinge wie einzelne Menschen und Pferde existieren und Gegenstand von Erkenntnis sein können, doch betont er gegen Platon stets, dass diese Formen in den Dingen der Wahrnehmungswelt zu finden und nur vermittels der Wahrnehmung und Erfahrung, nicht aber (wie bei Platon) durch eine vorgeburtliche Bekanntschaft mit den Ideen zu erfassen seien.

In Fragen der Ethik lehnt Aristoteles Platons These ab, die Idee des Guten sei das höchste Strebensziel, jedoch versucht er wie Platon das Verhältnis von Glück und Tugend durch eine Seelenlehre zu erläutern, die die Tugend als geordneten oder harmonischen Zustand der Seele beschreibt. Verglichen mit Platon, wertet Aristoteles in der Ethik die Bedeutung des Charakters und der Gewöhnung gegenüber der Vernunft auf; in der politischen Philosophie scheint er mehr an Fragen konkret existierender Verfassungen interessiert. Während Platon die Philosophie als eine alle Teilbereiche integrierende Einheitswissenschaft auffasst, setzt Aristoteles den schon in Platons Akademie auszumachenden Trend fort, die Einzelwissenschaften als eigenständige Disziplinen zu konzipieren. Insgesamt ist Aristoteles viel stärker an einzelwissenschaftlichem Studium und an empirischer Forschung interessiert als Platon und bemüht sich mehr als dieser um eine Versöhnung zwischen philosophischen Thesen und den Intuitionen des Common Sense.

Eine zweite wichtige Voraussetzung für die Philosophie des Aristoteles stellen die Vorsokratiker dar. Die früheste Phase der

Vorsokratik, die milesische Naturphilosophie, ist durch die Frage nach dem materiellen Ursprung der Welt geprägt. Parmenides von Elea dagegen kritisiert die Art, wie man gemeinhin über das Seiende spricht, denn das wahre Seiende schließe das Nichtsein aus. Deshalb könne das Seiende weder entstanden noch vergänglich und auch nicht von Seiendem verschieden sein, denn Seiendes wäre dann nicht Seiendes. Während Parmenides' Schüler Zenon von Elea deshalb Vielheit und Bewegung als abwegige Annahmen zu erweisen sucht, halten die so genannten jüngeren Naturphilosophen zwar an der Einsicht fest, dass Seiendes nicht aus Nichtseiendem entstehen kann, ersetzen den eleatischen Monismus aber durch einen Pluralismus. So nimmt Empedokles vier unvergängliche Elemente an, durch deren Mischung und Trennung er das Entstehen und Vergehen von Gegenständen erklären kann. Auch der Atomismus des Demokrit setzt voraus, dass das wirklich Seiende nicht mit dem Nichtseienden vermischt sein darf und nicht entstehen kann; insofern verhalten sich die Atome, die unteilbar und unvergänglich sind, ähnlich wie das eleatische Seiende, obwohl es unendlich viele davon gibt.

Aristoteles kritisiert oft den Materialismus der Milesier und der jüngeren Naturphilosophen; er bemängelt daran, dass sie die Natur ohne Formal- und Finalursachen zu erklären versuchen und das Denken nicht von der Wahrnehmung zu unterscheiden verstehen. Seine eigenen Lehren zu den materiellen Elementen der Welt und zur Physiologie der Sinneswahrnehmung entwickelt er in enger Anlehnung an Philosophen wie Empedokles, Anaxagoras und Demokrit.

Werk und Überlieferung

Die antiken Schriftenkataloge nennen für Aristoteles eine fast unglaubliche Zahl von Schriften.[2] Der Katalog des Diogenes Laërtius (V 21 ff.) erwähnt über 150 Titel, die in etwa 500 so genannten Büchern abgehandelt werden, wobei wichtige der uns erhaltenen Werke (z.B. die *Metaphysik* sowie die naturwissenschaftlichen Schriften mit Ausnahme der *Historia Animalium*) in diesem Verzeichnis noch nicht einmal erwähnt werden. Nimmt man dieses Verzeichnis zur Grundlage, dann wäre von Aristoteles' Werk nicht mehr als ein Drittel der dort erwähnten Titel erhalten. Unter den nicht erhaltenen Werken befinden sich u.a. die für ein breiteres Publikum bestimmten Dialoge. Die erhaltenen Schriften haben durchweg den Charakter von Abhandlungen (auch »Pragmatien« genannt); ihr trockener Stil und der Anschein von Unabgeschlossenheit haben den Eindruck erweckt, es handle sich dabei um Vorlesungsaufzeichnungen. Möglicherweise rührt dieser Zustand der aristotelischen Schriften auch daher, dass die Texte mehrfach überarbeitet, ergänzt oder umgestellt worden sind. Das Werk des Aristoteles umfasst neben den in dieser Einführung behandelten Themen, die zur Philosophie im engeren Sinn gehören, auch Arbeiten zur Philosophiegeschichte, Biologie, Zoologie, Physiologie, Meteorologie, Astronomie, zur Physiognomie, zur Homer-Exegese usw. Außerdem scheint er 158 Staatsverfassungen gesammelt und beschrieben zu haben.

Aristoteles' Schriften sind immer argumentativ, problemorientiert, nüchtern und unprätentiös. Sein Werk enthält aber auch viele Inkonsistenzen, Wiederholungen und Brüche. Dies hat zu der These geführt, dass seine Philosophie eine Entwicklung durchlaufen hat, die für die vermeintlichen Widersprüche verantwortlich sein müsse. Der prominenteste Versuch dieser Art unterstellt, dass alle frühen Schriften des Aristoteles eine besondere Nähe zu Platon aufweisen und dass die übrigen Schriften umso später zu datieren seien, je weiter sie von Platons Denken entfernt scheinen.[3] Allerdings erweisen sich Projekte dieser Art als problematisch: Wie soll man wissen, ob Aristoteles eine kontinuierliche Abwendung von Platon vollzog? Er könnte sich der platonischen Philosophie ebenso gut nach einer Phase der Rebellion wieder angenähert haben. Außerdem ist in vielen Fragen der aristotelischen Philosophie das Verhältnis zu Platon einfach irrelevant.[4] – Sicherlich ist richtig, dass Aristoteles in den Jahren seiner schriftstellerischen Tätigkeit eine Entwicklung durchlaufen hat, doch ist der Versuch, diese Entwicklung im Detail nachzuzeichnen, ebenso undurchführbar wie philosophisch nutzlos. Die Inkonsequenzen in seinem Werk haben nicht nur mit einer philosophischen Entwicklung zu tun, sondern spiegeln auch den Umstand wider, dass Aristoteles in seinen Abhandlungen dieselben Begriffe und Probleme immer wieder neu und aus unterschiedlichen Blickwinkeln diskutiert, ohne sich dabei allzu sehr um frühere Sprachregelungen zu kümmern. Das uns erhaltene Werk ist von ihm nie mit der Absicht publiziert worden, der Nachwelt ein lückenlos konsistentes Lehrgebäude zu hinterlassen; vielmehr gewährt es Einblick in das Denken eines Autors, der nie aufgehört hat, seine Grundgedanken zu modifizieren und zu erweitern.

Die Berichte über das Schicksal der aristotelischen Schriften nach dem Tod seines Schülers Theophrast muten zum Teil abenteuerlich an; sie sprechen davon, dass das Werk oder zumindest die Bücher des Aristoteles für mehrere Jahrhunderte in einem Keller verschwunden waren. Tatsächlich enthalten die Schriftenverzeichnisse dieser Zeit – nämlich das bereits erwähnte Verzeichnis des Diogenes Laërtius sowie das Verzeichnis der *Vita Hesychii* – auffallende Lücken, so dass vielleicht ein Teil seines Werkes in hellenistischer Zeit wirklich nicht zugänglich war.[5] Jedenfalls wird die erste Edition der aristotelischen Schriften im 1. Jahrhundert v.

Chr. von Andronikos von Rhodos vorgenommen; man geht heute davon aus, dass einige der Bücher, wie die *Metaphysik* oder die *Physik*, von Andronikos teilweise aus thematisch verbundenen Einzelbüchern zusammengestellt wurden. Das bedeutet nicht zwingenderweise, dass Andronikos selbst Eingriffe vorgenommen oder nicht vorhandene Zusammenhänge erst gestiftet hätte; jedoch gibt es in einigen Fällen begründeten Zweifel, dass die Zusammenstellung und die Anordnung gerade der aus mehreren Büchern bestehenden Werke auf Aristoteles selbst zurückzuführen ist.

Die Überlieferung des Aristotelischen Werks von Andronikos' Erstausgabe bis zu den modernen Ausgaben und Übersetzungen ist verschlungen und voller Brüche. Die Abschriften des griechischen Originals wurden in so genannten Unzialhandschriften, d.h. in Großbuchstaben, ohne Akzente, Hauch- und Satzzeichen und ohne Wortzwischenräume vorgenommen. Irgendwann wurde diese Schreibweise auch unter den des Griechischen mächtigen Lesern unverständlich, so dass im 9. Jahrhundert in Konstantinopel Abschriften des Aristotelischen Werks in die damals gebräuchlichere Kleinschreibung mit Wortzwischenräumen und Satzzeichen vorgenommen wurden. Im Falle des Aristoteles wurden in der Regel wohl zwei solcher Abschriften angefertigt, so dass die direkte Überlieferung des griechischen Textes von diesen beiden Abschriften abhängig ist, während die älteren antiken Vorlagen nicht mehr zugänglich sind. Die beiden Abschriften aus dem 9. Jahrhundert beruhen wiederum auf zum Teil abweichenden antiken Überlieferungstraditionen, unterscheiden sich also in manchmal wichtigen Details. Zumindest eine dieser beiden Abschriften ist nicht selbst bekannt, sondern muss durch spätere Abschriften, die zwischen dem 10. und 15. Jahrhundert angefertigt wurden, rekonstruiert werden. Auf der Grundlage dieser Abschriften wurde in den Jahren 1495-1498 in Venedig die erste gedruckte (griechische) Gesamtausgabe des Aristotelischen Werks von Aldus Manutius veranstaltet (die so genannte »Aldina«). Die griechischen Abschriften stellen aber nur einen Weg der Überlieferung des Aristoteles dar. Ein kleiner Teil des Aristotelischen Werks, nämlich die logisch-methodischen Schriften (das »Organon« bzw. ein Teil davon), wurde bereits in der Antike durch Boethius ins Lateinische übertragen und konnte so im Westen Europas in lateinischer Sprache rezipiert werden, während die nur auf Griechisch erhaltenen Werke zwar im byzantinischen Osten rezipiert und kommentiert wurden, für den lateinischen Westen aber unzugänglich waren. Eine große Übersetzungswelle aus dem Griechischen ins Lateinische erfolgte erst im 12. und 13. Jahrhundert. Ein anderer Teil des Aristotelischen Oeuvres wurde in arabischen Übersetzungen überliefert und erst vermittels lateinischer Übersetzungen des Arabischen im lateinischen Westen bekannt. Seit dem 9. Jahrhundert hatte der Kalif von Bagdad systematisch Übersetzungen des Aristotelischen Werks ins Arabische anfertigen lassen, wobei die Texte in der Regel zunächst ins Syrische oder Aramäische und dann erst ins Arabische übertragen wurden.

Erst im 19. Jahrhundert erschien die erste kritische Gesamtausgabe des Corpus Aristotelicum; diese veröffentlichte Immanuel Bekker zwischen 1831 und 1837 im Auftrag der Preußischen Akademie der Wissenschaften. Von der Erstausgabe durch Aldus Manutius unterscheidet sich diese Akademie-Ausgabe u.a. dadurch, dass Bekker mehrere Handschriften vergleicht und die Varianten in einem kritischen Apparat dokumentiert. Auch die in der Aldina noch nicht enthaltenen Schriften *Poetik* und *Rhetorik* sind in Bekkers Ausgabe ediert. Neben der Edition des Corpus Aristotelicum stellt die Sammlung der verstreut erhaltenen Fragmente Aristotelischer Schriften eine wichtige Herausforderung für die philologische Forschung dar. So wurde 1870 die Bekker-Ausgabe um einen von Valentin Rose edierten Band ergänzt, der die Fragmente verlorener Werke des Aristoteles versammelt (dieser Band wurde

1987 durch Olof Gigons Fragmentsammlung ersetzt). Alle modernen Ausgaben sind im Grunde Weiterentwicklungen dieser Akademie-Ausgabe. Eine unverzichtbare Ergänzung dieser Gesamtausgabe stellt die Edition aller antiken griechischen Kommentare zu Aristoteles (*Commentaria in Aristotelem Graeca*) dar, die in den Jahren 1882 bis 1909 unter der Leitung von Hermann Diels – ebenfalls im Auftrag der Preußischen Akademie der Wissenschaften – veranstaltet wurde und gegenwärtig um die griechischen Kommentare aus byzantinischer Zeit (*Commentaria in Aristotelem Graeca et Byzantina*) ergänzt wird. Eine deutschsprachige Gesamtausgabe des Aristoteles wurde 1956 von Ernst Grumach begründet und nach Grumachs Tod von dem Gräzisten Hellmut Flashar fortgeführt.

2. Ethik

Praktische Philosophie

Aristoteles gliedert die Bereiche, in denen der Mensch überhaupt Wissen erlangen kann, in theoretische, praktische und herstellende Disziplinen. (Met. 1025 b 25 f.) Der Unterschied zwischen theoretischen Disziplinen einerseits und praktischen sowie herstellenden andererseits besteht darin, dass Erstere ausschließlich auf Erkenntnis der Wahrheit aus sind, während es bei den Letzteren nicht allein darum geht zu erkennen, wie die Welt ist, sondern auch darum, verändernd auf sie einzuwirken. Herstellende Disziplinen tun dies, indem sie untersuchen, unter welchen Bedingungen bestimmte Produkte auf gute Weise realisiert sind, und dann die Herstellung entsprechender Produkte anleiten. Auch praktische Disziplinen zielen auf eine Veränderung der Wirklichkeit ab, jedoch auf solche Veränderungen, die aus unseren Handlungen und Entscheidungen resultieren. Handlungen aber haben nach der aristotelischen Terminologie kein selbstständiges und vom Vollzug der Handlung ablösbares Produkt zum Ziel, so wie die Dichtkunst die fertige Tragödie und die Schuhmacherkunst den bequemen Schuh zum Ziel haben. (EN 1140 a 1 ff.) Bei Handlungen geht es vielmehr um das Gelingen, also um ein Ziel, das im Vollzug der Handlungen selbst liegt. »Gelingen der Handlung« wiederum heißt bei Aristoteles, dass das, was man tut, zu einem guten und glücklichen Leben beiträgt. Der »praktische« Teil der Philosophie hat es daher allgemein mit menschlichen Handlungen und dem guten Leben zu tun.

Aristoteles behandelt die praktische Philosophie in mehreren Schriften; die wichtigsten Werke sind die *Nikomachische Ethik* und die *Eudemische Ethik*. In den letzten Jahren neigt die Forschung zu der Ansicht, dass die Eudemische Ethik, die bislang weniger Beachtung gefunden hat als die *Nikomachische Ethik*, als die ältere der beiden Schriften anzusehen ist. Nach der überlieferten Form haben die beiden Ethiken insgesamt drei Bücher gemeinsam (EN V = EE IV; EN VI = EE V; EN VII = EE VI), womit gewisse Brüche im Gedankengang und in der Terminologie verbunden sind. Die Authentizität einer weiteren ethischen Schrift mit dem Titel *Magna Moralia* wird inzwischen überwiegend bezweifelt. Zur praktischen Philosophie gehört auch die *Politik*, die das Wesen einer Polis diskutiert und eine ausführliche Verfassungslehre entfaltet. Daran schließen sich *Der Staat der Athener*[6], ein Bruchstück aus einer umfassenden Sammlung griechischer Verfassungen, und die *Ökonomik* als Teil der Politik an.

Praktische Philosophie umfasst neben der Ethik die politische Philosophie sowie als Teil der Ethik die Handlungstheorie. Etwas verwirrend ist, dass Aristoteles als gemeinsamen Oberbegriff für Ethik und Politik den Ausdruck »hê politikê – die politische Wissenschaft« gewählt hat. (EN 1094 a 27, Rhet. 1356 a 27) Diese Wortwahl führt leicht zu Missverständnissen wie demjenigen, dass für Aristoteles das Politische den Vorrang vor der individuellen Ethik genießen würde; tatsächlich aber rührt die Bezeichnung von der Vorstellung her, dass der wahre Staatsmann (griech.: politikos) jemand sei, der die Menschen besser machen könne (vgl. Platon, Gorgias 503 b, 516 e) und dazu über eine ethisch-moralische Kompetenz verfügen müsse. Daher ist der weite Begriff der »politikê«, der den gesamten Bereich der praktischen Philosophie umfasst, vom engeren Begriff der Politik im Sinne der Staats- und Verfassungslehre strikt zu unterscheiden.

Den Nutzen der praktischen Philosophie kann man leicht sehen: In der praktischen Philosophie geht es um das gute Leben; jeder versucht, eher ein gutes als ein schlechtes Leben zu verwirklichen. Dieses Ziel wird man mit größerer Zuverlässigkeit erreichen, wenn man zuvor eine gewisse Kenntnis davon erworben hat, wie das gute Leben beschaffen sein muss. Es verhält sich, so Aristoteles, ähnlich wie beim Bogenschützen, der sein Ziel vor Augen haben muss, um es treffen zu können. (EN 1094 a 23 f.) Der praktischen Philosophie kommt es nicht auf die Erkenntnis allein, sondern auf das Handeln bzw. das Gelingen des Handelns an. (EN 1095 a 5 f.)

Allerdings ergibt sich gegen das Projekt eines auf das Handeln und das gute Leben gerichteten Teils der Philosophie auch ein gewichtiger Einwand: Eine solche Disziplin muss sich mit der Frage auseinander setzen, welche Dinge als gut, gerecht usw. gelten. Darüber bestehen jedoch bekanntermaßen Meinungsverschiedenheiten; und es kommt auch vor, dass sich Dinge, die für den einen gut und nützlich sind, für den anderen schädlich auswirken. Man könnte demnach einwenden, dass solche Fragen nur auf wechselhaften Konventionen beruhen und dass eine Wissenschaft von solchen Dingen ausgeschlossen ist. Aristoteles macht sich diesen Einwand selbst und räumt ihn folgendermaßen aus: Erstens ist es durchaus richtig, dass ethische Fragen nicht mit derselben Exaktheit behandelt werden können wie etwa die der Geometrie; es wäre aber auch völlig unangebracht, einen derartigen Exaktheitsgrad von der Ethik zu verlangen und sie dann als unzureichend zu verwerfen, weil sie ihn nicht erfüllen kann. Vielmehr hat man es hierbei mit einem Bereich zu tun, in dem Ausnahmen immer möglich sind. Zum Beispiel gilt normalerweise der Reichtum als ein Gut, es gibt allerdings auch immer wieder Fälle, in denen jemand durch seinen Reichtum zu Schaden kommt. (EN 1094 b 18 f.) Praktische Philosophie zielt daher gar nicht auf strikt allgemeine und notwendige Aussagen; was von ihr zu erwarten ist, sind Sätze, die in der Regel (hôs epi to poly) wahr sind. Dass es die praktische Philosophie mit Aussagen zu tun hat, die nur in der Regel gelten, ist ein Merkmal, das die Möglichkeit echter Wissenschaft keineswegs ausschließt. (Met. 1027 a 20 f.) Sätze, die in der Regel gelten, sind für Aristoteles nicht nur Ausdruck einer statistischen Wahrscheinlichkeit, sondern sind am ehesten mit den notwendigen Sätzen verwandt, obwohl sie anders als diese den Vorbehalt möglicher Ausnahmen enthalten. Daher kann der Bereich, der es mit In-der-Regel-Sätzen zu tun hat, durchaus Gegenstand wissenschaftlicher Betrachtung sein. (An. post. 87 b 20 ff.) Zweitens kann praktische Philosophie natürlich nicht bestimmen, was für den Einzelnen in einer konkreten Situation das Richtige ist; solche konkreten Fragen sind für Aristoteles Sache einer besonderen Art von Tugend, der so genannten praktischen Vernünftigkeit (phronêsis). Die praktische Philosophie kann hierüber nur skizzenhaft handeln (EN 1098 a 20 ff.); diese grobe Skizze in Anbetracht bestimmter Gegebenheiten auszufüllen ist dann Sache des Handelnden, nicht des Philosophen. Drittens kann der Gegenstand der praktischen Philosophie nicht wie die Lehrsätze der Geometrie gelehrt werden; die Vermittlung solcher Überlegungen setzt vielmehr voraus, dass der Hörer schon eine gewisse Erfahrung mit Handlungen in der Wirklichkeit des Lebens hat. (EN 1095 a 3) Wer nicht von Kind auf gelernt hat, was es heißt, gut oder schlecht zu handeln, kann dies auch nicht in einer Ethikvorlesung lernen. Das heißt, dass praktische Philosophie immer an eine bestehende Praxis anknüpfen muss. Überhaupt ist die philosophische Ethik nur für jemanden nützlich, der bereits daran gewöhnt ist, sein Leben nach den Ergebnissen vernünftiger Überlegungen auszurichten und bei seinen Handlungen nicht nur Begierden und emotionalen Impulsen zu folgen.

Glück als das höchste Gut

Was die Menschen bewusst und absichtlich tun, das tun sie, so Aristoteles, um einer Sache willen, die ihnen als gut erscheint. Was gut ist, wird erstrebt, und so ist das Streben nach dem Guten oder den Gütern der eigentliche Antrieb für das Tun der Menschen. Daher beruht Aristoteles' Ethik auf einer allgemeinen Theorie des Strebens und der Güter. Das gute Leben bzw. das Glück (eudaimonia) nimmt in dieser Theorie die Rolle des höchsten Gutes bzw. des höchsten Strebensziels ein.

Was ein Gut ist, lässt sich am einfachsten durch eine dreigeteilte Güterliste veranschaulichen, die zwischen äußeren Gütern, inneren Gütern des Körpers und inneren Güter der Seele unterscheidet. (Pol. 1323 a 24 ff.) Zu den äußeren Gütern gehören u. a. Reichtum, Freundschaften, gute Herkunft, gute Nachkommen, Ehre, günstiges Geschick, zu den inneren Gütern des Körpers gehören Gesundheit, Schönheit, Stärke, athletische Fähigkeiten, und als innere Güter der Seele gelten die verschiedenen Tugenden. (Rhet. I 5) Definiert wird ein Gut als das, wonach alle streben oder was um seiner selbst willen gewählt wird oder um dessentwillen man andere Dinge wählt. (EN 1094 a 2 f., Rhet. 1362 a 21 ff.) Alles, was man absichtlich tut, tut man, weil man ein bestimmtes Gut erstrebt und zu erlangen sucht. Güter sind demnach die Strebensziele aller absichtlichen Handlungen. Ein solches Ziel kann von der betreffenden Aktivität verschieden sein, so wie das fertige Haus das vom Bauen zu unterscheidende Ziel des Bauens ist, oder in der Aktivität selbst liegen, so wie das gute Leben zwar ein Ziel, jedoch nicht wie ein Produkt vom Vollzug des Lebens abtrennbar ist.

Viele der Strebensziele sind Glieder einer hierarchisch geordneten Reihe: Man lernt etwas um einer Prüfung willen, man absolviert die Prüfung um einer bestimmten beruflichen Qualifikation willen, man übt den Beruf um des Lebensunterhalts willen aus. Ließe sich nun die Reihe solcher Strebensziele ins Unendliche fortsetzen, dann wäre das Streben leer und nutzlos (EN 1094 a 21); also, schließt Aristoteles, müssen solche Reihen durch ein oberstes Ziel abgeschlossen werden, das um seiner selbst und nicht um einer anderen Sache willen gewählt wird. Nun gelangt Aristoteles von der Prämisse, dass keine dieser Güterreihen ohne Endziel bleiben darf, zu der Konklusion, dass es genau *ein* höchstes Endziel für alle möglichen Strebenshierarchien geben muss. Damit begeht er einen Fehlschluss, denn verschiedene hierarchisch geordnete Güterreihen würden auch dann noch abgeschlossen sein, wenn jede dieser Reihen über ein eigenes höchstes Ziel verfügte. – Trotz dieses logischen Fehlers ist Aristoteles' Argument keineswegs abwegig, denn wenn man davon ausgeht, dass schon aus Gründen der begrenzten Zeit und Ressourcen verschiedene Strebens- und Güterreihen in einem Leben koordiniert werden müssen, dann setzt eine solche, nach Gründen erfolgende Koordination verschiedener Strebensziele einen einheitlichen Maßstab voraus, und einen solchen liefert nach Aristoteles unsere Vorstellung vom einen höchsten Gut, dem guten Leben.

Bevor aber das höchste Ziel mit dem guten Leben bzw. dem Glück identifiziert werden kann, bestimmt Aristoteles formale Kriterien, die ein höchstes Gut oder Ziel erfüllen muss (EN 1097 a 25 ff.): 1. Es gibt Dinge, die nur um anderer Ziele willen gewählt werden (wie eine Medizin), und Dinge, die sowohl um ihrer selbst als auch um anderer Ziele willen gewählt werden (wie Lust und Tugend). Das höchste Gut oder Ziel jedoch wird nur um seiner selbst und niemals um einer anderen Sache willen gewählt. 2. Das höchste Gut wird nicht dadurch vergrößert, dass ein anderes Gut hinzugezählt wird. Diese Kriterien werden nach allgemeiner Erwartung von der »eudaimonia« erfüllt: 1. Güter wie Gesundheit, Freundschaft, Wohlstand erstrebt man um eines guten Lebens willen, aber nicht umgekehrt das gute Leben um solcher Güter willen. 2. Es wäre abwegig zu sagen, dass das gute Leben zu einem größeren Gut würde, wenn ein anderes Gut, das sonst um des guten Lebens willen gewählt wird, hinzukommt: Wer insgesamt ein gutes Leben hat, der wird nicht noch glücklicher, wenn z. B. noch 100 Drachmen oder eine Flasche Wein zu seinem Glück hinzukämen.

Formal ist daher klar, dass das im Leben erreichbare Glück das höchste Gut und letzte Strebensziel darstellt.[7] Allerdings ist die Frage kontrovers, worin das Glück besteht, und nicht alle Auffassungen über den konkreten Inhalt des guten Lebens erfüllen die formalen Kriterien eines höchsten Guts. So kann ein Leben, das ausschließlich auf die Anhäufung von Reichtum gerichtet ist, nicht nach dem gesuchten höchsten Gut streben, denn Reichtum ist immer das Mittel zum Zweck des Erwerbs anderer Dinge, und was um anderer Dinge willen da ist, kann nicht das höchste Gut sein. (EN 1096 a 5 ff.)

Das für den Menschen gute Leben

Worin besteht für den Menschen das gute oder glückliche Leben? Wenn es sich dabei um das höchste Strebensziel handelt, auf das mittelbar oder unmittelbar alle Handlungen eines Menschen ausgerichtet sind, dann ist klar, dass sich die philosophische Ethik an erster Stelle um eine Bestimmung der menschlichen »eudaimonia« bemühen muss. Wie aber kann man allgemein das für den Menschen gute Leben bestimmen, wenn es doch unter den Menschen ganz unterschiedliche Vorstellungen vom Glück gibt? Aristoteles versucht diese Schwierigkeit zu umgehen, indem er erstens eine nur umrisshafte Bestimmung des menschlichen Glücks gibt, diese Bestimmung zweitens auf Merkmale gründet, die allen Menschen gemeinsam sind, und drittens auch innerhalb dieser Bestimmung einen gewissen Spielraum für unterschiedliche individuelle Fähigkeiten lässt.

Entscheidend für die Bestimmung des menschlichen Glücks ist das so genannte Ergon-Argument, das sich bei Aristoteles in mehreren Versionen findet. (EE 1218 b 32 ff., EN 1097 b 22 ff., 1106 a 15 ff.) Das Wort »ergon« bezeichnet die spezifische Funktion, Aufgabe oder Leistung einer Sache. Was mit Blick auf eine jede Sache gut ist, hängt von ihrer besonderen Funktion oder Leistung ab, so wie über das Gutsein des Messers seine Fähigkeit zu schneiden und über das Gutsein des Auges seine Fähigkeit zu sehen entscheidet. Eine jede Sache ist in einem guten Zustand, wenn sie ihr spezifisches »ergon« auf gute Weise verwirklicht. Hat nun ein jedes Ding eine spezifische Leistung oder Fähigkeit, dann muss es auch möglich sein, ein solches »ergon« für den Menschen allgemein zu bestimmen. Und wenn sich der gute Zustand einer jeden Sache aus ihrem »ergon« bestimmen lässt, muss auch das für den Menschen gute Leben, seine »eudaimonia«, auf diese Weise bestimmt werden können.

Worin besteht die spezifische Fähigkeit des Menschen? Um diese Frage zu beantworten, greift Aristoteles auf die verschiedenen Fähigkeiten der menschlichen Seele zurück. Zunächst verfügt der Mensch bzw. die menschliche Seele über die lebenserhaltenden Fähigkeiten der Ernährung und des Wachstums. Ist dies auch die spezifische Leistung des Menschen, sein »ergon«? Nein, denn die genannten Fähigkeiten kommen auch allen anderen Lebewesen und Pflanzen zu. Wie steht es dann mit der Sinneswahrnehmung? Auch sie ist nicht das spezifische »ergon« des Menschen, denn sie findet sich auch bei den übrigen Lebewesen. Somit bleibt nur noch eine Fähigkeit: die Fähigkeit des Menschen, zu denken und zu überlegen, seine Vernunft (logos).

In der menschlichen Seele gibt es zwei verschiedene Teile oder Funktionen, die mit der Vernunft zu tun haben. Einerseits ist da der Teil, der selbst vernünftig ist bzw. Vernunft besitzt; er ist das »oberste« Seelenvermögen, insofern er die Impulse der restlichen Seelenteile soweit wie möglich zu kontrollieren versucht. Andererseits gibt es auch noch einen Teil der Seele, der zwar nicht selbst vernünftig ist, jedoch auf die Vernunft zu hören und ihr zu gehorchen vermag. Gemeint ist damit offenbar der für die Emotionen und bestimmte nichtrationale Begierden zuständige Seelenteil. Er kann dem vernünftigen Seelenteil »gehorchen«, insofern er seine Impulse den »Anordnungen« der Vernunft entsprechend zurücknehmen kann. – Spezifisch für den Menschen ist also seine Vernunftfähigkeit, und diese liegt auf zwei unterschiedliche Weisen vor: Der Mensch besitzt erstens Vernunft, und zweitens verfügt er über Emotionen und Begierden, die sich von der Vernunft leiten lassen.

Die Aussage, dass der Mensch als einziges Wesen über Vernunft verfügt, ist richtig, aber noch nicht hinreichend genau, denn es macht einen wichtigen Unterschied, ob man etwas nur besitzt oder auch gebraucht. Bei Aristoteles wird dies zu der bekannten Unterscheidung von Möglichkeit bzw. Potenzialität (dynamis) einerseits und Wirklichkeit, Aktualität, Aktivität (energeia) andererseits ausgebaut. Weil der Mensch auch während des Schlafs Vernunft besitzt, sie allerdings nicht ausübt, kommt es für das Ergon-Argument darauf an, den aktualen Vollzug des Vernunftvermögens gegenüber dem bloßen Besitz zu betonen: Das gesuchte »ergon« des Menschen ist daher die Aktivität des vernünftigen und des auf die Vernunft hörenden Teils der Seele.

Jede Aktivität kann besser oder schlechter ausgeführt werden. Der gute Zustand einer Sache ist dann gegeben, wenn sie ihre spezifische Aktivität auf gute Weise ausübt. Für diese Vortrefflichkeit einer jeden Sache verwenden die Griechen den Ausdruck »aretê«, der zugleich die Tugend bzw. die Tugenden im Sinne von Tapferkeit, Besonnenheit usw. bezeichnet. Ein Kitharaspieler z. B. erreicht seine »aretê« als Kitharaspieler dann, wenn er seine spezifische Leistung, das Spielen der Kithara, auf gute Weise vollbringt. Entsprechend kann man die »aretê« des Menschen als Menschen dadurch beschreiben, dass er die ihm eigentümliche Leistung, also die vernünftige Aktivität der Seele, nicht nur irgendwie, sondern auf gute Weise ausübt. – Schließlich spricht man von einem »glücklichen« oder »guten Leben« nicht mit Blick auf zeitlich beschränkte Episoden oder ein zeitweiliges Glücksgefühl, sondern mit Blick auf ein ganzes Menschenleben. Daher muss man zu den bisher genannten Merkmalen ein Stabilitätskriterium hinzufügen: Die gemäß der »aretê« erfolgende Aktivität der vernünftigen Seelenteile muss konstant sein und das ganze Leben prägen. (EN 1098 a 18 f.)

Damit sind alle Momente eingeführt, die Aristoteles für die Bestimmung des menschlichen Glücks braucht: »Das für den Menschen Gute ist die Aktivität (energeia) der Seele gemäß der Vortrefflichkeit (aretê) bzw., wenn es mehrere Arten der Vortrefflichkeit (aretê) gibt, gemäß der besten und vollkommenen – und dies während eines kompletten Lebens.« (EN 1098 a 16 ff.) Der Hinweis auf eine vollkommenere Art von »aretê« bezieht sich offenbar auf den Seelenteil, der selbst Vernunft besitzt. Die

Mehrdeutigkeit des Worts »aretê« als »Vortrefflichkeit/Bestzustand« einerseits und »Tugend« andererseits ist gewollt. Wenn die vernünftigen Teile der Seele auf vortreffliche Weise aktiv sind, dann verfügt der betreffende Mensch über »aretê«, und das bedeutet zugleich, dass er über Tugend oder Tugenden verfügt.

Philosophischer und populärer Glücksbegriff

Aristoteles' Bestimmung der »eudaimonia« hat auf den ersten Blick vielleicht nicht allzu viel mit populären Vorstellungen vom Glück zu tun; in diesen dürften vielmehr das Angenehme, das Lustvolle und der Besitz äußerer Güter eine wichtige Rolle spielen. (Rhet. 1360 b 14 ff.) Aristoteles meint, dass seine Bestimmung des Glücks diese Momente durchaus integrieren kann. Dass Lust zum glücklichen Leben gehört, wird von ihm nie infrage gestellt, jedoch soll dieser Aspekt vor allem durch die Arten von Lust erfüllt werden, die der Tugendhafte aus der tugendhaften Betätigung entnimmt (EN 1099 a 7 ff.); so wie der Pferdefreund Lust aus dem Umgang mit Pferden schöpft, wird auch der Freund der Tugend Lust an seinen tugendhaften Handlungen haben. Den äußeren Gütern werden zwei verschiedene, aber jeweils untergeordnete Funktionen zugewiesen. In der ersten Funktion sind sie Werkzeuge oder Hilfsmittel der Tugenden (EN 1099 a 32 ff.); wer z. B. nichts zu verschenken hat, kann auch nicht die Tugend der Großzügigkeit ausüben. Die zweite Funktion setzt die Unterscheidung zwischen Glück und uneingeschränktem Glück voraus: Wer bestimmter Güter bzw. jeglichen Besitzes entbehrt, kann auch nicht uneingeschränkt glücklich sein. (EN 1099 b 2 ff.)

Eine weitere Spannung zu populären Vorstellungen deutet sich dadurch an, dass im populären Tugendbegriff solche Tugenden besondere Wertschätzung genießen, die dem Wohl des anderen bei gleichzeitiger Aufopferung des Eigeninteresses dienen (Rhet. 1366 b 3 ff.), wodurch sich ein Konflikt zwischen dem eigenen Glücksstreben und der Ausübung altruistischer Tugenden abzeichnet. Doch Aristoteles sieht diesen Konflikt auf der Ebene philosophischer Ethik als entschärft an. Erstens nämlich ist das Streben nach wohlverstandener »eudaimonia« als ein langfristiges und reflektiertes Interesse strikt von einer kurzfristigen Vorteilsnahme auf Kosten anderer zu unterscheiden; zweitens erkennt der philosophisch reflektierte Begriff der »eudaimonia« an, dass bis zu einem gewissen Grad das Wohl des Einzelnen vom Wohl der Gemeinschaft und insbesondere einiger ihm nahe stehender Personen nicht zu trennen ist; drittens gelten die als Vortrefflichkeit (aretê) der menschlichen Seele verstandenen Tugenden nicht nur als Instrument zur Beförderung des eigenen oder fremden Wohlergehens, sondern auch als an sich selbst erstrebenswerte, konstitutive Bestandteile der »eudaimonia«.

Vortrefflichkeit des Verstandes

Glück besteht in der Betätigung der Seele gemäß ihrer Vortrefflichkeit. Der Vernunft besitzende Teil der Seele weist eine solche Vortrefflichkeit auf, wenn er bestimmte intellektuelle Fähigkeiten praktiziert; dies sind die so genannten dianoetischen Tugenden (aretai). Im sechsten Buch der *Nikomachischen Ethik* nennt Aristoteles als solche Tugenden das Wissen (epistêmê), die Weisheit (sophia), den Geist/die Einsicht (nous) sowie die Kunst (technê) und die praktische Vernünftigkeit (phronêsis). Während sich die letzten beiden Vermögen auf die veränderliche Welt richten, haben es Wissen, Weisheit und Geist mit dem

Unveränderlichen und Notwendigen zu tun. Von besonderer Bedeutung für das praktische Leben ist dabei die Tugend der »phronêsis«. Sie ist das für das gute Handeln verantwortliche Vermögen und scheint von Aristoteles als die intellektuelle Fähigkeit betrachtet zu werden, die man braucht, um Einzelentscheidungen so zu treffen, dass sie der »eudaimonia« zugute kommen. Sie ist die Fähigkeit, das Nützliche und Gute abzuwägen, aber nicht mit Blick auf einen partikularen Nutzen, sondern mit Blick auf das Leben im Ganzen. (EN 1140 a 25 ff.)

Um im Sinne der »phronêsis« vernünftig zu sein, genügt es nicht, dass man über Allgemeinwissen verfügt, man muss vielmehr das Einzelne kennen, d. h., man muss Erfahrungen[8] mit ähnlichen Handlungsumständen selbst gemacht (EN 1141 b 14 ff.) und ähnliche Entscheidungen selbst oder mithilfe der Gesetze oder des Erziehers getroffen haben. Die praktische Vernünftigkeit bezieht sich auf die Wahl der Wege, die zu einem durch Tugend vorgegebenen Ziel führen. (EN 1144 a 7 ff.) Weil »phronêsis« daher in gewisser Weise für die Wahl der Mittel zu gegebenen Zwecken zuständig ist, wird sie oft mit einer instrumentellen Vernünftigkeit verglichen, die im Deutschen als »Klugheit« bezeichnet wird. Im Gegensatz zur Klugheit jedoch, die die Mittel zu beliebigen Zwecken auszusuchen versteht, ist die »phronêsis« den verfolgten Zielen gegenüber keineswegs neutral, sie bezieht sich stets auf die Mittel zu tugendhaften Zielen und zum guten Leben. (EN 1144 a 23 ff.)[9] Schließlich ist darauf hinzuweisen, dass in Aristoteles' praktischer Philosophie die Rede von »Mitteln und Wegen zu einem Ziel« nicht unbedingt ein Mittel meint, das ein davon verschiedenes Ziel herbeiführt, sondern auch etwas meinen kann, was man insofern »im Hinblick auf ein Ziel« wählt, als es selbst das Ziel, nämlich das gute Leben, zu konstituieren hilft[10]; und dies scheint besonders für die Art von Mitteln zu gelten, die durch die »phronêsis« gewählt werden.

Tugenden als Vortrefflichkeiten des Charakters

Der auf die Vernunft hörende Teil der Seele, der Charakter, befindet sich dann im Zustand der Vortrefflichkeit und weist die Tugenden des Charakters auf, wenn er sich so verhält, wie es die Vernunft befehlen würde (EN 1103b 31 ff.), und das heißt, dass er sich richtig verhält. Weil sich die Charaktertugenden aber auf Leidenschaften (Emotionen und Begierden) beziehen und weil man in solchen Dingen das Richtige in zweierlei Weise, nämlich durch ein Zuviel und ein Zuwenig, verfehlen kann, meint Aristoteles, die Tugenden des Charakters allgemein dadurch charakterisieren zu können, dass sie eine Haltung der richtigen Mitte mit Bezug auf Leidenschaften darstellen. Im Einzelnen skizziert er in der *Nikomachischen Ethik* II 1-6 die Tugenden wie folgt:

Die Tugenden des Charakters – auch »ethische« Tugenden genannt – haben etwas mit Emotionen und Begierden zu tun, so wie z.B. die Tugend der Tapferkeit eine Art des Umgangs mit Furcht vor gefährlichen Situationen darstellt. Selbst stellen sie allerdings keine Leidenschaften (pathê) dar, weil diese unfreiwillig auftreten und somit auch nicht zum Gegenstand von Lob und Tadel gemacht werden können; Tugenden und ihre Gegenteile, die Laster, sind aber das Ziel von Lob und Tadel. Wenn sie nicht selbst Leidenschaften sind, dann sind ethische Tugenden die Einstellungen oder Haltungen (hexis) zu unseren Leidenschaften, d.h., sie sind relativ beständige Dispositionen unseres Charakters. (EN II IV) Während der Begriff des Charakters oft so gedeutet wird, dass es sich um die angeborenen, natürlichen

Wesenszüge eines Menschen handelt, betont Aristoteles, dass Tugenden nicht von Natur aus bestehen, sondern durch Gewöhnung erworben werden, wobei der Mensch von Natur aus in der Lage ist, sie zu erwerben. (EN 1103 a 18 ff.)

Werden dianoetische Tugenden vor allem durch Belehrung ausgebildet, so erwirbt man ethische Tugenden durch Erziehung und Gewöhnung. (EN 1103 a 26 ff.)[11] Das sollte aber nicht im Sinne einer Abrichtung zu automatisch vollzogenen Verhaltensmustern verstanden werden. Vielmehr wird man tugendhaft, indem man zuvor tugendhaft handelt – und zwar indem man zuerst von Erziehern dazu angehalten wird und sich dann freiwillig für entsprechende Handlungen entscheidet. (EN 1103 b 6 ff.) Von einer Tugend wird man nur dann sprechen, wenn sich jemand »sicher und ohne Wanken« für eine tugendhafte Handlungsweise entscheidet – und dies nicht aufgrund äußerlicher Gründe, wie z. B. der Furcht vor Bestrafung, sondern um der tugendhaften Handlung selbst willen. (EN 1105 a 28 ff.) Der Faktor der Gewöhnung bedeutet daher keineswegs, dass tugendhafte Handlungen ohne Überlegung und gleichsam automatisch ausgeführt werden müssten, im Gegenteil stellt nur die bewusste freie Entscheidung für tugendhafte Handlungen ein Indiz für entsprechende Einstellungen oder Charaktereigenschaften dar.

Warum legt Aristoteles überhaupt so viel Wert auf den Aspekt der Gewöhnung? Stellen wir uns zwei Personen A und B vor, die beide die Möglichkeit hätten, sich einem ausschweifenden Vergnügen hinzugeben, die dies aber beide am Ende nicht tun. A verzichtet nur ungern und der Verzicht tut ihr weh, während B gar nicht ernsthaft in Versuchung war, sodass für sie der Verzicht auch nicht schmerzhaft ist. Person A unterscheidet sich von einer lasterhaften Person dadurch, dass sie sich am Ende im Sinne der Tugend entscheidet; sie verfügt jedoch nicht über die tugendhafte Eigenschaft der Besonnenheit, weil sie sich zu der lasterhaften Alternative hingezogen fühlt und nur durch Selbstbeherrschung der schlechten Handlungsweise widersteht. Person B dagegen fühlt sich zu lasterhaften Handlungen nicht einmal hingezogen, weil sie über eine allgemeine Einstellung zugunsten der Tugend verfügt und daher das Tugendhafte ohne Schmerz und sogar mit Freude tut. Allgemein sind Lust und Schmerz Indizien für die Charaktereigenschaften einer Person; deshalb sind auch tugendhafte Charakterzüge daran zu erkennen, dass man die tugendhaften Handlungen gern und mit Lust vollzieht. (EN 1104 b 3 ff.) Dies unterscheidet den Tugendhaften von dem, der nur durch Selbstbeherrschung richtig handelt. Um aber einen der Tugend entsprechenden Charakterzug auszubilden und dadurch Freude an der Tugend zu empfinden, genügen nicht einzelne Handlungen, sondern muss man sich an das tugendhafte Handeln gewöhnt haben. Und nur wenn man daran gewöhnt ist und tugendhafte Handlungen gern tut, kann die Tugend als konstitutiver Teil des eigenen Glücks verstanden werden.

Das wichtigste theoretische Moment für die Bestimmung der ethischen Tugend ist jedoch die Idee, dass Tugend immer eine Mitte (mesotês) zwischen zwei lasterhaften Extremen sei.[12] Wie gesagt, stellen die Charaktertugenden eine Haltung gegenüber den Leidenschaften dar; Leidenschaften haben Einfluss auf unsere Handlungen und können diese unüberlegt und falsch machen. Die Lehre von der Tugend als einer »mesotês« zielt nun freilich gerade nicht darauf ab, dass man einen möglichst leidenschaftslosen Zustand erreichen sollte, sondern dass man die Leidenschaften auf die richtige Weise haben soll, wobei »auf die richtige Weise« so ausgelegt wird, dass man von jedem Emotionstyp weder zu viel noch zu wenig haben soll. (EN II 6) Am besten ist dieses Verhältnis an der Tugend der Tapferkeit zu veranschaulichen: Sie ist die Mitte zwischen zu viel Furcht (Feigheit) und zu wenig Furcht (Tollkühnheit). Im ersten Fall empfindet man Furcht, obwohl eine Situation objektiv nicht bedrohlich ist, oder man empfindet gemessen an der Bedrohung unangemessen starke Furcht und handelt entsprechend. Ebenso falsch wäre es aber, wenn man überhaupt keine Furcht kennen oder auf keine Furcht reagieren würde, denn oft zeigt Furcht auch eine reale Bedrohung an. Wer daher keine Furcht empfindet, obwohl er einer realen Bedrohung ausgesetzt ist, wird »tollkühn« handeln, ohne Maß dafür, ob es sich lohnt, eine Gefahr einzugehen. Wer dagegen tapfer ist, hat weder zu wenig noch zu viel Furcht, sondern wird so viel Furcht empfinden, wie es unter den gegebenen Umständen richtig ist, und wird entsprechend handeln.

Diese allgemeine Formel zur Bestimmung der charakterlichen Vortrefflichkeit darf nicht darüber hinwegtäuschen, dass es im Einzelfall sehr schwierig sein kann zu bestimmen, welches das angemessene Maß an Furcht, Zorn, Begierde usw. ist und welches die entsprechend richtige Handlungsweise darstellt. (EN 1106 b 31 ff.) Um nicht den Eindruck zu erwecken, die hier gemeinte Mitte sei eine arithmetisch errechenbare Größe, sagt Aristoteles, es gehe jeweils um »die Mitte für uns«, um das für den Einzelfall Angemessene. (EN 1106 a 29 ff.)

Aristoteles benutzt die Mesotês-Formel, um zu zeigen, inwiefern traditionell anerkannte Tugenden wie Tapferkeit, Besonnenheit, Gerechtigkeit, Freigebigkeit, Großmut, Sanftmut usw. als richtige Einstellungen und somit als Vortrefflichkeiten gelten können. Weil das Mesotês-Schema auf alle möglichen Affekt- und Lebensbereiche angewandt werden kann, ergeben sich bei diesem Verfahren bisweilen auch Haltungen der richtigen Mitte, die bisher noch unter keiner der herkömmlichen Tugendbezeichnungen bekannt sind. Trotzdem setzt er das

Schema weit mehr zur Rechtfertigung schon bekannter als zur Einführung neuer Tugenden ein. Bei der Einzelanalyse verschiedener Emotionsbereiche zeigt sich auch, dass das Mesotês-Schema nicht immer gleichermaßen gut passt. So ist z. B. die Besonnenheit die richtige Einstellung im Vergleich mit einem Übermaß an Begierden; Aristoteles räumt aber ein, dass das andere Extrem, ein Zuwenig an Begierden, so gut wie nie vorkommt.

Gerechtigkeit und Freundschaft

In der griechischen Moralphilosophie spielt traditionell die Tugend der Gerechtigkeit eine herausragende Rolle, und auch Aristoteles widmet ihr das ganze fünfte Buch der *Nikomachischen Ethik*. Der besonderen Rolle der Gerechtigkeit trägt er mit folgender Unterscheidung Rechnung: Einerseits ist die Gerechtigkeit als Einzeltugend eine Charaktertugend unter anderen, andererseits gibt es die allgemeine Gerechtigkeit (EN V 3), von der Aristoteles sagt, sie sei die Gesamtheit der Tugenden, wenn diese nicht nur für den Einzelnen, sondern auch auf andere Menschen angewandt wird. In diesem letzteren Sinn handeln wir gerecht, sobald wir irgendeine der Tugenden zum Nutzen der anderen oder der Gemeinschaft einsetzen.

Gerechtigkeit im Sinne der Einzeltugend ist auf Güter bzw. den Tausch und die Verteilung von Gütern bezogen. Bei den verschiedenen Ausprägungen dieser Tugend orientiert sich Aristoteles stets am Begriff des Gleichen. Dieses Gleiche versucht er bisweilen an die Mesotês-Struktur anderer Tugenden heranzuführen, etwa indem er sagt, das Gleiche sei die Mitte zwischen dem zu Großen und dem zu Kleinen. (EN 1132 a 29 f.) Auch versucht er wie bei den anderen Tugenden, die Gerechtigkeit einer bestimmten Begierde, nämlich dem Zu-viel-haben-Wollen, gegenüberzustellen. Weil ein hierzu entgegengesetztes Extrem allerdings fehlt, bleibt die Einordnung in die allgemeine Mesotês-Struktur schwierig. Theoretisch interessanter und historisch einflussreicher ist daher die Unterscheidung verschiedener Formen von (Einzel-)Gerechtigkeit.

Die austeilende Gerechtigkeit (iustitia distributiva) regelt die Zuteilung von Gütern in der Gemeinschaft. In diesem Sinne ist es gerecht, wenn jeder seiner »Würdigkeit« entsprechend beteiligt wird; natürlich lässt sich darüber streiten, wonach diese Würdigkeit bemessen werden soll. (EN 1131 a 25 ff.) In der Herrschaft der Reichen wird man den eingebrachten Reichtum zum Maßstab nehmen, in der Herrschaft der Besten die eingebrachte Kompetenz usw. In jedem Fall wird die austeilende Gerechtigkeit nach der so genannten geometrischen Proportionalität (EN V 6) berechnet: Angenommen, die Würdigkeit bzw. das Verdienst von A steht zum Verdienst von B im Verhältnis 3:1, dann muss A gegenüber B im Verhältnis 3:1 an den Gütern beteiligt werden. Die ausgleichende Gerechtigkeit dagegen berücksichtigt keine Würdigkeit. Nimmt einer dem anderen 100 Drachmen weg, dann ist es gerecht, wenn dieser 100 Drachmen zurückbekommt – ungeachtet der Verdienste des Diebs und des Bestohlenen; daher wird hierfür nur die arithmetische Gleichheit, nicht die Proportionalität der austeilenden Gerechtigkeit benötigt. Bei der ausgleichenden Gerechtigkeit ist zwischen der austauschenden Gerechtigkeit (iustitia commutativa) und der wiederherstellenden Gerechtigkeit (iustitia correctiva) zu unterscheiden. Erstere regelt die freiwilligen Tausch- und Geschäftsbeziehungen, Letztere ist für den Ausgleich zuständig, wenn jemandem gegen seinen Willen Schaden entstanden ist. Somit umfasst die »iustitia correctiva« weite Bereiche des heutigen Zivil- und Strafrechts. Auch die »iustitia commutativa« spielt in der Gemeinschaft eine wichtige Rolle: Weil der auf Kooperation angewiesene Einzelne ein Bedürfnis nach den Produkten des anderen hat, wird getauscht, ohne Tausch gäbe es keine Gemeinschaft (EN 1133 b 6 ff.), und ohne gerechte Regelung des Tausches könnten diese Geschäftsbeziehungen keinen Bestand haben.

Gemeinschaften werden aber nicht nur durch Gerechtigkeit, sondern auch durch Freundschaft zusammengehalten (EN 1155 a 23); im Unterschied zur Gerechtigkeit sei Freundschaft nicht nur notwendig, sondern auch schön. Außerdem sei unbestritten, dass keiner ohne Freunde leben möchte. Diese Wertschätzung der Freundschaft schlägt sich darin nieder, dass die *Nikomachische Ethik* zwei vollständige Bücher über die Freundschaft enthält. (EN VIII ff.) Zur Freundschaft gehört zunächst die wechselseitige Zuneigung. Die freundschaftliche Zuneigung besteht in einer Art von Wohlgesinntheit, und dies heißt wiederum, dass man dem Freund dasjenige wünscht, was man selbst für gut hält, und zwar um des Freundes willen. (EN 1155 b 31) Aristoteles unterscheidet verschiedene Arten von Freundschaft: Freundschaft unter Bürgern, asymmetrische Freundschaften zwischen Älteren und Jüngeren, Männern und Frauen, Freundschaft um der Lust und um des Nutzens willen. Am höchsten schätzt er die um des Guten willen bestehende Freundschaft: die Freundschaft der Tugendhaften. Bei dieser Form der Freundschaft liebt man indirekt das, was für einen selbst gut ist, weil der zum Freund gewordene Tugendhafte für denjenigen ein Gut ist, dessen Freund er wurde. (EN 1157 b 33)

Das beste Leben

Das glückliche Leben muss lustvoll sein, aber damit kann nicht die Lust der Bedürfnisbefriedigung gemeint sein, weil ein solches Leben nicht die Merkmale eines höchsten Guts aufweist. Der vorletzte Schritt vor der Bestimmung des besten Lebens muss daher in einer Auseinandersetzung mit der Lust bestehen. Aristoteles' Beschäftigung mit diesem Thema liegt in gleich zwei Versionen vor (A-Version: EN VII 12-15, B-Version: X 1-5).[13] Offenbar erfolgte in Platons Akademie eine kritische Auseinandersetzung mit dem Hedonismus, also mit der Auffassung, die Lust sei ein Gut oder das höchste Gut. Aristoteles nun kritisiert die antihedonistischen Argumente solcher akademischer Philosophen und zeigt, dass die Lust durchaus ein Gut sein kann, sofern man nur den richtigen Begriff von Lust zugrunde legt. Platon hatte Lust als »Wiederherstellung eines naturgemäßen Zustands« definiert; diese Definition wird von Aristoteles abgelehnt, weil sie – falls überhaupt – nur für eine bestimmte Art der Lustempfindung brauchbar ist, nämlich für diejenige Lust, die mit der Befriedigung von Bedürfnissen verbunden ist und auch genau dann endet, wenn das Bedürfnis befriedigt ist (demnach wäre der Übergang etwa vom Hunger zur Sättigung die von Platon definierte Wiederherstellung eines natürlichen Zustands).

Ist das gute Leben aber eine Praxis oder Aktivität (energeia) und keine Herstellung, dann kann auch die für das gute Leben typische Lustempfindung nicht als ein Prozess (kinêsis) beschrieben werden, der durch die Befriedigung eines Bedürfnisses abgeschlossen wird. Aristoteles bestimmt daher die Lust in der A-Version als eine ungehinderte Aktivität und in der B-Version als die Vollendung einer Aktivität. Mit diesem theoretischen Hintergrund wird es einfach sein zu erklären, dass die Aktivität der Seele gemäß ihrer Vortrefflichkeit – wodurch das glückliche Leben definiert wurde – zugleich lustvoll sei. Ist dies klar, so kann die Bestimmung der besten und der zweitbesten Lebensform geradlinig aus der Definition des glücklichen Lebens hergeleitet werden (EN X 6-9):

Wenn das glückliche Leben in einer Aktivität der Seele gemäß der Vortrefflichkeit besteht – und zwar, wenn es mehrere Arten der »aretê« gibt, gemäß der besten und vollkommenen (EN 1098 a 16 ff.) –, dann besteht das vollkommene Glück in der vortrefflichen Betätigung des höchsten menschlichen Seelenteils, nämlich der Vernunft. Eine solche Betätigung beschreibt, was man unter der »theoretischen« oder »kontemplativen Lebensform« versteht.[14] »Theoretisch« meint, dass man sich den theoretischen – im Unterschied zu den praktischen – Disziplinen widmet, und das heißt, dass man Philosophie, vor allem Erste Philosophie (einschließlich der Theologie) sowie Astronomie, Mathematik usw. betreibt.

Warum soll die theoretische Lebensform das höchste Glück des Menschen darstellen? 1. Theorie ist die Betätigung des vernünftigen Seelenteils, dieser ist aber das Beste und das Anleitende im Menschen. Die Gegenstände der Theorie sind das Beste im Bereich der Erkenntnis. 2. Denken ist die Tätigkeit, die wir am besten und am ehesten anhaltend betreiben können; bei anderen Dingen ermüden wir früher. 3. Die Betätigung der dianoetischen Tugend der Weisheit ist (im oben beschriebenen Sinn) mit Lust verbunden. 4. Autarkie trifft in höchstem Maße auf den Theoretiker zu – dies auch im Vergleich mit anderen Tugendhaften, denn der Gerechte etwa braucht Menschen und Güter, mit denen er gerecht verfahren kann. 5. Weil die Theorie keinen weiteren Zweck zu erfüllen hat, wird sie am ehesten um ihrer selbst willen erstrebt, was als ein Merkmal des höchsten Guts gilt. 6. Die Theorie bedeutet Muße, (fast) alles andere aber tut man um der Muße willen.

Die theoretische oder kontemplative Lebensform verspricht also das vollendete Glück; allerdings formuliert Aristoteles hier eine wichtige Einschränkung: Ein solches Leben sei höher, als es dem Menschen als Menschen zukommt. Denn so könne er nicht leben, sofern er Mensch ist, sondern nur sofern er etwas Göttliches in sich habe. (EN 1177 b 26 ff.) Zwar soll man versuchen, nach dem Besten in uns zu leben (EN 1177 b 33f.), und dies würde die theoretische Lebensform bedeuten, jedoch müsse auch der glückliche Mensch in äußeren Verhältnissen leben, weil er der Nahrung bedarf und überhaupt körperliche Bedürfnisse hat. (EN 1178 b 33 ff.) Was genau Aristoteles mit dieser Einschränkung sagen möchte, ist nicht wirklich klar; jedenfalls dient sie ihm dazu, auch noch die zweitbeste Lebensform, durch die der Mensch glücklich leben kann, einzuführen. Vielleicht meint er, dass dieses Leben für alle die geeignet ist, die das vollendete Glück nicht erreichen können, oder vielleicht, dass auch die Theoretiker – weil sie als Menschen ein körperlich-emotionales Leben haben – eine Mischung von bester und zweitbester Lebensform erstreben sollten.

Das zweitbeste Leben (EN X 8) nennt Aristoteles die »politische« Lebensform, weil sie in der Betätigung der Charaktertugenden besteht, die vor allem für den Umgang mit anderen geeignet sind. Anders gesagt, geht es um ein Leben nach denjenigen Tugenden, die es mit unseren Emotionen und daher mit dem Ganzen aus Leib und Seele zu tun haben. Auch ein solches Leben entspricht der allgemeinen Definition der »eudaimonia«, jedoch wird hierbei nicht die beste Tugend in uns in den Vordergrund gestellt, sondern die Tugend des auf die Vernunft hörenden Seelenteils. Ein Leben nach dieser Tugend stellt immerhin das »menschliche« Glück (EN 1178 a 20 ff.) sicher.

3. Theorie der Handlung

Die Handlungen einer Person geben in der Regel Aufschluss darüber, ob sie einen guten, tugendhaften oder einen schlechten Charakter hat. Bisweilen erfolgen Handlungen aber auch unfreiwillig, sodass man die betreffende Person nicht zur Rechenschaft ziehen und ihr eine grundsätzlich tugendhafte Einstellung nicht absprechen kann. Daran zeigt sich, dass es für die Ethik zentral ist, eine Konzeption über die Zuschreibbarkeit von Handlungen zu haben. Die entscheidende Frage ist dabei, wann wir jemanden für sein Tun verantwortlich machen können und wann eine Handlung entschuldbar ist. Aristoteles entwickelt das Grundgerüst für eine entsprechende Theorie des Freiwilligen und Unfreiwilligen in den Kapiteln III 1-8 der *Nikomachischen Ethik.*

Freiwilligkeit und Zuschreibbarkeit

Wann ist eine Handlung freiwillig?[15] Eine traditionelle Antwort auf diese Frage lautet: wenn sie von einem freien Willen bewirkt wurde. Diese – in der philosophischen Literatur durchaus verbreitete – Auffassung leidet aber an offensichtlichen Mängeln: Wie kann man bestimmen, ob eine Handlung durch einen solchen Willen bewirkt wurde oder nicht? Muss nicht auch ein Willensakt, damit er frei sein kann, von einer Art von Willen bewirkt worden sein? Und muss dieser Willensakt zweiter Stufe nicht auch wieder von einem Willensakt herrühren? Vor dem Hintergrund solcher Probleme lernt man die Einfachheit des aristotelischen Erklärungsansatzes zu schätzen: Er benötigt für die Erklärung der Freiwilligkeit keinen im Hintergrund agierenden Willen. Freiwillig sind für ihn solche Handlungen, für die es keine guten Entschuldigungsgründe gibt. Gleich zu Beginn seiner Diskussion nennt Aristoteles die zwei bekanntesten Entschuldigungstypen: »Was durch durch Zwang/Gewalt oder aufgrund von Unwissen geschieht, scheint unfreiwillig zu sein.« (EN 1109 b 35 f.)

Wer glaubhaft machen kann, dass das, was er tat, entweder unter dem Einfluss von Zwang und Gewalt oder aus Unkenntnis einschlägiger Faktoren geschah, kann für die entsprechende Handlung nicht verantwortlich gemacht werden. Viele Autoren sehen dies bereits als die maßgebliche Entdeckung des Aristoteles an; es handelt sich dabei jedoch nur um Entschuldigungstypen, die aus der Gerichtspraxis zur Zeit des Aristoteles schon bekannt waren. Die genannten Entschuldigungsgründe sind aber für den philosophischen Gebrauch noch nicht hinreichend genau. Wie in vielen anderen Fällen, so besteht Aristoteles' Leistung auch in der vorliegenden Frage darin, bereits bekannte und durch den Common Sense vorgegebene Aspekte (wie hier die genannten Entschuldigungstypen) einer Klärung und Präzisierung zu unterziehen.

1. Zwang/Gewalt: Klare Beispiele dafür, dass die Einwirkung von Zwang oder Gewalt eine Handlung unfreiwillig machen, liegen vor, wenn uns ein starker Wind in eine bestimmte Richtung bläst oder jemand unsere Hand nimmt und damit jemanden schlägt. Manch einer will sich allerdings auch dann mit dem Verweis auf Zwang entschuldigen, wenn er erpresst wird oder sich in einem starken Sturm auf See gezwungen sieht, die Schiffsladung über Bord zu werfen. (EN 1110 a 4 ff.) Aristoteles

lässt solche Handlungen nicht als unfreiwillig gelten; er bezeichnet sie als »gemischt«, betont aber, dass sie eher den freiwilligen Handlungen gleichen, weil es den Handelnden in der betreffenden Situation im Prinzip freisteht, sich der Erpressung zu widersetzen oder die Ladung nicht über Bord zu werfen und dafür mitsamt dem Schiff unterzugehen. Deshalb liegt in beiden Fällen eine Entscheidung zugunsten der ausgeführten Handlung vor, obschon niemand solche Handlungen wie das Wegwerfen der Ladung unter anderen Umständen wählen würde. Aristoteles präzisiert das Zwangskriterium daher wie folgt: Unfreiwillig ist die Handlung, wenn ihre Ursache nicht im Handelnden selbst liegt; wer sich aber für eine Handlung entscheidet, wird durch die Entscheidung selbst zum Ursprung für die Bewegung seiner Glieder und handelt somit freiwillig.

Dies ist ebenfalls noch nicht hinreichend genau: Menschen, die einer Begierde oder Vergnügung nachgeben, neigen zu der Entschuldigung, sie seien »der Versuchung erlegen«, was offenbar heißen soll: sie seien vom Objekt ihrer Begierde gezwungen worden (EN 1110 b 9 ff.); und weil der Grund der Handlung, nämlich das Objekt der Begierde, in diesem Fall außerhalb des Handelnden liegt, könnten sie sagen, es sei ein Fall von Zwang gegeben. Natürlich lehnt Aristoteles dies als adäquaten Entschuldigungsgrund ab. Wie aber ist dann das Zwangskriterium zu präzisieren? Aristoteles unterscheidet dazu zwei Arten von Handlungsursachen. Ein Ziel, wie im vorliegenden Fall das Objekt einer Begierde, kann in einem gewissen Sinn durchaus als Ursache einer Handlung gelten, jedoch löst es nur dann eine Handlung aus, wenn es von einer Person begehrt oder erstrebt wird; daher ist auch das Streben an der Verursachung einer Handlung beteiligt, obwohl auf andere Weise als das erstrebte Ziel. Aristoteles nennt Letzteres die Finalursache einer Handlung, das Streben dagegen die Bewegungsursache. Somit können ausgehend von einer Analyse des Entschuldigungsgrundes »Gewalt/Zwang« die Bedingungen, unter denen eine Handlung freiwillig ist, weiter präzisiert werden: Freiwillig ist eine Handlung, sofern ihre Bewegungsursache nicht außerhalb des Handelnden liegt, sondern im Streben des Handelnden gegeben ist.

2. Unwissenheit: Ödipus, der nicht wusste, dass es sein Vater war, dem er an der Weggabelung begegnete und den er darauf im Streit erschlug, hätte sich damit entschuldigen können, dass er nicht beabsichtigt hat, seinen Vater zu erschlagen. Hier handelt es sich um einen Fall von Unwissenheit; ihm fehlten tatsächlich die relevanten Informationen, um eine Handlung des Typs »den eigenen Vater erschlagen« absichtlich auszuführen. Doch auch das Unwissenheitskriterium hat seine Tücken: Angenommen, A will B im Wald erschießen; weil er ihn aber nicht findet, feuert er sein Gewehr aus Langeweile auf ein Wildschwein ab; später stellt sich heraus, dass das getroffene Objekt gar kein Wildschwein, sondern B war, der sich im Unterholz versteckt hatte. A ist mit der eingetretenen Situation nicht unzufrieden, obwohl er im entscheidenden Moment gar nicht wusste, dass er B erschoss, und somit aus Unwissenheit handelte. Soll man A nun zugestehen, dass er seine Handlung wegen Unwissenheit als unfreiwillig entschuldigt? Dies wird man dann als unangebracht ansehen, wenn man eine unfreiwillige Handlung als etwas ansieht, was den Einstellungen und Absichten des Handelnden zuwiderläuft. Aristoteles scheint das so zu sehen und erkennt deswegen nur solche Handlungen als unfreiwillig im eigentlichen Sinn an, die mit Reue oder Schmerz verbunden sind (EN 1110 b 18 ff.); solche Regungen drücken nämlich aus, dass eine bestimmte Handlungsweise nicht dem entspricht, was man eigentlich wollte. Nun kann man allerdings auch nicht sagen, dass A B wissentlich oder absichtlich erschossen hätte. Für diese Fälle führt Aristoteles die etwas künstlich wirkende Klasse der

nichtfreiwilligen Handlungen ein: Sie sind weder freiwillig, weil sie durch Unwissenheit zustande gekommen sind, noch unfreiwillig, weil sie ohne Reue bleiben.

In einer bestimmten Hinsicht ist Aristoteles' Verwendung des Unwissenheitskriteriums enger als der moderne Gebrauch dieses Entschuldigungstyps. Alle kennen und verwenden die Entschuldigung, man habe nicht gewusst, dass eine bestimmte Handlungsweise in einer bestimmten Situation geboten oder verboten war. Hier wäre Aristoteles restriktiver aufgrund des Arguments, dass man vom Handelnden erwarten kann zu wissen, was man tun darf und was man unterlassen muss. Wollte sich etwa jemand ernsthaft damit herausreden, er habe nicht gewusst, dass man andere Menschen nicht töten darf, wäre diese Art von Unwissen keine Entschuldigung, sondern würde im Gegenteil ein schlechtes Licht auf seinen Charakter werfen. Für Aristoteles macht nur dasjenige Unwissen eine Handlung unfreiwillig, das sich auf die konkreten Einzelheiten einer Handlung und nicht auf allgemeine moralische Regeln und Normen bezieht. Wer z. B. nicht weiß, dass das, was er gerade preisgibt, ein Geheimnis ist, der verrät das Geheimnis unfreiwillig und kann sich damit auch entschuldigen. Man kann sich jedoch nicht darauf berufen, dass man die allgemeine Regel, wonach Geheimnisse zu wahren sind, nicht gekannt hat.

Ist es plausibel, das Unwissenheitskriterium derart einzuschränken? Mit Blick auf allgemeine Normen, deren Kenntnis man von jedermann erwarten kann, scheint eine solche Einschränkung nicht unangebracht; manchmal aber werden Handlungen durch Regeln geboten, die rein konventionell oder sehr spezifisch sind (man denke an die Regeln der Straßenverkehrsordnung). Wenigstens bei diesen Regeln sollte man einräumen, dass einen die Unkenntnis entschuldigen kann. Doch wo ist die Grenze zwischen Regeln, die jeder kennen sollte, und solchen, deren Unkenntnis man entschuldigen kann? Hier muss man ethisch-moralische Überlegungen anstellen, um eine handlungstheoretische Unterscheidung zu treffen. Das mag von einem modernen Standpunkt aus störend sein, für Aristoteles allerdings ist das handlungstheoretische Problem der Freiwilligkeit der Frage untergeordnet, in welchen Fällen schlechte Einzelhandlungen mit einem tugendhaften Charakter vereinbar sind – und welche allgemeinen Normen der Tugendhafte kennen und anerkennen muss, scheint schon durch die aristotelische Ethik beantwortet zu sein.

Schließlich ist das Unwissenheitskriterium bei Aristoteles in einer bestimmten Hinsicht weiter als im modernen Verständnis. Folgende Fälle können nach Aristoteles durch Unwissenheit entschuldigt werden: Jemand will ein Katapult vorführen und lässt es aus Versehen losgehen. Oder jemand will einen anderen nur schlagen, tötet ihn aber versehentlich. Moderne Analysen würden hier eher von nicht beabsichtigten Folgen unseres Tuns sprechen oder davon, dass die Handlung unter der einen Beschreibung (»schlagen«) beabsichtigt ist, unter der anderen möglichen Beschreibung (»töten«) jedoch nicht. Letzteres ist ein Ausweg, der Aristoteles nicht offen steht, weil er vorauszusetzen scheint, dass eine Handlung entweder ein Zu-Boden-Schlagen oder ein Töten ist, aber nicht beides, d. h., dass das Resultat einer Handlung deren Art eindeutig bestimmt.

Entscheidung

Wir können jemanden für eine Handlung verantwortlich machen, wenn keine Unwissenheit vorliegt und die Handlung durch das Streben der betreffenden Person verursacht ist. In der Tradition der platonischen Seelenlehre nimmt Aristoteles drei verschiedene Arten des Strebens (orexis) an: Einerseits gibt es das vernünftige Streben, das Wollen (boulêsis), andererseits gibt es das unvernünftige Streben, das in den Bereich körperlicher Begierden (epithymia) und in den Bereich emotionalen Strebens (thymos), wie Wut, Zorn usw., zerfällt. (An. 432b 5ff.) Jede dieser Strebensarten kann eine Handlung auslösen, aber nur das überlegte, vernünftige Handeln bringt die maßgeblichen Einstellungen und Grundsätze des Handelnden zum Ausdruck, denn was man unter dem Einfluss starker Begierden und Emotionen tut, entspricht nicht unbedingt der Handlungsweise, die man bei ruhiger Überlegung für gut befinden würde. – Wie kommt die überlegte Handlung zustande? Indem man das tut, worauf sich das vernünftige Streben, das Wollen, richtet? Nicht ganz, denn »wollen« kann man auch unerreichbare Ziele, wodurch aber keine Handlung ausgelöst wird. Aristoteles beschreibt die überlegte Handlung daher mit dem Begriff der Entscheidung. (EN III 4f.)

Die Entscheidung (prohairesis) gehört zum Freiwilligen, ist allerdings enger gefasst als dieses, denn manches, was wir freiwillig tun, kommt ohne Entscheidung zustande, wie z.B. spontane, gewohnheitsmäßige oder willensschwache Handlungen. Wenn wir uns für eine Handlungsoption entscheiden, meinen wir zwar, dass diese Handlung gut oder richtig sei (EN 1112a 7f.), dennoch ist die Entscheidung kein bloßes Meinen. Meinen und Urteilen gehören zu den Zuständen der Vernunft, die Vernunft allein bewegt jedoch nichts und bringt auch keine Handlung zustande (EN 1139a 35f.) – es sei denn in Verbindung mit dem Streben. (An. 433a 9ff.) Also könnte die Entscheidung eher mit der vernünftigen Art des Strebens, dem Wollen, zusammenfallen; aber auch das ist nicht plausibel, weil sich das Wollen auch auf unerreichbare Ziele wie die Unsterblichkeit oder den Sieg in einem Wettkampf (EN 1111b 22ff.) richtet. Ein solches Wollen könnte nicht erklären, wie eine bestimmte Handlungsweise durch unsere Überlegungen ausgelöst wird.

Daher kann sich die Entscheidung nur auf solche Dinge richten, die Gegenstand unserer Erwägung sein können. Wir erwägen nun weder Dinge, die sich notwendig so verhalten, noch Vergangenes, wie etwa Troja zerstört zu haben. (EN 1139 b 6 f.) Auch in Bezug auf das Zukünftige und Mögliche erwägen wir nicht alles: Kein Spartaner überlegt sich, wie die Skythen ihren Staat am besten einrichten sollen. (EN 1112 a 28 f.) Vielmehr erwägen wir solche Dinge, die in unserer Macht stehen und die ausführbar sind. Demnach scheint sich allgemein das Wollen eher auf die Ziele, das Erwägen und die Entscheidung eher auf den Weg zu diesen Zielen zu beziehen. (EN 1111 b 26 ff.) Eine Entscheidung ist für Aristoteles dementsprechend »ein mit Erwägung verbundenes Streben nach dem, was in unserer Macht steht« (EN 1113 a 10 f.). Eine überlegte Handlung wird immer dann ausgelöst, wenn wir zu einem erstrebten Ziel denjenigen in unserer Macht stehenden Weg wählen, den wir nach erfolgter Abwägung für den besten halten, sofern keine äußeren Hindernisse auftreten.

Das Problem der Willensschwäche

Willensschwäche (akrasia) besteht darin, dass zurechnungsfähige Personen bisweilen freiwillig und absichtlich so handeln, dass sie gegen das verstoßen, was sie selbst eigentlich für besser halten. Das Phänomen der Willensschwäche wäre vielleicht philosophisch unauffällig geblieben, hätte nicht Sokrates die These vertreten, dass so etwas wie Willensschwäche gar nicht möglich sei. Offenbar nahm er an, dass wann immer wir etwas absichtlich tun, wir es um einer Sache willen tun, die wir für gut oder für besser als die Alternativen halten. Akzeptiert man diese Beschreibung der absichtlichen Handlung, dann scheint es ausgeschlossen, dass jemand absichtlich b tut, obwohl er a für besser hält. Weil wir nun einerseits davon ausgehen, dass Willensschwäche im Grunde ein ganz alltägliches Phänomen ist, andererseits aber die schiere Existenz dieses Phänomens durch eine bestimmte Erklärung absichtlicher Handlungen ausgeschlossen scheint, erhalten wir das sokratische Paradox der Willensschwäche.[16]

Aristoteles hält die Leugnung der Willensschwäche für abwegig. Da nach seiner Auffassung Philosophie die vorphilosophischen Intuitionen angemessen berücksichtigen muss, führt er am Fall der Willensschwäche vor (EN VII 1-11), wie philosophische Abhandlungen den Überzeugungen des Common Sense Rechnung tragen müssen, hier der Überzeugung, dass Willensschwäche möglich ist. Andererseits geht er davon aus, dass das sokratische Paradox ein ernstes philosophisches Problem aufwirft, denn im Grunde akzeptiert er eine ganz ähnliche Beschreibung der absichtlichen Handlung. In Begriffen der aristotelischen Handlungstheorie gilt, dass eine freiwillige, absichtliche Handlung ihren Ursprung im Streben des Handelnden hat und die Kenntnis der einschlägigen handlungsbeschreibenden Merkmale voraussetzt. Streben kann von rationaler oder nichtrationaler Natur sein, ist aber immer das Streben nach etwas, was einem gut erscheint. Der Auslöser einer intentionalen Handlung besteht daher in jedem Fall aus einer Kombination von Streben und dem Wissen, dass eine mögliche Handlungsoption von der Art des Erstrebten ist.

Das Problem der Willensschwäche lässt sich für Aristoteles demnach wie folgt beschreiben: Wenn jede absichtliche Handlung auf einem Streben des Handelnden nach einer Sache beruht, die dem Handelnden zum Zeitpunkt der Handlung und in

Kenntnis der einschlägigen Einzelheiten als gut erscheint, dann müsste es ausgeschlossen sein, dass sich jemand absichtlich für die Handlungsoption b entscheidet, obwohl er b gar nicht für gut bzw. für schlechter als a hält. Andererseits beansprucht Aristoteles, wie gesagt, die Überzeugung des Common Sense zu retten, wonach Willensschwäche möglich sein muss. Wie also löst er das Paradox?

Erster Schritt (EN 1146b 31ff.): Die Meinung, dass etwas gut oder schlecht sei, kann wie jede Meinung oder jedes Wissen auf zweierlei Weise in Erscheinung treten; einmal im Sinne eines Wissens, das man besitzt, aber nicht anwendet, und einmal im Sinne eines Wissens, das man besitzt und anwendet.

Zweiter Schritt (EN 1146 b 35 ff.): Die Beschreibung, dass der Handelnde etwas wisse oder annehme, kann man gemäß den verschiedenen Teilen des praktischen Syllogismus auf ganz Unterschiedliches beziehen. Aristoteles benutzt diesen praktischen Syllogismus, um daran zu zeigen, welche Überlegungen einer absichtlichen Handlung.vorausgegangen sein müssen:

Obersatz	Alle F sind gut.	Allgemeine evaluative Aussage, allgemeine Strebensdisposition
Untersatz	Dies ist ein F.	Identifikation von Merkmalen einer konkreten Handlungsoption
Konklusion	Dies ist gut./ Dies muss getan werden.	Handlungsaufforderung/Handlung

Das Wissen oder Meinen kann demnach entweder wie im Obersatz auf Allgemeines oder wie im Untersatz auf partikuläre Merkmale der Handlung oder wie in der Konklusion auf das Gutsein einer konkreten Handlung bezogen sein. Mit diesem Hinweis eröffnet sich Aristoteles die Möglichkeit zu sagen, dass man zwar im einen Sinn wisse, dass eine Handlung oder ein Handlungstyp gut sei, in einem anderen Sinn jedoch nicht.

Der dritte Schritt (EN 1147 a 10 ff.) besteht in mehreren auslegungsbedürftigen Vergleichen. Aristoteles sagt, man könne etwas wissen und auch dieses Wissen kundtun, ohne dass man es richtig weiß, sondern so wie ein Betrunkener spricht und doch nicht versteht, was er sagt, oder wie ein Schauspieler, der Verse des Empedokles aufsagt, ohne ihre Bedeutung zu verstehen.

Der vierte Schritt (EN 1147 a 25 ff.) schließlich führt die Idee ein, dass im Fall der Willensschwäche gleich zwei praktische Syllogismen involviert sind; ein Syllogismus, der den Standpunkt bzw. das Streben der Vernunft einbringt, und ein Syllogismus, der dem Streben der im Fall der Willensschwäche obsiegenden nichtrationalen Antriebe entspricht. Konkret nennt Aristoteles als Obersatz der Vernunft, dass Ungesundes schlecht sei bzw. dass man es meiden solle, und als Obersatz der Begierde, dass man Süßes essen solle. Es geht also um den Fall, dass jemand Süßes isst, obwohl ihm die Vernunft sagt, es sei besser, das ungesunde Süße nicht zu essen.

	Syllogismus der Vernunft	*Syllogismus der Begierde*
Obersatz	Gesundheitsschädliches ist zu meiden.	Süßes ist gut/ist zu erstreben.
Untersatz	[Dies ist gesundheitsschädlich.]	Dies ist süß.
Konklusion	–	Dies ist gut/ist zu erstreben (dies soll gegessen werden.)

Wie nun die einzelnen Schritte zu einer kohärenten Erklärung der Willensschwäche kombiniert werden müssen, ist in der Forschung umstritten.[17] Das Folgende scheint eine nahe liegende

Interpretation zu sein: Sobald ein praktischer Syllogismus komplett ist, d. h., wenn die Konklusion gezogen wird, dann ist die Handlung unausweichlich. Daher muss für den Fall der Willensschwäche angenommen werden, dass der praktische Syllogismus, der die Seite der Vernunft vertritt, unvollständig bleibt; dies ist der Grund, warum im zweiten Schritt der Erklärung darauf hingewiesen wurde, dass sich das für eine Handlung erforderliche Wissen auf verschiedene Teile des praktischen Syllogismus beziehen könne; dadurch kann jemand einerseits zwar wissen, dass ein bestimmter Handlungstyp gut ist, ohne aber andererseits gleich die Konklusion eines praktischen Syllogismus zu ziehen, wonach eine entsprechende Handlung auszuführen sei.

Weil nun bei der willensschwachen Handlung immerhin der Obersatz der Vernunft gegeben ist, kann man sagen, dass das Essen des Süßen gegen ein besseres Wissen verstößt, nämlich gegen das Urteil, dass Süßes ungesund ist. Dieses so genannte bessere Wissen ist allerdings gemäß dem ersten Schritt der Erklärung nur als eine Meinung gegeben, die man hat, aber nicht anwendet. Um in den Zustand der vollen Aktualisierung überzugehen, wäre ein Untersatz nötig, der die allgemeine Meinung und allgemeine Strebensdisposition des Obersatzes auf den vorliegenden Fall anwendet. Genau hier liegt der Schlüssel zur Willensschwäche, denn dieser Untersatz ist unter dem Einfluss der Begierde nur in einer blassen, vernebelten, ineffektiven Weise gegeben, so wie der Betrunkene selbst nicht glaubt, was er sagt. Dadurch ist einerseits Willensschwäche möglich, andererseits bleibt das Prinzip, dass absichtliches Handeln immer auf der Meinung beruht, es sei gut, hier und jetzt die entsprechende Handlung auszuführen, auf doppelte Weise gewahrt. Erstens ist die Meinung, die das Essen des Süßen verbietet, nur in einer allgemeinen Form gegeben, wird aber nicht zu dem Urteil vervollständigt, dass es hier und jetzt das Beste sei, das Süße nicht zu essen. Und zweitens beruht auch die willensschwache Handlung auf der Meinung, dass es gut sei, dies zu tun; denn wie jede absichtliche Handlung basiert diese ebenfalls auf einem vollständigen praktischen Syllogismus – dem der Begierde.

Trotz des hohen Erklärungsaufwands scheint das Modell letztlich etwas enttäuschend; die Vergleiche des dritten Schrittes legen nahe, dass dem Willensschwachen ein entsprechendes Wissen nicht zugänglich ist; damit wäre der Willensschwache freilich nur noch eingeschränkt zurechnungsfähig, und das kann Aristoteles letztlich nicht wollen (denn das Problem der Willensschwäche besteht nur für absichtliche Handlungen; wer unzurechnungsfähig ist, handelt hingegen nicht absichtlich). Außerdem findet ein direkter Vergleich der beteiligten Handlungsoptionen in diesem Modell gar nicht statt. Dass man eine der beiden Seiten als so genanntes besseres Urteil oder besseres Wissen identifizieren kann, liegt nur daran, dass es der Strebensdisposition der Vernunft entspricht, und dies setzt eine feste Hierarchie von Strebenszielen voraus.

4. Politische Philosophie

Zur praktischen Philosophie gehört für Aristoteles nicht zuletzt die Untersuchung des Staates. Das Vorbild für den entsprechenden Untersuchungsgegenstand bildet die Polis, der griechische Stadtstaat. Das Zusammenleben im Staat kann durch unterschiedliche Ordnungsgefüge organisiert sein; eine solche Ordnung definiert, was Aristoteles unter einer »Verfassung« versteht, sodass das besondere Interesse der politischen Philosophie den Verfassungstypen gilt.

Die überlieferte Schrift *Politik* ist eine Zusammenstellung aus verschiedenen eigenständigen Abhandlungen. Buch I unternimmt eine Bestimmung der Polis durch Differenzierung verschiedener Arten von Herrschaftsverhältnissen. Buch II setzt sich mit einigen bestehenden Staatskonzeptionen auseinander und dient offenbar nur als Vorspann zu einer anderen Abhandlung. Buch III analysiert den Staat nach seinen Elementen und gründet darauf eine Verfassungslehre. Die Bücher IV-VI behandeln ebenfalls die Verfassung, jedoch unter der veränderten Fragestellung, welche Verfassung zu welcher Bevölkerung passt, warum sich Verfassungen ändern und wie Verfassungsumstürze vermieden werden können. Schließlich behandeln die Bücher VII-VIII die beste Verfassung, wobei es darin keineswegs nur um einen idealen Verfassungsentwurf geht, sondern auch um konkrete – bisweilen populär vorgetragene – Ratschläge bezüglich der Größe und Lage einer zu gründenden Polis.

Die politische Philosophie des Aristoteles zerfällt daher in ganz unterschiedliche Teilprojekte von hohem Differenzierungsgrad.[18] Die folgenden Ausführungen können deshalb nur einige Grundzüge von Aristoteles' politischer Philosophie beleuchten.

Ethik und Politik

Schon in der Ethik räumt Aristoteles gemeinschaftsbezogenen Themen wie der Gerechtigkeit und der Freundschaft einen breiten Raum ein. Es steht für ihn außer Frage, dass die Erlangung des guten Lebens nicht vom Zusammenleben in einer Gemeinschaft getrennt werden kann. So bewähren sich z.B. die meisten Charaktertugenden erst im Umgang mit anderen; auch die ungehinderte Betätigung der theoretischen Anlagen setzt die Einbindung in eine Gemeinschaft voraus, die Einzelne von der Sorge um die Notwendigkeiten des Lebens entbindet und so Muße ermöglicht. Was aber vielleicht noch mehr wiegt, ist der Umstand, dass die Ausübung bestimmter, auf das Wohl anderer bezogener Tugenden nur dann mit dem Glücksstreben des Handelnden vereinbar ist, wenn dieser das Wohl seiner Freunde und der Gemeinschaft, in der er lebt, nicht als Behinderung, sondern als Bestandteil seines eigenen Glücks ansieht.

Dies alles zeigt, warum der Einzelne sein Glücksstreben normalerweise nur in der Gemeinschaft verwirklichen kann. Warum nun muss diese Gemeinschaft gleich ein Staat bzw. eine Polis sein? Zum einen ist der Staat für Aristoteles das natürliche Endziel einer jeden Gemeinschaftsbildung; zum anderen wird das Glück des Einzelnen auch von der staatlichen Gemeinschaft mitbestimmt, weil zu deren Aufgaben die richtige Erziehung der Bürger zählt. Von der Erziehung hängt es nämlich ab, ob es einem gelingt, einen tugendhaften Charakter auszubilden; hat man erst einmal die falschen Gewohnheiten, ist es äußerst schwierig, zu einer tugendhaften Einstellung zu gelangen. Die Erziehung zur Tugend hängt nicht unwesentlich davon ab, dass man unter den richtigen Gesetzen aufwächst. (EN 1179 b 31 f.) Gesetzgebung ist aber Sache des Staates, und die politische Philosophie untersucht, worin eine gute Gesetzgebung besteht. Weil Gesetze immer mit Strafandrohung und Belohnung verbunden sind, erreichen sie auch solche Menschen, die für ein gutes Argument oder einen ethischen Traktat nicht empfänglich sind. Somit tragen gute Gesetze dazu bei, dass die größtmögliche Zahl von Menschen tugendhafte oder tugendanaloge Charakterzüge ausbildet, durch deren Betätigung sie auch eher glücklich sein werden.

In dieser engen Verbindung von individueller Moral und staatlicher Gemeinschaft sehen manche heutigen Philosophen eine attraktive Alternative zum modernen Staatsverständnis nach westlichem Muster.[19] Solche Interpreten nehmen Aristoteles als Vorbild für die Auffassung, dass der Einzelne gar nicht in der Lage sei, in Isolation von seiner Gemeinschaft zu bestimmen, worin für ihn das Gute bestehe. Vermutlich wäre Aristoteles selbst nicht so weit gegangen. Zwar sei es am besten, sagt er, wenn eine gemeinschaftliche Erziehung zustande kommt, wo das jedoch nicht möglich ist, kann auch der Einzelne versuchen, seinen Kindern und Freunden zur Tugend zu verhelfen. (EN 1180 a 29 ff.) Überhaupt geht es nur in der idealen Verfassung darum, die Bürger zu den Tugenden eines guten Menschen zu erziehen, und Aristoteles lässt keinen Zweifel daran, dass die beste und zugleich anspruchsvollste Verfassung nicht für jede Bevölkerung geeignet ist. Andere, nichtideale Verfassungen verfolgen bescheidenere Ziele; in ihnen fallen die Tugenden, die man als guter Bürger braucht, keineswegs mit den Tugenden des guten Menschen zusammen. (EN III 4) Schließlich findet die Abhängigkeit der individuellen Ethik von der Gemeinschaft ihren höchsten Ausdruck in einer relativistischen Konzeption des Guten und der Tugenden, wonach jede Gemeinschaft ihre eigenen moralischen Standards definiert. Aristoteles hingegen gewinnt die Grundzüge für die Bestimmung des Glücks und der Tugenden durch Rückgriff auf die Natur des Menschen – und die ist in der Polis der Athener dieselbe wie in der Polis der Spartaner.

Die »politische« Natur des Menschen

In Kapitel I 2 der *Politik* entwickelt Aristoteles die beiden plakativen Thesen, dass »die Polis zu den von Natur aus existierenden Dingen gehört« und dass »der Mensch ein von Natur aus politisches Lebewesen ist« (Pol. 1253 a 1 ff.). Bei einer flüchtigen Interpretation des Ausdrucks »von Natur aus« wirken beide Thesen abwegig: Ein Staat bedarf eines Gründungsaktes und ist nicht von Natur aus da. Und der Mensch kann seine Bestimmung auch außerhalb der politischen Betätigung, z. B. in der Theorie, finden. Was ist dann der Sinn der beiden Thesen?

Der ersten These geht folgende Überlegung voraus: Die Polis ist natürlich, insofern sie sich kontinuierlich aus einfacheren Gemeinschaftsformen entwickelt hat, die durch naturgegebene Bedürfnisse entstanden sind. Zuerst nämlich schließen sich Frauen und Männer zur Fortpflanzung zusammen, und ebenso Menschen, die von Natur aus zum Herrschen befähigt sind, mit solchen, die nur zur Ausführung von Befehlen begabt sind. (Leider meinte Aristoteles, aus dem genannten Begabungsunterschied eine Rechtfertigung für eine bestimmte Art der Sklaverei ableiten zu können; er argumentierte, dass es im Interesse des Sklaven sei, bestimmte Entscheidungen jemandem zu überlassen, der dafür die besseren intellektuellen Voraussetzungen mitbringt. Vgl. Pol. I 4-7.) Aus diesen beiden primitiven Komplementärverhältnissen ergibt sich als nächste Gemeinschaftsstufe der aus Familie und Knechten bestehende Haushalt; er reicht jedoch nur aus, um gerade mal die täglichen Bedürfnisse zu befriedigen. Eine ebenfalls natürliche Erweiterung dieser Stufe stellt der Zusammenschluss mehrerer Haushalte zu einem Dorf dar. Das Dorf lebt nicht mehr wie der einzelne Haushalt von einem Tag auf den anderen, aber dient wie schon die einfacheren Zusammenschlüsse immer noch dem reinen Überleben. Schließlich entsteht aus der Vereinigung mehrerer Dörfer die vollkommene Gemeinschaft, die Polis, die »sozusagen die Grenze der vollständigen Autarkie erreicht hat. Um des Überlebens willen ist sie entstanden, sie besteht aber um des guten Lebens willen.« (Pol. 1252b 28 ff.)

Das gemeinschaftliche Leben hat nach dieser Bemerkung zwei Ebenen; die erste Ebene dient der Sicherung des Überlebens sowohl des Einzelnen als auch der menschlichen Art, die zweite Ebene hat das gute Leben zum Ziel, d. h., hier tritt die Gemeinschaft wie ein Handelnder auf, der frei gefasste Absichten zu verwirklichen vermag. Die Voraussetzung für den Übergang zur zweiten Ebene ist, dass die Versorgung mit dem zum Leben Notwendigen sichergestellt und die Gemeinschaft in dieser Hinsicht autark ist. Weil eine solche Autarkie, die dem Einzelnen verwehrt bleibt, ein Ziel ist, das bereits bei den primitiveren Vereinigungen erstrebt wird, stellt die Polis als die Gemeinschaft, die dieses Ziel erreicht hat, den Endpunkt einer Entwicklung dar, die ihren Ausgang bei der natürlichen Insuffizienz des vereinzelt lebenden Menschen nahm. In diesem Sinn kann die Polis selbst als natürlich angesehen werden, denn für Aristoteles gilt das allgemeine teleologische Prinzip, dass die Natur oder natürliche Bestimmung einer Sache erst in der Vollendung ihrer Entwicklung sichtbar wird.

Aristoteles entwickelt daraus die zweite These, dass der Mensch überhaupt ein von Natur aus politisches Lebewesen sei. Nach der dargestellten Überlegung kann das nur bedeuten, dass der Mensch, weil er von Natur aus auf Kooperation mit anderen angewiesen ist (zur Fortpflanzung, zur Sicherung des Überlebens und zur Erlangung der Autarkie), nur in einer Gemeinschaft die ihm eigentümlichen Fähigkeiten verwirklichen kann. Da aber auch andere Lebewesen auf das Zusammenleben in einer Herde oder einem Schwarm angewiesen sind und da auch Menschen, die der gegenseitigen Unterstützung nicht bedürfen, nach Gemeinschaft streben (Pol. 1278 b 20 ff.), ist die Begründung noch nicht vollständig. Aristoteles fügt daher folgendes Argument hinzu (Pol. 1253 a 9 ff.): (P_1) Die Natur tut nichts umsonst. (P_2) Zur natürlichen Ausstattung des Menschen gehört die Sprachfähigkeit. (P_3) Sprache ist dazu da, dass man sich über Nützliches und Schädliches sowie über Gerechtes und Ungerechtes verständigt. (P_4) Die Gemeinsamkeit in Fragen der Gerechtigkeit macht eine Polis aus. – Hierbei scheint die Prämisse P_3 ein eigentümlich enges Verständnis von der Aufgabe der Sprache zu formulieren. Vielleicht meint Aristoteles damit auch nur, dass es bei sprachbegabten Wesen zwangsläufig zu Diskussionen um solche Fragen kommt. Die Prämisse P_4 ist wohl so zu verstehen, dass die erfolgreiche Einigung über ein gerechtes Zusammenleben zur Organisationsform der Polis führt.

Die Formel von der politischen Natur des Menschen bedeutet daher, dass der Mensch durch seine Kooperationsbedürftigkeit, durch das Streben nach Autarkie und durch die sprachliche Kommunikationsfähigkeit seine natürlichen Anlagen am besten im Rahmen einer gesetzlich geregelten Gemeinschaft, dem Staat, verwirklichen kann. Das alles hat wenig mit dem Gedanken zu tun, dass der Mensch von Natur aus auf ein harmonisches Zusammenleben programmiert wäre. Im Gegenteil räumt

Aristoteles sogar ein, dass das Zusammenleben in der Gemeinschaft stets schwierig sei. (Pol. 1263 a 15 ff.) Und der außerhalb der Gesetze lebende Mensch ist – durch seine Intelligenz und den Einsatz von Waffen – sogar das gefährlichste und schlimmste aller Lebewesen. (Pol. 1253 a 30 ff.)

Die Polis und der Bürger

Wie kann eine Polis von anderen Gemeinschaften unterschieden werden? Eine Möglichkeit für eine solche Abgrenzung sieht Aristoteles in der Unterscheidung verschiedener Herrschaftsverhältnisse. In einer bestimmten Weise herrscht der Vater über seine Kinder, auf eine andere Weise herrscht der Herr über seinen Knecht, doch nur die politische Herrschaft im Staat ist eine Herrschaft über andere freie und mündige Bürger. Wer aber ist ein Bürger? Den athenischen Verhältnissen im 4. Jahrhundert v. Chr. entsprechend, zählt Aristoteles nicht alle in einem Staat wohnenden Menschen zu den Bürgern; Frauen, Kinder, unfreie Sklaven oder Knechte sowie aus anderen Städten kommende Einwohner haben kein uneingeschränktes Bürgerrecht. Aristoteles definiert den Bürger als jemanden, der in irgendeiner Weise an der politischen Herrschaft teilhat. Bürger ist man, wenn man im Prinzip Zugang zu beratenden (wie in der Volksversammlung) und richtenden (in den Schöffengerichten) Ämtern hat. (Pol. 1275 b 18 f.)

Zu einer Polis gehört notwendig, dass man sich um des guten Lebens willen zusammengeschlossen hat; ein Zweckverband, der dem bloßen Lebenserhalt dient, ist noch keine Polis. Auch eine militärische Bundesgenossenschaft oder eine dem Tauschhandel dienende Vereinigung macht keine Polis aus. (Pol. 1280 a 31 ff.) Das bedeutet nicht, dass eine Polis immer anspruchsvolle oder hehre Ziele zu verwirklichen sucht; es muss der Polis aber möglich sein, ihre jeweilige Konzeption vom guten und gerechten Leben zu verfolgen. Dies soll allen partizipierenden Bürgern zugute kommen; denn dass jeder seinen Anteil am guten Leben erhält, ist der ursprüngliche Sinn des staatlichen Zusammenschlusses. (Pol. 1278 b 21 ff.) Man kann nämlich nicht sagen, die Polis sei glücklich oder habe ein gutes Leben, wenn nicht alle oder die meisten glücklich sind. (Pol. 1264 b 17 ff.) Nur eine Polis, die alle Beteiligten proportional am guten Leben teilhaben lässt, ist eine gerechte Polis. (Pol. 1279 a 16 ff.)

Die konkreten Ziele einer Polis hängen von der Verfassungsform ab, und diese ist auch für die Identität der Polis entscheidend, denn wenn die Verfassung der Art nach gewechselt hat, wird man nicht mehr von derselben Polis sprechen (Pol. 1276 b 1 ff.); die Verfassung als Ordnungsprinzip der Polis prägt diese wie eine Form oder eine formale Ursache. Hingegen ist es für die Identität einer Polis unerheblich, ob einzelne Menschen hinzukommen oder weggehen. Eine Polis besteht daher als dieselbe, solange ein und dieselbe Verfassungsform einen Menschenstamm an einem bestimmten Ort zu einer Polis vereint.

Von der Verfassungsform hängt es auch ab, wie die herrschenden Gruppen die gerechte Polis definieren.[20] Gerechtigkeit hat etwas mit dem Gleichen und Proportionalen zu tun; wenn nun die Reichen regieren, meinen sie, sie müssten aufgrund des investierten Besitzes von allem (also auch von der Macht) proportional mehr bekommen als andere. Umgekehrt meinen die Demokraten, sie müssten, weil sie an Freiheit allen anderen gleich sind, auch von allem gleich viel bekommen. (Pol. 1280 a 22 ff.) Aristoteles kritisiert diese Auffassungen: Weil die Polis nicht um des Besitzes, sondern um des guten Lebens willen besteht, können nur diejenigen beanspruchen, proportional zu der eingebrachten Leistung an der politischen Herrschaft beteiligt zu werden, die zum Ziel des guten Lebens der Polis beitragen können, und das sind diejenigen, die Tugend und speziell politische Tugend in die Polis einzubringen vermögen. (Pol. 1281 a 4 ff.) Diese Überlegung läuft darauf hinaus, dass möglichst die im Sinne der Tugend Besten in einer Polis regieren sollten. Aristoteles sympathisiert daher mit einer Form von Aristokratie, die er als eine Herrschaft der Besten definiert. (Rhet. 1365 b 36 f.; Pol. 1279 a 35 f.)

Wenn aber das gute Leben der Polis am ehesten durch die Herrschaft der Besten ermöglicht wird, wie steht es dann mit der Demokratie? Immerhin verbrachte Aristoteles die längste Zeit seines Lebens in Athen, dem Ursprungsort der europäischen Demokratie. Er wendet sich nicht gegen die Demokratie überhaupt, allerdings gegen eine Tendenz der Radikalisierung von Demokratien, die er auch in der athenischen Verfassungsgeschichte auszumachen meint. (Ath. pol. 28, 41) In Pol. 1291 b 30 ff. beschreibt er unterschiedliche Grade der Demokratisierung; diese enden bei einer radikalen Demokratie, die für Aristoteles in einem gewissen Sinn nicht einmal mehr als Verfassung betrachtet werden kann, weil jede Gesetzesautorität durch das Prinzip des Volksbeschlusses untergraben wird. In dieser Form der Demokratie haben nach Aristoteles vor allem Demagogen das Sagen, die das Volk durch kurzfristige Gefälligkeiten auf ihre Seite bringen, nicht jedoch das langfristige Wohl der Polis im Auge haben. Ein Nachteil dieser Verfassungsform besteht darin, dass sie extrem instabil ist und jederzeit in eine Tyrannis umschlagen kann.

Aristoteles findet freilich auch Argumente zugunsten der Demokratie. Zunächst ist es so, dass für ihn der Zustand der Gesetzlosigkeit, der beim Umsturz einer Verfassung entsteht, als eines der größten Übel gilt, weswegen die Stabilität von Verfassungen ein zentrales Anliegen seiner politischen Philosophie ist. Wenn man nun eine große Zahl von Menschen von der politischen Partizipation ausschließt, dann ist das, als hätte man zahlreiche potenzielle Feinde im Inneren der Polis, wodurch die Gefahr der politischen Instabilität immens ansteigt. (Pol. 1281 b 28 ff.) Also sollte man möglichst viele an den politischen Entscheidungen beteiligen. Wie aber ist das mit dem Grundsatz zu vereinbaren, dass im Interesse der Polis möglichst viel von den Besten und Kompetenten entschieden werden sollte? Aristoteles findet folgenden Ausweg (Pol. III 11): Manchmal ist es möglich, dass viele Menschen, von denen kein Einzelner zu den Besten gehört, zusammen besser sind als die einzelnen Besten, indem jeder einen anderen Teil zum Gesamten beisteuert (so wie ein Mahl, zu dem viele etwas beisteuern, besser sein kann als das Mahl, das ein Einzelner ausrichtet). Jedoch ist das Argument in dieser Form noch nicht plausibel: Sollte etwa auf das medizinische Urteil von tausend Laien mehr Verlass sein als auf das eines einzigen Arztes? Aristoteles weist deshalb darauf hin, dass es verschiedene Arten von Kompetenz gibt. So ist eine Art von Kompetenz vergleichbar mit derjenigen des Flötenbauers oder Architekten, die andere Art mit der des Flötenspielers oder Hausbewohners. Die erste Art von Kompetenz ist für die Herstellung erforderlich; ob aber das hergestellte Produkt gut ist oder nicht, kann nur aufgrund der zweiten Art von Kompetenz, der Kompetenz des Benutzers, beurteilt werden. Ähnlich erfordern auch viele der Entscheidungen, die in der Volksversammlung getroffen werden müssen, gewissermaßen die Kompetenz des Polis-Benutzers, desjenigen nämlich, der mit den Gesetzen einer Polis leben und umgehen muss. – Auf diese Weise kann die demokratische Mitbestimmung durchaus eine Art kompetenter Beurteilung in die Polis einbringen und so den guten Zustand derselben befördern helfen.

Die Polis und ihre Verfassungen

Aristoteles klassifiziert Verfassungen nach zwei Gesichtspunkten, zunächst danach, wie viele Menschen in einer Polis die Herrschaft ausüben: Ist es nur einer, handelt es sich um eine Monarchie bzw. Königsherrschaft oder um eine Tyrannis; sind es einige wenige, handelt es sich um eine Aristokratie oder Oligarchie; sind es viele, handelt es sich um eine so genannte Politie oder Demokratie. Weil eine Polis um des guten Lebens aller willen besteht, kann zur Klassifikation der Verfassungen als weiterer Gesichtspunkt die Frage ins Spiel gebracht werden, ob sie tatsächlich dem Nutzen aller dient (gerechte Polis) oder nur dem Nutzen der Herrschenden (entartete Polis). Aristoteles vertritt daher das folgende Verfassungsschema (Pol. III 6 -8):

	gerecht	*entartet*
einer regiert	Königsherrschaft	Tyrannis
wenige regieren	Aristokratie	Oligarchie
viele regieren	Politie	Demokratie

Weil es sich oft trifft, dass eine relativ geringe Anzahl von Bürgern einen großen Anteil des Wohlstands auf sich vereint und die große Menge der Menschen eher mittellos ist, wird das numerische Klassifikationskriterium in der Regel ergänzt um die qualitative Beschreibung, dass die Oligarchie eine Herrschaft der Reichen und die Demokratie die Herrschaft der Mittellosen darstellt. Beide stehen auf der Seite der »entarteten« oder ungerechten Verfassungsformen, weil sie nur dem Nutzen der regierenden Gruppe dienen, etwa indem die selbst mittellosen Demokraten die reicheren Mitbürger zu enteignen versuchen. Der

Oligarchie steht mit der Aristokratie die Herrschaft der Guten und Tugendhaften gegenüber, wobei Aristoteles den Begriff der Aristokratie weitgehend vom Abstammungskriterium löst und mit Erziehung und Bildung (paideia) verknüpft. Die Politie stellt im Grunde auch eine Form der Demokratie dar, jedoch eine, die nicht den partikularen Nutzen der Mittellosen, sondern das Gesamtwohl der Polis verfolgt.

Während dieses Verfassungsschema im dritten Buch der *Politik* recht starr wirkt, interessiert sich Aristoteles in den Büchern IV-VI mehr und mehr für die verschiedenen Ausprägungen einer Verfassungsform sowie für Mischungen zwischen den verschiedenen Verfassungen.[21] So wird im vierten Buch die Politie als Mischung aus Demokratie und Oligarchie (Pol. 1294 a 32 ff.) bestimmt, wobei das Vermögenskriterium der Oligarchie mit dem Kriterium der »paideia« assoziiert wird, da bei Wohlhabenden eher mit einem gewissen Bildungsniveau zu rechnen sei; wenn dabei aus zwei »entarteten« Verfassungen eine gerechte Verfassung hervorgeht, erscheint die Gegenüberstellung von drei guten und drei schlechten Verfassungen aus Buch III stark aufgelockert.

In den Büchern IV-VI ist die beste aller möglichen Verfassungen (ganz anders als etwa bei Platon) nicht mehr der Maßstab aller Dinge. So wie die Kunst der Gymnastik in der Lage sein muss, auch denjenigen anzuleiten, der keine ideale körperliche Verfassung erreichen kann, so muss auch die Staatskunst nicht nur die ideale Verfassung, sondern ebenso die unter bestimmten Umständen realisierbaren Verfassungen, die jeweils schon existierenden Verfassungen sowie die für möglichst viele Städte passende Verfassung untersuchen. In einer idealen Verfassung würden sich die Bürger gemeinsam um ein tugendhaftes Leben bemühen, was jedoch in den meisten Städten nicht realisierbar erscheint. Selbst wenn der Gesetzgeber versuchen sollte, die Bevölkerung einer Stadt diesem Zustand näher zu bringen, könnte eine solche Verbesserung nur Schritt für Schritt erfolgen. Mit Blick auf die unter bestimmten Bedingungen realisierbaren Verfassungen muss untersucht werden, welche Verfassungsform unter welchen Bedingungen für eine Bevölkerung infrage kommt. Bei den existierenden Verfassungen untersucht der politische Philosoph vor allem, wodurch eine solche Verfassung stabilisiert und erhalten werden kann, um politische Umstürze und den daraus resultierenden Zustand der Gesetzlosigkeit zu vermeiden. Was schließlich die für die größte Zahl von Bürgern und Städten angemessene Verfassung angeht, so empfiehlt Aristoteles eine Verfassung der Mitte (Pol. IV 11), in der diejenige Bevölkerungsschicht, die in der Mitte zwischen Wohlhabenden und Mittellosen steht, besonders ausgeprägt ist; eine solche Verfassung verspricht Stabilität, weil keine Entgleisung in eines der Extreme droht.

5. Poetik

Eines der am meisten rezipierten Werke des Aristoteles ist seine Schrift über die Dichtkunst, die *Poetik*. Allerdings ist sie nicht vollständig erhalten: Im überlieferten Text wird mehrmals auf eine Erörterung der Komödie verwiesen, die im erhaltenen Text jedoch nicht mehr ausgeführt wird. Warum ist Aristoteles als Philosoph überhaupt an Fragen der Dichtung interessiert? Für ihn repräsentiert gelungene Dichtung Wirklichkeit auf einer allgemeinen Ebene; sie sagt nicht, was dieser und jener konkreten Person geschehen ist, sondern führt vor, was so und so beschaffenen Personen geschehen könnte. Insofern ist Dichtung der auf Allgemeinheit drängenden Philosophie enger verwandt, als es die mit Einzelheiten befasste Geschichtsschreibung ist. Außerdem hat Dichtung einen direkten Einfluss auf die Emotionen der Zuhörer, und der richtige Umgang mit Emotionen wiederum trägt zur Formung des Charakters bei.

Dichtung als Mimesis

»Dichtung« ist der allgemeine Begriff, unter den die Gattungen Tragödie, Komödie, Epos, Dithyrambendichtung etc. fallen. Was ist das gemeinsame Merkmal aller dieser Formen von Dichtung? Aristoteles sagt, dass Dichtung wesentlich Nachahmung, Nach- oder Abbildung (griech.: mimêsis) von Wirklichem sei. Diese Charakterisierung kann leicht missverstanden werden;

was sie sicher nicht meint, ist, dass Dichtung etwas nachbilden muss, was irgendwann tatsächlich so geschehen ist. Im Gegenteil betont Aristoteles, dass auch solche Dinge nachgeahmt werden, die nicht so sind oder so waren, sondern lediglich so sein *sollten.* (Poet. 1460 b 9 ff.) Daraus wird deutlich, dass der mimetische Charakter der Dichtung für Aristoteles keineswegs die Nachbildung bestimmter faktischer Ereignisse meint; er wird vorwiegend an allgemeinen oder idealtypischen Konstellationen festgemacht: »Aus dem Gesagten ist offensichtlich, dass es nicht Aufgabe des Dichters ist, das wirklich Geschehene mitzuteilen, sondern vielmehr dasjenige, was geschehen *könnte,* also dasjenige, was gemäß der wahrscheinlichen oder notwendigen Verknüpfung [von Ereignissen] möglich ist.« (Poet. 1451 a 36 ff.)

Im Gegensatz zur Geschichtsschreibung, die Fragen des Typs »Was hat die und die Person zu dem und dem Zeitpunkt getan?« beantwortet, hat insbesondere die tragische »mimêsis« allgemeine Sachverhalte und Kausalverknüpfungen zum Gegenstand, wobei nicht eine konkrete, sondern eine so und so beschaffene Person entweder wahrscheinlich oder notwendig in einer bestimmten Weise reden oder handeln wird. Entscheidend ist, dass Dichtung die Handlungen so verknüpft und solchen Charakteren zuschreibt, dass es dem Zuschauer schlüssig erscheint und dass er darin allgemeine Konstellationen erkennt, die sich auch jederzeit in den Handlungen wirklicher Personen manifestieren können.

Weil es neben der Dichtung auch noch andere mimetische bzw. nachbildende Künste gibt, z. B. die Malerei und die Bildhauerei, ist es nicht ausreichend, die Dichtung allein durch das Merkmal der »mimêsis« bestimmen zu wollen; es muss konkretisiert werden, welche Gegenstände in der Dichtung auf welche Weise und mit welchen Mitteln nachgebildet werden. Während nun etwa Malerei Farben und Formen als mimetische Mittel gebraucht, zeichnet sich Dichtung dadurch aus, dass die »mimêsis« durch Sprache bewirkt wird. Die Gegenstände, die dabei nachgebildet werden, sind in der Dichtung stets handelnde Menschen bzw. die Handlungen von Menschen. Dabei stelle die Tragödie Menschen dar, die besser sind, als sie normalerweise vorkommen, die Komödie dagegen Menschen, die schlechter sind; »schlecht« meint hier, dass die Figuren einen Fehler oder etwas Hässliches aufweisen und dadurch lächerlich wirken.

Für die dichterische »mimêsis« nennt Aristoteles zwei Formen: In der einen Weise kommt die Nachbildung durch einen Bericht zustande, in der anderen Weise dagegen ahmt man die handelnden Figuren direkt, also durch dramatische Darstellung, nach.[22] Letzteres ist für Tragödie und Komödie typisch, weil darin die dargestellte Figur selbst nachgeahmt und nicht nur über sie berichtet wird. Für Aristoteles ist dies ohne Frage die bevorzugte Form der dichterischen »mimêsis«. Nun enthält das Epos anders als das Drama zwar auch Berichte, jedoch betont Aristoteles, dass auch im Epos Figuren auftreten, d.h., dass sich auch darin, nämlich in der direkten Rede dieser Figuren, »mimêsis« im Sinne der dramatischen Nachahmung findet, und er lobt ausdrücklich Homer, der dieses Mittel besonders oft benutzt.

Dass Aristoteles den Begriff der »mimêsis« in den Mittelpunkt seiner Dichtungstheorie stellt, ist auch vor dem Hintergrund interessant, dass Platon im zehnten Buch des *Staats* die Dichtung noch mit dem Argument attackiert hat, dass sie es »nur« mit Nachbildungen zu tun habe und nicht an der Kenntnis der Wahrheit orientiert sei; daher, so Platon, spreche Dichtung auch nicht den oberen, auf Erkenntnis zielenden Seelenteil, sondern nur das Luststreben an, was einen ungünstigen Einfluss auf die Seele des Rezipienten habe. Bei Aristoteles dagegen erfahren das Nachahmen und Nachbilden eine durchweg positive Einschätzung, sie sind für ihn in der Natur des Menschen verwurzelt. Diese anthropologische Dimension der »mimêsis« zeigt sich u. a. daran, dass der Mensch seine ersten Kenntnisse durch Nachahmung erwirbt. Die Freude wiederum, die man beim Umgang mit Produkten der »mimêsis« empfindet, belegt, dass diese auch eine kognitive Dimension hat; denn für Aristoteles resultiert diese Art von Freude aus einem Lernprozess: aus der Erkenntnis, dass ein Kunstprodukt die Darstellung einer bestimmten ihm schon bekannten Sache sei. (Poet. 1448 b 12 ff.)[23]

Theorie der Tragödie

Da die Ausführungen zur Komödie nicht überliefert sind und die Bemerkungen zum Epos sehr knapp ausfallen (Kap. 23-26), liefert die *Poetik* im Wesentlichen eine Theorie der Tragödie (Kap. 6-22). Aristoteles bestimmt die Tragödie 1. als die »mimêsis« einer guten, in sich geschlossenen Handlung, die sich 2. einer anziehenden – d. h. mit Melodie und Rhythmus ausgestatteten – Sprache bedient, die 3. eine Nachahmung von Handelnden als solchen darstellt, 4. keinen Bericht enthält, 5. Furcht und Mitleid hervorruft und dadurch eine Reinigung (katharsis) von solchen Affekten bewirkt. (Poet. 1449 b 24 ff.) Eine Theorie der so bestimmten Tragödie muss verschiedene Aspekte berücksichtigen, vor allem aber muss sie die darzustellende Handlung bzw. den Handlungsablauf (das sei »gewissermaßen die Seele der Tragödie« [Poet. 1450 a 38]) strukturieren.

Zur Frage des Handlungsablaufs gehören die später so einflussreich gewordenen Überlegungen zur Kohärenz und Einheit der Handlung: Die dargestellte Handlung muss eine ganze sein und über eine bestimmte Größe verfügen. Sie darf nicht zu groß und nicht zu klein sein und muss über eine Ausdehnung verfügen, die sich dem Gedächtnis gut einprägt. Eine ganze Handlung besteht aus Anfang, Mitte und Ende. Die durch Aristoteles derart umrissene Einheit der Handlung wird seit der italienischen Renaissance regelmäßig um die Einheit des Orts und der Zeit ergänzt.

Weil die Handlung Furcht und Mitleid hervorrufen soll, wobei sich Mitleid auf Figuren bezieht, die ihr Unglück nicht verdient haben, und Furcht auf Figuren, die Ähnlichkeiten mit dem Zuschauer haben, sind Handlungen unangebracht, bei denen entweder eine tüchtige Person einen Umschlag vom Glück ins Unglück erlebt oder eine schlechte Person einen Umschlag vom Glück ins Unglück oder vom Unglück ins Glück. Die gute Tragödie wird deshalb einen Umschlag vom Glück ins Unglück so darstellen, dass er weder aufgrund des guten noch aufgrund des schlechten Charakters des Protagonisten, sondern aufgrund eines Fehlers (hamartia) zustande kommt. Anders als bei der Einwirkung von Fremden oder von höherer Gewalt verursacht der Handelnde durch einen solchen Fehler sein Unglück selbst, jedoch stellt dieser Fehler weder selbst eine verwerfliche Handlung dar noch lässt er auf einen schlechten Charakter schließen, sodass der Betreffende sein Unglück auch nicht verdient hat. Eine solche Situation ergibt sich etwa, wenn man in Unwissenheit handelt, so wie Ödipus nicht wusste, dass es sein Vater war, den er an der Weggabelung erschlug.

Tragische Affekte: Katharsis

Die Handlung einer Tragödie und die darin vertretenen Charaktere müssen so beschaffen sein, dass sie beim Zuschauer die so genannten tragischen Affekte oder Emotionen Furcht (phobos) und Mitleid (eleos) hervorrufen.[24] Außerdem bewirke die Tragödie eine Reinigung (katharsis) von solchen Emotionen; diese Wirkung bezeichnet Aristoteles auch als eine der Tragödie eigentümliche Lust. Dabei stellt das Mitleid die angemessene emotionale Reaktion auf das unverdiente Unglück eines anderen dar, die Furcht eine wesentlich selbstbezogene Emotion aufgrund der Überzeugung, dass es einem selbst ähnlich wie dem Protagonisten ergehen könnte. Inwiefern die Tragödie eine »katharsis« von diesen Emotionen bewirkt, bleibt unklar, weil Aristoteles diesen Begriff mit keinem Wort erläutert. Nur geringfügige Unterstützung bietet eine Stelle der *Politik* (VIII 6-7), wo Aristoteles die reinigende Wirkung der Musik im Zusammenhang mit Fragen der Erziehung bespricht.

Vor Aristoteles war der Begriff der »katharsis« vor allem in zwei Bereichen üblich: In der Medizin bezeichnete er die Wirkung von Brech- und Abführmitteln, im religiös-kultischen Leben die rituelle Reinigung von »verunreinigten« Personen, Orten usw. Beide Bereiche lassen sich aber nicht ohne weiteres auf die Tragödientheorie übertragen: Weil es für Aristoteles gerade ein Merkmal des Tugendhaften ist, dass dieser die angemessenen Emotionen hat, wäre für ihn die Vorstellung einer Verunreinigung durch das Haben von Emotionen ebenso abwegig wie die Vorstellung, dass sich Emotionen zu einem pathologischen Zustand aufstauen, wenn sie nicht regelmäßig »abgelassen« werden. Außerdem muss auch der tugendhafte Zuschauer von der kathartischen Wirkung der Tragödie profitieren, obwohl er per definitionem nie in unangemessene oder pathologische Gefühlszustände gerät, von denen er geheilt werden müsste. Aufgrund dieser vagen Ausgangssituation erfuhr die Lehre von der kathartischen Wirkung der Tragödie höchst unterschiedliche Deutungen.[25]

In der Zeit der Renaissance und Aufklärung waren in erster Linie moralisierende Deutungen verbreitet; nach diesen soll die

Tragödie durch abschreckende Beispiele den Zuschauer lehren, seine eigenen Affekte zu zügeln und so die Fehler der tragischen Helden zu vermeiden. Oder der Zuschauer soll durch das Betrachten von Tragödien eine Art emotionaler Robustheit entwickeln, durch die er für die Wechselfälle des eigenen Lebens besser gerüstet ist. Gegen diese moralistischen und erzieherischen Tendenzen protestierten dann solche Interpreten, die die Parallele von tragischer »katharsis« und medizinischer Therapie betonten.[26] Allerdings ist die damit implizierte Parallele von Emotionen und pathologischen Zuständen, wie wir bereits gesehen haben, auch nicht durchweg überzeugend.

Eine plausiblere Interpretation des Katharsis-Begriffs sollte zumindest die folgenden Punkte berücksichtigen: 1. Nach einigen der genannten Deutungen ist die »katharsis« ein Effekt, der aus allen möglichen Leidenschaften resultieren könnte. Nach der Lehre der *Poetik* ist jedoch eine Wirkung gemeint, die wesentlich an die Emotionen Furcht und Mitleid gebunden ist. 2. Die Emotionen Furcht und Mitleid stellen sich beim Zuschauer nur dann ein, wenn die »mimêsis« gelungen ist; wäre die dargestellte Handlung unglaubwürdig, blieben die tragischen Affekte aus. 3. Emotionen wie Furcht und Mitleid sind für Aristoteles stets mit bestimmten Überzeugungen verknüpft, z. B. mit der Überzeugung, dass das dargestellte Unrecht verdient oder unverdient ist. Um solche Überzeugungen zu bilden, bedarf es der wachen Urteilskraft des Zuschauers; daher ist die Wirkung der Tragödie nicht mit einer Art Ekstase als Resultat orgiastischer Musik vergleichbar, wie es Aristoteles im achten Buch seiner *Politik* beschreibt. 4. Während einige der traditionellen Erklärungen davon ausgehen, dass der Zuschauer von Affekten befreit oder gegen sie abgehärtet werden müsse, geht es Aristoteles selbst in seiner Ethik eher darum, dass man die richtigen Emotionen unter angemessenen Umständen hat. Wendet man diese Forderung nach angemessenen Emotionen auf die tragischen Affekte an, dann scheint es nicht völlig unplausibel, dass der Zuschauer beim Betrachten der Tragödie daran gewöhnt wird, die für eine Situation angemessenen Emotionen auf ausgewogene Weise und mit der angebrachten, maßvollen Intensität zu haben. Weil Aristoteles in der Tat die Bedeutung einer solchen Gewöhnung für den Erwerb von Tugenden hervorhebt, wäre die »katharsis« so betrachtet durchaus ein Beitrag zur Formung und Erhaltung eines tugendhaften Charakters. 5. Weil Furcht und Mitleid schmerzliche Emotionen sind, wird die Befreiung von diesen Regungen als angenehm empfunden. Eine angemessene Deutung des Begriffs muss aber außerdem erklären, wodurch sich eine solche Erleichterung einstellt: weil man sich klarmacht, dass das dargestellte Unglück doch nicht wirklich der Fall ist, oder weil dieses Unglück nicht das eigene Unglück ist? Oder ist es die Erleichterung darüber, dass sich das dargestellte Unglück nicht einfach so, sondern aus nachvollziehbaren Gründen, nämlich durch den Fehler des Protagonisten einstellt, den man selbst vermeiden könnte?

Die Lehre vom Stil

In den Kapiteln 20-22 der *Poetik* sowie in der *Rhetorik* (III 1-12) behandelt Aristoteles unter dem Stichwort »lexis« den Stil oder besser die sprachliche Gestaltung des Gesagten. Die grundlegende Idee ist, dass man dieselbe Sache auf unterschiedliche Weise ausdrücken kann und dass die Wortwahl durchaus einen Unterschied für die Frage bedeutet, wie das Gesagte beim Hörer ankommt. Zwar zählt Aristoteles im dritten Buch der *Rhetorik* u.a. auch die Bereiche Sprachrhythmus und Satzgliederung zum Thema der »lexis«, im Kern jedoch geht es in dieser

Theorie um die Wahl zwischen verschiedenen Wörtern, die auf dieselbe Sache referieren. Dazu benutzt er die folgende Klassifikation:

Zunächst gibt es den eigentlichen oder üblichen Ausdruck (kyrion onoma), mit dem eine Sache bezeichnet wird; »eigentlich« heißt bei Aristoteles nicht, dass er der bezeichneten Sache in höherem Maße angemessen wäre als andere Ausdrücke; es geht lediglich darum, dass es sich um den relativ zu einer Sprechergemeinschaft üblichen Ausdruck handelt. Der übliche Ausdruck ist für die Sprecher der betreffenden Sprache oder eines Dialekts klar, wirkt aber zugleich banal oder abgenutzt. Das andere Extrem sind die fremdartigen Ausdrücke oder Lehnwörter (glôtta); es handelt sich um Wörter, die bei einer jeweils anderen Sprechergemeinschaft oder in einem anderen Dialekt üblich sind (das Altgriechische umfasste verschiedene Dialekte, sodass einige Wörter, die etwa in der Sprache der homerischen Epen üblich waren, bei den Athener Zeitgenossen des Aristoteles völlig ungebräuchlich waren). Solche entlehnten Wörter geben dem Gesagten einen fremdartigen, bewundernswerten, erhabenen Eindruck, sie sind jedoch nicht klar; im extremen Fall sind sie sogar unverständlich. Einen ähnlichen Effekt haben die von Dichtern geprägten Ausdrücke, die entweder ganz neu gebildet, aus anderen Nomen zusammengesetzt, gegenüber dem gebräuchlichen Wort verkürzt, erweitert oder abgewandelt sind. Schließlich gibt es die Metaphern; nach Aristoteles' Definition stellen sie »die Übertragung eines fremden Nomens, entweder von der Gattung auf die Art oder von der Art auf die Gattung oder von der Art auf die Art oder gemäß der Analogie« (Poet. 1457b 6f.) dar. Diese Definition ist nicht genau mit dem modernen Begriff der Metapher kongruent: Die Figuren etwa, die entstehen, wenn ein Artbegriff anstelle des Gattungsbegriffs verwendet wird, fallen nach den heute geläufigen Kategorien eher unter den Begriff der Metonymie oder Synekdoche. Dagegen würden die Beispiele, die Aristoteles für gemäß der Analogie gebildete Metaphern anführt, meist auch nach modernem Verständnis als Metaphern angesehen. Die Metapher hat nach Aristoteles den Vorzug, die beiden genannten Tendenzen zu vereinen, sie ist einerseits klar wie die üblichen Ausdrücke, andererseits ist sie nicht banal, sondern erhaben und bewundernswert wie die fremdartigen Ausdrücke.

Aufgrund der unterschiedlichen Tendenzen, die in den genannten Wortarten präsent sind, kann nun die Vortrefflichkeit (aretê) des sprachlichen Ausdrucks bestimmt werden: Die sprachliche Form erreicht genau dann ihren besten Zustand, wenn sie zugleich klar, aber nicht banal ist. (Poet. 1458 a 18) Klar muss sie sein, denn bei Texten oder Reden handelt es sich um sprachliche Zeichen, und solche verfehlen ihre eigentümliche Aufgabe, etwas mitzuteilen, wenn sie unverständlich sind. (Rhet. 1404 b 2 f.) Andererseits darf die Bemühung um Klarheit nicht dazu führen, dass das Gesagte banal wird; vielmehr muss es den Eindruck des Erhabenen und Fremden, also in gewissem Sinn ein Moment des Schmucks, miteinschließen. Der Aspekt des Schmucks im sprachlichen Ausdruck ist in der Rezeptionsgeschichte oft ziemlich entstellt worden, weil man den Schmuck als etwas Äußerliches konzipierte, was dem Inhalt des Gesagten nur eine gewisse Annehmlichkeit hinzufügt. Für Aristoteles dagegen ist das Fremdartige und Erhabene etwas, was das Staunen und die Bewunderung des Rezipienten hervorruft; dies wiederum sind Regungen, die unmittelbar auf das in der menschlichen Natur angelegte Streben nach Wissen und Verstehen einwirken.

Welche sprachlichen Mittel man zur Verfügung hat, um den Eindruck des Fremdartigen zu bewirken, hängt von der Textgattung ab. Während man in der Dichtung für diesen Zweck alle der genannten Wortarten einsetzen kann, stehen der Prosarede nur die üblichen Ausdrücke und die Metaphern zur Verfügung, weil eine poetische Sprache mit Blick auf den alltäglichen Gegenstand prosaischer Texte unangebracht wäre. Der Metapher fällt sowohl in der Prosa als auch in der Dichtung eine besondere Rolle zu, da sie es ist, die in höchstem Maße die Merkmale der Klarheit, der Annehmlichkeit und der Fremdartigkeit vereint. (Rhet. 1404 b 26 f.) Angenehm ist eine gelungene Metapher, weil sie einen Sachverhalt, der sonst umständlich eingeführt werden müsste, auf einfache Weise »vor Augen führen« und so ein leichtes Lernen bewirken kann. Fremd oder fremdartig ist die Metapher, weil sie eine – verglichen mit dem üblichen Ausdruck – ungewohnte Verknüpfung herstellt. Wenn etwa das Alter metaphorisch als eine »Stoppel« bezeichnet wird (Rhet. 1410 b 10 f.), ist dies zunächst fremd und irritierend wie ein Rätsel; genau diese Irritation löst dann aber eine Suche aus, bei der der Rezipient entdeckt, dass sich das Alter zum Leben verhält wie die Stoppel zum Dasein einer Pflanze. Um die in der Metapher unterstellte Gleichsetzung von »Stoppel« und »Alter« zu verstehen, muss man etwas über das Alter dazulernen oder sich zumindest in Erinnerung rufen, nämlich dass es – in Aristoteles' Worten – wie die Stoppel eine Art des Verblühtseins darstellt. Metaphern dienen demnach keineswegs nur als Schmuck; im Gegenteil enthält für Aristoteles jede Metapher eine implizite Behauptung (im obigen Beispiel die Behauptung, dass das Alter eine Art des Verblühtseins darstellt), und wer sie versteht, hat über den metaphorisch bezeichneten Gegenstand auf kürzestem Weg etwas gelernt.

6. Semantik

Indirekt werden bei Aristoteles semantische Fragen an zahlreichen Stellen gestreift, etwa bei der Diskussion der Definitionen im zweiten Buch der *Zweiten Analytik*, bei der Analyse des Seinsbegriffs in der *Metaphysik* und bei der Behandlung der Metapher in der *Rhetorik*. Direkt wird das Phänomen an zwei Stellen thematisiert: zu Beginn der Schrift *De Interpretatione*, die zwar insgesamt auf eine Theorie des Aussagesatzes bzw. des kontradiktorischen Aussagenpaars abzielt, zuvor aber die Bestandteile des Aussagesatzes, die einzelnen, bedeutungstragenden Ausdrücke thematisieren muss, und außerdem in dem exkursartigen Abschnitt über die Elemente der Sprache in Kapitel 20 der *Poetik*.

Sprachliche Bedeutung

In Platons Dialog *Kratylos* wird diskutiert, ob es eine natürliche Richtigkeit sprachlicher Zeichen gibt. Richtig sei eine Bezeichnung, wenn sie anzeigt, wie die bezeichnete Sache beschaffen ist, und das tue die Bezeichnung, wenn sie die betreffende Sache nachahmt oder ihr ähnlich ist. An den Anfang der Schrift *De Interpretatione* stellt Aristoteles ein sprachphilosophisches Modell, das diesem semantischen Naturalismus entgegengesetzt ist und die Konventionalität bei der Zuordnung von bestimmten Phonemen zu den jeweils bezeichneten Dingen betont: »Es ist nun das, was mit der Stimme geäußert wird, Symbol von Eindrücken in der Seele, und das Geschriebene ist Symbol von dem in der Stimme Geäußerten. Und wie die Buchstaben nicht bei allen dieselben sind, so sind auch die stimmlichen Laute nicht bei allen dieselben. Wovon allerdings diese zuerst Zeichen sind, das sind bei allen dieselben Seeleneindrücke, und das, wovon diese Abbilder sind, die Dinge, sind auch schon dieselben.« (Int. 16 a 3 f.)

Dass eine Sache in einer Sprache durch eine bestimmte Abfolge von Lauten symbolisiert wird, ist demnach beliebig – ebenso hätte auch eine ganz andere Lautfolge zur Bezeichnung desselben Gegenstandes festgesetzt werden können; dasselbe gilt für das Verhältnis zwischen schriftlichen und gesprochenen Zeichen.[27] Interessant wird das Modell dadurch, dass zwischen den sprachlichen Zeichen und den bezeichneten Dingen die Ebene seelischer oder mentaler Eindrücke eingefügt ist. Aristoteles' sprachphilosophisches Modell lässt sich in folgendes Schema bringen:

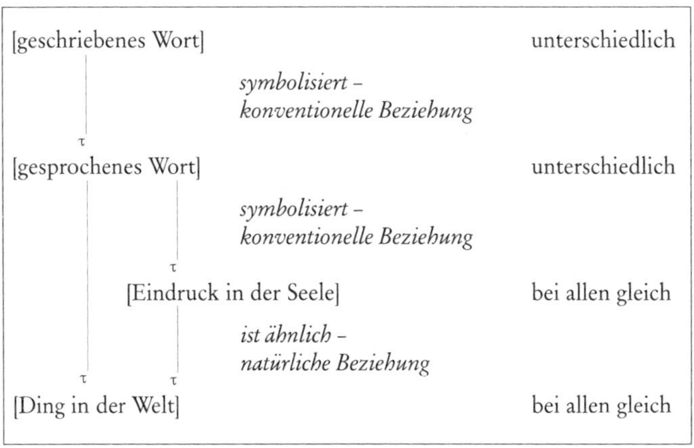

Ein Argument dafür, dass die schriftlichen und sprachlichen Zeichen nur konventionell auf die bezeichneten Dinge bezogen sind, entnimmt Aristoteles dem Umstand, dass dieselben Dinge in verschiedenen Sprachen mit unterschiedlichen Sprachzeichen und dieselben Laute mit unterschiedlichen Schriftzeichen symbolisiert werden. Allerdings beziehen sich die Wörter nicht direkt auf die bezeichneten Dinge in der Welt, sondern nur vermittels seelischer Eindrücke, die den bezeichneten Dingen ähnlich sind. Diesen mentalen Bildern oder Eindrücken hat schon im Mittelalter das besondere Interesse der Kommentatoren gegolten; und auch im Vergleich zur modernen Semantik, in der die Frage diskutiert wird, ob es einen direkten Wirklichkeitsbezug von sprachlichen Ausdrücken gibt oder ob diese nur mithilfe mentaler Zustände oder Intensionen eine Bedeutung haben können[28], verdient diese Zwischenstufe der seelischen Eindrücke besondere Beachtung.

Weil es von diesen seelischen Eindrücken heißt, sie seien den bezeichneten Dingen ähnlich, dachten viele Interpreten zunächst an innere Bilder. Abgesehen von theoretischen Problemen innerer Bilder, scheint eine solche Konzeption aber zu sehr mit den sinnlichen Vermögen der Wahrnehmung und Vorstellung verknüpft, während wir natürlich auch Bezeichnungen für Dinge haben, die weder wahrnehmbar noch vorstellbar sind. Andere verstanden die seelischen Eindrücke als eine Art von Begriff oder Definition, über die wir verfügen müssen, um die mit einem Wort bezeichneten Dinge identifizieren zu können. Eine solche Deutung kann nur dann plausibel sein, wenn sie unter einer Definition nichts Anspruchsvolles, also nicht etwa eine wissenschaftliche Definition versteht, da wir uns auch auf Dinge beziehen können, von deren Wesen wir nur einen sehr vagen und vorläufigen Begriff haben. Schließlich bemerkt Aristoteles in derselben Schrift einmal, »wer sie [die Wörter] sagt, bringt den Gedanken zum Stehen, und wer sie gehört hat, kommt zur Ruhe« (Int. 3, 16 b 19 f.). Hier ist das Phänomen angesprochen, dass es bei bedeutungshaften Ausdrücken etwas Identisches zu geben scheint, das der Sprecher meinen und der Hörer als Gemeintes verstehen muss: Möglicherweise könnte diese Beschreibung auch zur Interpretation der seelischen Eindrücke dienen. In diesem Fall wäre der seelische Eindruck nichts anderes als das vom Sprecher mit einem Wort Gemeinte bzw. das vom Hörer Verstandene, was auch als Gedanke oder intentionaler Gegenstand beschrieben werden könnte und keineswegs auf die unplausible Theorie innerer Vorstellungsbilder zurückgreifen muss.

Eine andere Debatte, die sich an das genannte Modell anschließt, entzündet sich an dem kausalen Vokabular, das mit Bezeichnungen wie »Eindrücke« (pathêmata) darauf hinzuweisen scheint, dass diese Eindrücke von den bezeichneten Dingen der Außenwelt in der Seele verursacht worden sind. Wäre das die allgemeine Annahme, die hinter diesem Modell steht, so müsste man fragen, wie dann Ausdrücke wie »Pegasus«, denen nichts in der wirklichen Welt korrespondiert, zu ihrer Bedeutung kommen. Oder wodurch wäre dann die Bedeutung von Ausdrücken wie »alle«, »aber« und »ist« verursacht?

Das zuletzt genannte Problem wirft die Frage auf, ob das Modell aus dem Eingangskapitel von *De Interpretatione* überhaupt für alle sprachlichen Ausdrücke oder vielleicht nur für die Nomen zur Anwendung kommt. Fasst man die dort angeführte Ähnlichkeitsbeziehung weit genug, dann könnte man sich zwar gerade noch vorstellen, dass der innere Eindruck zu dem Wort »alle« als eine Repräsentation für ein bestimmtes logisches Verhältnis zu verstehen ist; tatsächlich aber unterscheidet Aristoteles zwischen Ausdrücken, die – wie die Nomen – etwas »bezeichnen« (sêmainein), und solchen, die auf andere Weise sinnvoll sind. Daher liegt es nahe, das diskutierte Modell nur auf die im engeren Sinn »bezeichnenden« Ausdrücke zu beziehen. In Kapitel 20 der *Poetik* nennt Aristoteles nämlich Buchstaben, Silben, Konjunktionen und Artikel als Teile der Sprache, die nicht bzw. nichts bezeichnen, und Nomen, Verben sowie Aussagen als sprachliche Gebilde, die etwas bezeichnen. Während nun Buchstaben und Silben offenbar deshalb nichts bezeichnen, weil sie nur die Teile eines möglicherweise bedeutungshaften Gebildes sind, sind Konjunktionen und Artikel keineswegs unvollständig; Aristoteles kommt es jedoch offenbar darauf an, dass deren Funktion nicht die des Bezeichnens ist. In *De Interpretatione* sagt er von der Kopula und von den Ausdrücken »alle«, »keiner« usw., sie »bezeichneten etwas hinzu« (prossêmainein), was wohl so zu verstehen ist, dass sie zu der bezeichnenden Funktion anderer, nominaler Ausdrücke etwas hinzufügen, was nicht von derselben Funktion ist.

Wörter und Aussagesätze

Durch die Ablehnung einer »natürlichen Richtigkeit« in der Beziehung von einzelnen Ausdrücken und den bezeichneten Dingen trägt Aristoteles auch zur Klärung des Wahrheitsbegriffs bei. Einzelne Wörter bedeuten oder bezeichnen etwas, können jedoch nicht wahr oder falsch sein; auch ein Wort, das nichts in der Wirklichkeit bezeichnet, wie das Wort »Bockhirsch« (Int. 16 a 16 f.), ist deswegen nicht falsch. »Wahr« und »falsch« können nur komplette Aussagen sein, und Aussagen sind semantisch komplexe Gebilde mit mehreren Ausdrücken, die jeweils etwas bezeichnen. In einer Aussage wird nicht nur etwas bezeichnet, sondern etwas behauptet; und zu behaupten heißt, dass etwas von etwas anderem ausgesagt wird (ti kata tinos).

Dies ist auf zweierlei Weise möglich: Man kann ein Prädikat einem Subjekt zusprechen oder es einem Subjekt absprechen. Aristoteles unterscheidet daher zwischen bejahenden (affirmativen) und verneinenden (negativen) Aussagen.

Zwei Nomen (z. B. »Mensch griechisch«, »weißes Pferd«) stellen zwar wie die Aussage ein semantisch komplexes Gebilde dar, behaupten aber nichts und bilden daher keine Aussage. Jede Aussage muss, so Aristoteles, ein Aussagewort (rhêma) enthalten. (Int. 17 a 9 f.) Das griechische Wort »rhêma« wird dabei von Aristoteles gleichermaßen für Verben wie »sitzen«, »gehen« (also für eine Wortart) und für Prädikate wie »ist gesund« (also für eine syntaktische Rolle) verwandt. Im Unterschied zum Nomen bezeichne ein »rhêma« »die Zeit hinzu« (Int. 16 b 6), was mit der Formulierung erläutert wird, es bezeichne hinzu (prossêmainein), dass etwas zum gegenwärtigen Zeitpunkt zutreffe. Erst durch diese besondere Funktion des Aussageworts wird eine Aussage ermöglicht. Neben dieser Funktion hat jedes »rhêma« auch die Aufgabe, etwas zu bezeichnen, so wie es das Nomen tut. Das wird daran deutlich, dass sich in jedem Prädikat ein nominaler Kern isolieren lässt. Das Prädikat »sitzt« kann auch formuliert werden als »ist sitzend«, wobei »sitzend« etwas bezeichnet und die Kopula »ist« das Zutreffen bzw. eine Verbindung mit anderem »hinzubezeichnet«. Folgerichtig sagt Aristoteles, dass jedes »rhêma« für sich allein genommen ein Nomen sei und etwas bezeichne und dass das Wort »sein« nichts bezeichne, sondern nur eine Verbindung »hinzubezeichne«. (Int. 16 b 19 ff.)

Eine einfache Aussage zerfällt für Aristoteles in zwei semantisch gleichwertige Terme, die durch eine Kopula oder die der Kopula entsprechende Funktion des Prädikats verbunden sind, d. h., die beiden Nomen der Aussage »Griechen sind Menschen« unterscheiden sich in semantischer Hinsicht nicht, obwohl einer dieser Terme die Rolle des Subjekts, der andere die Rolle des Prädikatsterms spielt. Aristoteles vertritt eine »Zwei-Terme-Theorie« des Satzes[29], die Subjekt und Prädikat semantisch gleich behandelt; in der seit Gottlob Frege vorherrschenden, modernen Analyse der Aussage werden Subjekt und Prädikat dagegen semantisch distinkte Rollen zugewiesen.

Bedeutungsanalyse

Wenn zwei Dinge, die mit zwei unterschiedlichen Definitionen verknüpft sind, durch ein und dasselbe Wort bezeichnet werden, nennt man dieses »homonym«. (Cat. 1 a 1 ff.) »Synonym« nennt Aristoteles nicht – wie in der modernen Verwendung des Ausdrucks – zwei Ausdrücke, die dasselbe bezeichnen, sondern zwei Dinge, wenn sie durch ein einziges Wort, dem ein und dieselbe Definition entspricht, bezeichnet werden; nach dieser Sprachregelung sind etwa Menschen und Rinder synonym, da beide als »Lebewesen« bezeichnet werden und »Lebewesen« bei beiden auf dieselbe Weise zu definieren ist. »Paronym« schließlich verhält sich z.B. der Tapfere zur Tapferkeit, weil sich die Bezeichnung »Tapferer« zwar grammatisch von »Tapferkeit« unterscheidet, die Bezeichnung für den tapferen Menschen aber von der Tapferkeit hergeleitet ist. (Cat. 1 a 6 ff.)[30]

Vor allem die verschiedenen Formen der Homonymie oder der Mehrdeutigkeit spielen in der aristotelischen Philosophie eine wichtige Rolle. Unzählige Passagen beginnen mit der Feststellung, dass ein zu verwendender Ausdruck verschiedene Bedeutungen habe oder auf unterschiedliche Weise gebraucht werde. In der *Topik* entwickelt Aristoteles eine Technik, um systematisch Mehrdeutigkeiten von Worten aufzuspüren. Die Formulierung »etwas werde auf vielfache Weise ausgesagt« (pollachôs legetai) ist in seinen Schriften ein stehender Ausdruck. Häufig sieht er den grundlegenden Fehler seiner Vorgänger darin, dass sie einen vieldeutigen Ausdruck undifferenziert verwendet haben, so wie Parmenides beim Gebrauch des Wortes »seiend«. (Phys. 186 a 22 ff.) Im so genannten »Begriffslexikon« der *Metaphysik* (Met. V) untersucht Aristoteles die verschiedenen Gebrauchsweisen von dreißig Begriffen und zeigt, dass die verschiedenen Verwendungen eines Wortes nicht nur Mehrdeutigkeiten, sondern auch unterschiedliche Konzeptionen widerspiegeln. Oft hat man den Eindruck, dass eine bestimmte Bedeutung oder Aussageweise eines Ausdrucks von Aristoteles wie eine implizit anerkannte Meinung behandelt wird.

In den meisten Fällen stellen die vom Philosophen aufgedeckten Mehrdeutigkeiten nicht nur zufällige und triviale Namensgleichheiten dar, sie verweisen vielmehr zugleich auf wichtige sachliche Zusammenhänge und schwer zu entdeckende Differenzierungen. Das Attribut »gesund« etwa kann als Gegensatz zum kranken Zustand oder aber zur Beschreibung von die Gesundheit fördernder Nahrung gebraucht werden. Den prominentesten Fall einer philosophisch signifikanten Mehrdeutigkeit stellt das Wort »seiend« dar, denn die aristotelische Ontologie besteht zu wesentlichen Teilen in der systematischen Aufdeckung der verschiedenen Verwendungen von »sein«.

Kategorien und Prädikabilien

Aristoteles zieht oft Aussagesätze der Grundform »Sokrates ist weise« heran, um daran ontologisch relevante Eigenschaften und Abhängigkeiten zu untersuchen. Dadurch kommt es immer wieder zu der Überschneidung von semantischen und ontologischen Fragen. Aus semantisch-syntaktischer Perspektive ist Sokrates in der oben angeführten Aussage das Satzsubjekt, das festlegt, worüber etwas ausgesagt wird. Ontologisch betrachtet, ist Sokrates der identische Träger oder das »Substrat« verschiedener Eigenschaften; m.a.W. das, woran Eigenschaften wie »weise« vorkommen können. Typischerweise hat Aristoteles für beides, für Substrat und Subjekt, nur einen einzigen Ausdruck, nämlich »hypokeimenon«. Ebenso ist »weise« in semantischer Hinsicht ein Prädikat und in ontologischer Hinsicht die Eigenschaft des mit dem Subjekt bezeichneten Gegenstandes.

Diese Überschneidung von semantischer und ontologischer Perspektive wird nirgendwo deutlicher als in der kurzen Schrift *Kategorien*, in der Aristoteles eine Klassifikation alles Seienden (ta onta) – also ein klar ontologisches Projekt – unternimmt, dabei aber auf den Umstand stößt, dass es verschiedene, aufeinander nicht reduzierbare Weisen gibt, wie Seiendes von anderem Seienden prädiziert (katêgoreisthai) werden kann. Nach dem griechischen Wort für das Prädikat und die Prädikation »katêgoria« erhielten diese Prädikationsklassen den Namen »Kategorien«. Auch diese Kategorien beschreiben einerseits ein semantisches Phänomen, nämlich dass es verschiedene Arten des Prädizierens gibt, und andererseits die ontologische These, dass sich das Seiende als Seiendes diesen Klassen entsprechend unterscheidet und dass alles, was ist, einer dieser Klassen zugeordnet werden kann.

Der Grundgedanke bei der Unterscheidung der verschiedenen Kategorien ist recht einfach: In der Aussage »Sokrates ist ein Mensch« wird »Mensch« genau deshalb als Seiendes angesehen, weil es bezeichnet, *was* der Satzgegenstand ist. Somit steht die erste Klasse des Seiend-Seins und des Ausgesagtwerdens fest, die Kategorie des Was. Lässt sich nun alles, was von einem Subjekt wie Sokrates ausgesagt werden kann, auf dieselbe Klasse zurückführen wie das Artprädikat »Mensch«? Offensichtlich nicht, denn in der Aussage »Sokrates ist im Bett« gibt »im Bett« natürlich nicht an, was Sokrates ist, sondern wo er ist. Deshalb wird »im Bett« nicht auf dieselbe Weise ausgesagt wie »Mensch« und daher muss eine neue Klasse der Prädikationsweisen eröffnet werden, die Kategorie des Wo bzw. des Ortes. Dieses Verfahren kann man nun fortsetzen, bis man eine Liste von zehn Klassen bzw. Kategorien zusammen hat. Übrigens legt Aristoteles, wenn er andernorts auf die Liste der Kategorien referiert, auffallend wenig Wert darauf, alle zehn Kategorien aufzuzählen. Die vollständige Kategorienliste der Schrift *Kategorien* lautet jedenfalls (Cat. 1 b 25 ff.):

Was/von welcher Art ist etwas?	Substanz	Mensch, Pferd
Wie viel/wie groß ist etwas?	Quantität	drei Ellen lang
Wie ist etwas?	Qualität	weiß, der Grammatik kundig
In welchem Verhältnis zu etwas anderem steht etwas?	Relation	doppelt, halb, größer
Wo ist etwas?	Ort	im Lykeum, auf dem Markt
Wann ist etwas?	Zeit	gestern, letztes Jahr
In welcher Position ist etwas?	Lage, Position	sitzt, liegt
Was hat etwas (an)?	Haben	beschuht, bewaffnet
Was tut etwas?	Tun	schneidet, brennt
Was leidet etwas?	Leiden	wird geschnitten, gebrannt

Die verschiedenen Kategorien sind nicht nur durch die unterschiedlichen Fragen distinkt, die sie beantworten; Aristoteles verwendet den Hauptteil der *Kategorien* darauf zu zeigen, dass für die unterschiedlichen Kategorien auch je eigentümliche Gesetzmäßigkeiten gelten. Zum Beispiel kann es für ein Prädikat in der Kategorie der Substanz kein Mehr oder Minder und auch keine Gegensätze geben; nur in der Kategorie der Qualität werden Dinge als »ähnlich« oder »unähnlich« bezeichnet.

Wenn die Kategorien auf die Prädikate einer Aussage angewandt werden, sagt man, ein bestimmtes Prädikat bezeichne die Qualität, die Quantität usw. des Subjekts. (Top. 103b 37ff.) Eine etwas andere Rolle spielen die Kategorien im Zusammenhang mit Prädikaten, die unabhängig von möglichen Subjekten in Isolation betrachtet werden (Top. 103b 27ff.); in diesem Fall geben die einzelnen Kategorien wie Qualität oder Quantität an, *was* das betreffende Prädikat ist bzw. in welchem Sinn es ein Seiendes bezeichnet: *Was* ist es, das das Prädikat »drei Ellen lang« bezeichnet? – Eine Quantität. *Was* ist es, das das Prädikat »sitzt« bezeichnet? – Eine Lage.[31]

Neben den Kategorien kennt Aristoteles noch eine weitere Einteilung der Prädikationsverhältnisse, die so genannten Prädikabilien; sie spielen vor allem im Buch *Topik* eine Rolle. Die vier Prädikabilien sind das Akzidens, die Gattung, das Eigentümliche und die Definition. Damit sind vier unterschiedliche Verhältnisse benannt, welche einfache Subjekt-Prädikat-Sätze ausdrücken können. Aristoteles definiert die vier Verhältnisse wie folgt:

»Eine Definition ist eine Bestimmung, die bezeichnet, was es heißt, dies zu sein.« (Top. 101b 38f.)
»Eine Eigentümlichkeit ist etwas, was zwar nicht bezeichnet, was es heißt, dies zu sein, aber nur dieser [Sache] zukommt und an ihrer Stelle ausgesagt werden kann.« (Top. 102a 18f.)
»Gattung ist das, was in der Kategorie des Was-es-Ist von mehreren, der Art nach verschiedenen Dingen ausgesagt wird.« (Top. 102a 31f.)

»Ein Akzidens ist erstens das, was zwar keines von diesen ist, weder Definition noch Eigentümlichkeit, noch Gattung, der Sache aber zukommt, und zweitens das, was ein und derselben Sache zukommen und auch nicht zukommen kann.« (Top. 102b 4ff.)

Die Vierteilung kommt durch die Anwendung zweier Kriterien zustande: 1. Kommt ein Prädikat einem Subjekt notwendigerweise (im Sinne der Wesensdefinition) zu? 2. Kommt ein Prädikat ausschließlich diesem Subjekt zu? Die Verneinung beider Kriterien definiert das Akzidens, die Bejahung beider die Definition, die Bejahung von 1. und Verneinung von 2. die Gattung, die Verneinung von 1. und Bejahung von 2. die Eigentümlichkeit. Diese verschiedenen Verhältnisse implizieren signifikante logische Unterschiede: Sätze etwa, die ein definitorisches Verhältnis ausdrücken, implizieren, dass der (definierende) Prädikatsterm anstelle des (definierten) Subjektsterms verwendet werden kann, ohne dass sich an der Wahrheit eines entsprechenden Satzes etwas ändert.[32]

7. Logik

Während die Meinungen über den philosophischen Wert etwa der aristotelischen Metaphysik oder Naturforschung oft auseinander gehen, ist seine Leistung im Bereich der Logik relativ unstrittig, obwohl seine Logik heute nicht mehr die vorherrschende ist. Noch Immanuel Kant meinte, der Logik des Aristoteles sei nichts mehr hinzuzufügen. Im weiteren Sinn gehören zur Logik neben der *Ersten Analytik* die Schriften *Topik*, *De Interpretatione*, *Zweite Analytik*, *Sophistische Widerlegungen*. Die rühmenden Äußerungen über Aristoteles' Logik beziehen sich aber meistens auf die in der *Ersten Analytik* entwickelte Theorie der Syllogistik, die die erste formale Sprache in der Geschichte der Philosophie darstellt.

Gegensätze und Widersprüche

Von der Beschäftigung mit Gegensätzen und Widersprüchen führt ein direkter Weg zur Disziplin der Logik, denn wenn wir wissen, dass zwei Begriffe in einem solchen Verhältnis zueinander stehen, dann können wir ungeachtet des Inhalts dieser Begriffe bestimmte Rückschlüsse ziehen, etwa denjenigen, dass wenn einer dieser Begriffe auf einen Gegenstand zutrifft, nicht auch der entgegengesetzte Begriff zugleich auf diesen Gegenstand zutreffen kann. So spielt gerade in Aristoteles' vermutlich frühen Schriften das Verhalten von Gegensätzen und Widersprüchen eine wichtige Rolle.

Generell unterscheidet er vier Arten des Entgegengesetzten (Cat. 10, Top. II 8): erstens das Relative oder Relationale, zweitens das Konträre, drittens die Privation und viertens die Kontradiktion. Auf der Ebene unverbundener Begriffe lassen sich diese vier Arten der Entgegensetzung folgendermaßen erläutern: Eine relative Entgegensetzung besteht beispielsweise zwischen dem Doppelten und dem Halben, eine konträre Entgegensetzung zwischen dem Guten und dem Schlechten oder dem Schwarzen und dem Weißen. Das Verhältnis der Privation besteht zwischen »blind« und »sehend«; von einer »Privation« spricht man nur dann, wenn einer Sache etwas fehlt, was sie von Natur aus haben sollte; der der Privation entgegengesetzte Zustand, wie der Zustand des Sehend-Seins im Verhältnis zum Blind-Sein, wird auch »Habitus« (hexis) genannt. Schließlich besteht das Verhältnis der Kontradiktion zwischen »Mensch« und »Nicht-Mensch«; im Unterschied zu den konträren Entgegensetzungen kann es bei der Kontradiktion kein Mittleres geben, weil die Negation eine Komplementärklasse definiert: Unter »Nicht-Mensch« fällt alles, was nicht Mensch ist, sodass es daneben keine dritte Klasse geben kann. Wenn dagegen »weiß« und »schwarz« konträre Gegensätze sind, dann können dazwischen alle möglichen Grautöne liegen.

Für den Logiker interessanter wird es, wenn man von der Ebene einzelner Begriffe zur Ebene der Aussagen übergeht. Eines der Kernanliegen der Schrift *De Interpretatione* besteht darin zu zeigen, dass es zu jeder zusprechenden oder affirmativen Aussage (kataphasis) eine und nur eine absprechende oder negative Aussage (apophasis) gibt, die genau das bestreitet, was die zusprechende Aussage behauptet. (Int. 17 a 31 ff.) Ein solches Aussagenpaar steht zueinander im Verhältnis der Kontradiktion. Bei der zusprechenden Aussage »Sokrates ist weise« lautet die kontradiktorische Aussage »Sokrates ist nicht weise«. Schwieriger wird es, wenn man allgemeine Begriffe wie »Mensch« als Satzsubjekt einsetzt, denn die Aussage »Menschen sind weise« ist in einer wichtigen Hinsicht unbestimmt (indefinit); es bestehen nämlich die beiden Möglichkeiten, das Prädikat »weise« entweder allgemein oder nicht allgemein von den Menschen auszusagen. Kombiniert man diese Möglichkeiten mit der zusprechenden und der absprechenden Aussageform, erhält man vier Optionen:

	bejahend	*verneinend*
allgemein	Jedes S ist P	Jedes S ist nicht P / Kein S ist P
partikular	Irgendein S ist P	Irgendein S ist nicht P / Nicht jedes S ist P

Hat man diese vier Aussagetypen definiert, fragt sich als Nächstes, in welchem Verhältnis sie zueinander stehen. Entsprechend *De Interpretatione* (17 b 16 ff.) werden diese Verhältnisse traditionell durch das »logische Quadrat« veranschaulicht:

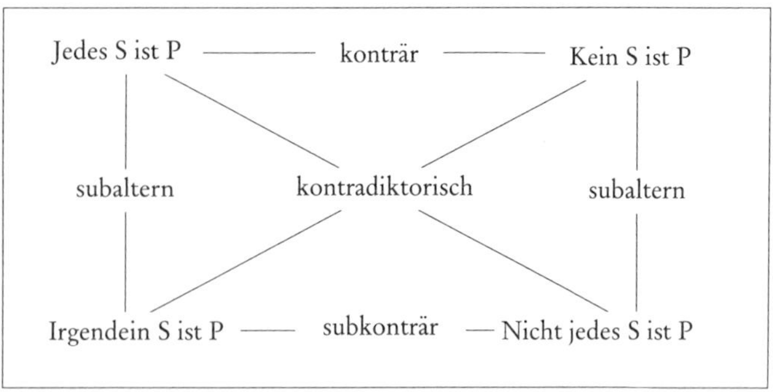

An diesem Schema lassen sich interessante logische Verhältnisse erläutern: »Jedes S ist P« und »Nicht jedes S ist P« sowie »Kein S ist P« und »Irgendein S ist P« sind jeweils kontradiktorisch entgegengesetzt, da die eine Aussage etwas als allgemein behauptet, was die andere als nicht allgemein behauptet. Die beiden allgemeinen Aussagen »Jedes S ist P« und »Kein S ist P« sind konträr entgegengesetzt und können niemals zugleich wahr sein; dagegen bilden die diesen Aussagen kontradiktorisch entgegengesetzten Aussagen »Nicht jedes S ist P« und »Irgendein S ist P« ein (später so genanntes) subkonträres Paar von Aussagen, die durchaus beide zugleich wahr sein können. Die »subalterne« Beziehung bedeutet logisch, dass die jeweils oben stehende Aussage die jeweils untere Aussage impliziert, denn wenn jedes S P ist, muss es auch irgendein S sein, und wenn kein S P ist, kann auch irgendein S nicht P sein.[33]

Sätze über künftige Ereignisse

In *De Interpretatione* entwickelt Aristoteles allgemein die These, dass von (definiten) kontradiktorischen Aussagenpaaren immer die eine Aussage wahr und die andere falsch sein muss. In Kapitel 9 diskutiert er eine mögliche Ausnahme von diesem Prinzip, die als »contingentia futura« oder als »Seeschlacht-Argument« in die Geschichte der Logik eingegangen ist. Das Problem ergibt sich für Aussagen über künftige Ereignisse, etwa für das kontradiktorische Aussagenpaar »Morgen wird eine Seeschlacht stattfinden« – »Morgen wird keine Seeschlacht stattfinden«. Wenn nun notwendigerweise eine dieser beiden Aussagen wahr und die andere falsch ist, stellt sich die Frage, ob nicht eine dieser beiden Aussagen (etwa dass die Seeschlacht stattfindet), wenn sie heute geäußert wird, schon heute wahr ist. Ist aber diese Aussage schon jetzt wahr, dann muss die Seeschlacht morgen stattfinden, egal, was wir bis dahin unternehmen, um sie zu verhindern. Daher hat die Überlegung eine äußerst unerfreuliche und unplausible Konsequenz, nämlich die, dass künftige Ereignisse bereits in der Gegenwart (und auch schon in der Vergangenheit) unausweichlich wären. Diese deterministische Konsequenz widerspricht jedoch unserer Überzeugung, dass wir grundsätzlich – in bestimmten Grenzen – den künftigen Verlauf des Geschehens beeinflussen können. Wäre das nicht der Fall, so wäre es völlig sinnlos, dass wir unterschiedliche Handlungsoptionen erwägen und uns für eine von ihnen entscheiden.

Will man diesen Konsequenzen entgehen, dann ist klar, dass sich Aussagen über Künftiges in der beschriebenen Hinsicht nicht ebenso verhalten können wie Aussagen über Vergangenes und Gegenwärtiges. Es steht auch ganz außer Frage, dass Aristoteles diesen Konsequenzen zu entgehen versucht. Allerdings ist in der Forschung umstritten, welche Art von Einschränkung er für Zukunftsaussagen vornehmen will. Eine der in diesem Zusammenhang diskutierten Erklärungen hebt darauf ab, dass bei manchen Aussagenpaaren das eine Glied notwendigerweise wahr und das andere notwendigerweise falsch ist, während bei Aussagen über Künftiges nur gilt, dass das eine der beiden Glieder wahr und das andere falsch ist, ohne notwendigerweise wahr bzw. falsch zu sein. Besser begründet scheint allerdings die Erklärung zu sein, dass bei Aussagen über zukünftige Ereignisse zwar notwendigerweise eines der beiden Glieder der Kontradiktion wahr und das andere falsch sein müsse, dass aber anders als bei Aussagen über Gegenwärtiges und Vergangenes nicht schon in der Gegenwart bestimmt ist, sondern erst in der Zukunft bestimmt sein wird, welches der beiden Glieder wahr und welches falsch ist. Die Aussage, dass morgen eine Seeschlacht stattfinden werde, ist demnach heute noch nicht wahr oder falsch, es gilt aber heute schon notwendig, dass sie morgen wahr oder falsch sein wird.[34]

Deduktion und Induktion

In verschiedenen Kontexten der aristotelischen Logik steht ein Begriffspaar im Mittelpunkt, das in etwa dem modernen Begriffspaar »Deduktion« – »Induktion« entspricht. Der griechische Begriff, der hierbei mit »Deduktion« wiedergegeben wird, heißt »syllogismos« und klingt dem modernen Leser durch das davon abgeleitete lateinische Wort »Syllogismus« vertraut. Was ein Syllogismus ist, wird in Logikeinführungen gemeinhin an folgendem Beispiel erläutert:

1. Prämisse/Obersatz:	Alle Menschen sind sterblich.
2. Prämisse/Untersatz:	Sokrates ist ein Mensch.
Konklusion:	Sokrates ist sterblich.

Bei einem solchen Syllogismus sind genau drei Begriffe oder Terme im Spiel, nämlich »Mensch«, »Sokrates« und »sterblich«. Aus diesen Termen werden zwei Prämissen derart gebildet, dass die Prämissen genau einen Term – hier: »Mensch« – gemeinsam haben. Auf diese Weise kommt ein logisch notwendiger Schluss des Typs »Wenn jedes A ein B und jedes B ein C ist, dann muss jedes A auch ein C sein« zustande. Diese Erklärung des Wortes »Syllogismus« geht auf Aristoteles' Theorie der Syllogistik zurück, welche die Aufgabe hat zu zeigen, worin die gemeinsame Struktur aller logisch gültigen Schlüsse besteht (genau genommen ist das Beispiel unaristotelisch, weil Aristoteles in der Syllogistik nur allgemeine Begriffe zulässt, »Sokrates« aber ein singulärer Term ist). Somit ist klar, dass der Begriff des Syllogismus auf Aristoteles zurückgeht; dennoch ist »Syllogismus« keine gute Übersetzung für das griechische Wort »syllogismos«, denn Aristoteles definiert den »syllogismos« in einem Sinn, der viel weiter ist als der uns bekannte Begriff des Syllogismus. Seine Definition von »syllogismos« lautet nämlich: »ein Argument (logos), in welchem sich, wenn bestimmte Dinge vorausgesetzt werden, etwas von dem Vorausgesetzten Verschiedenes mit Notwendigkeit dadurch ergibt, dass dieses der Fall ist« (An. pr. 24 b 18 ff.).

Der Ausdruck »logos« meint in diesem Zusammenhang einen Schluss oder ein Argument. Von einem Argument sprechen wir, wenn mindestens zwei Aussagen vorliegen, die so miteinander verknüpft sind, dass die Wahrheit der einen Aussage (der Konklusion) durch die Wahrheit der übrigen Aussagen (der Prämisse oder Prämissen) gestützt oder begründet werden soll. Mit der Klausel »wenn bestimmte Dinge vorausgesetzt werden« meint Aristoteles offensichtlich die Prämissen eines Arguments. Es ist oft bemerkt worden, dass hier von »Dingen« in der Mehrzahl die Rede ist; dies scheint bemerkenswert, weil ein wichtiges Theorem der Syllogistik darin besteht, dass logisch gültige Deduktionen immer mehrere Prämissen besitzen müssen. Allerdings ist es keineswegs notwendig, dass die Verwendung der Mehrzahl in der Definition des »syllogismos« schon auf dieses Theorem anspielt, weil der Plural auch dazu gebraucht werden kann, die genaue Anzahl offen zu lassen (der Satz »Einwände sind willkommen« meint auch nicht, dass ein einzelner Einwand nicht willkommen wäre).

Die Formulierung »etwas von dem Vorausgesetzten Verschiedenes« stellt klar, dass die Konklusion von den Prämissen verschieden sein muss; deshalb wäre der Schluss »Wenn A, dann A« nach der aristotelischen Definition kein »syllogismos«, obwohl es sich um einen logisch notwendigen Schluss handelt. Offenbar sieht Aristoteles in solchen tautologischen Formeln kein wirkliches Argument ausgedrückt, weil man beim Argumentieren Behauptungen in aller Regel nicht durch sich selbst begründen kann. Der »syllogismos« ist für ihn also ein Argument, das von Prämissen auf eine von ihnen verschiedene Konklusion schließt, wobei dieser Schluss mit Notwendigkeit vonstatten geht, d. h., dass die Konklusion nicht falsch sein kann, sofern die Prämissen wahr sind. Schließlich können wir der Definition entnehmen, dass für das Zustandekommen des Schlusses außer den Prämissen keine weiteren Annahmen erforderlich sind.

Was Aristoteles unter einem »syllogismos« versteht, entspricht im Großen und Ganzen dem modernen Begriff eines logisch notwendigen Schlusses bzw. einer Deduktion. Wie angedeutet, besteht ein Unterschied insofern, als der moderne Begriff der Deduktion auch triviale oder tautologische Argumente, bei denen Prämisse und Konklusion nicht verschieden sind, mit einschließen würde, während Aristoteles dies explizit ausschließt.

Nun ist klar, dass jeder Syllogismus eine Deduktion bzw. ein »syllogismos« in dem von Aristoteles definierten Sinn ist. Umgekehrt ist es jedoch keineswegs so, dass jeder »syllogismos« ein Syllogismus sein müsste; denn von den zusätzlichen Merkmalen, die eine Deduktion zum Syllogismus machen – dass sie genau zwei Prämissen mit genau drei Termen hat usw. –, ist in der Definition des »syllogismos« überhaupt nicht die Rede. Man muss daher bei Aristoteles unterscheiden zwischen einem weiteren Begriff des »syllogismos«, der logisch gültige Argumente verschiedener Art meint, und einem eingeschränkten, technischen Begriff, der genau diejenigen logisch gültigen Schlüsse bezeichnet, die in der Theorie der Syllogistik beschrieben werden und der üblichen Bezeichnung »Syllogismus« entsprechen.[35]

Der eine Grundbegriff der aristotelischen Logik ist also der des »syllogismos«, womit allgemein deduktive, logisch notwendige Argumente gemeint sind; der korrespondierende Grundbegriff heißt auf Griechisch »epagôgê« und entspricht in gewisser Hinsicht der Induktion: »Die ›epagôgê‹ aber ist der Aufstieg vom Einzelfall zum Allgemeinen. Zum Beispiel: Wenn der Steuermann, der sich auskennt, der Beste ist, und so auch beim Wagenlenker, dann ist überhaupt in jedem Bereich derjenige, der sich auskennt, der Beste.« (Top. 105 a 13 f.)

Das Typische an der aristotelischen »epagôgê« ist demzufolge, dass sie einen Übergang von verschiedenen Einzelfällen als Prämissen zu einer allgemeinen Aussage als Konklusion darstellt; wenn man hierbei von einer begrenzten Anzahl von Einzelfällen auf ein Allgemeines schließt, das mehr als die tatsächlich betrachteten Einzelfälle umfasst (wenn man etwa von der Beobachtung, dass Sokrates, Platon und Aristoteles weise sind, darauf schließt, dass alle Philosophen weise sind), würde man auch im modernen Sinn von einer Induktion sprechen.

Nun gehört es wesentlich zum modernen Induktionsbegriff, dass der Gehalt der Konklusion den Gehalt der Prämissen übersteigt und daher kein notwendiger Schluss zustande kommt. Ob diese Konstellation gegeben ist oder nicht, hängt jedoch nicht – wie bei der aristotelischen Definition der »epagôgê« – davon ab, ob von Einzelnem auf Allgemeines geschlossen wird. Dies kann man folgendermaßen zeigen: Einerseits kann man eine aristotelische Induktion nach dem Muster ({S_1 ist P und R, S_2 ist P und R, S_3 ist P und R}, Alle P sind R) durch die Ergänzung der Prämisse »Es gibt keine weiteren P außer S_1-S_3« zu einem *deduktiv* gültigen Argument machen, obwohl es sich um ein Argument handelt, das vom Einzelnen auf das Allgemeine schließt und somit die Definition für eine aristotelische »epagôgê« erfüllt. Andererseits erfüllt ein typischer Fall des induktiven Schließens im modernen Sinn die aristotelische Definition der »epagôgê« nicht: Das Argument ({S_1 ist P und R, S_2 ist P und R, S_3 ist P und R, ...}, S_{10} ist P und R) ist nach der aristotelischen Definition nicht im eigentlichen Sinn induktiv, weil es auf keinen allgemeinen Satz schließt, sondern nur behauptet, dass es sich in einem weiteren Einzelfall (S_{10}) ebenso verhalte wie in den zuvor betrachteten (S_1-S_9).

Syllogistische Logik

Die Syllogistik ist eine Theorie über Schlüsse bzw. über die logische Gültigkeit von Schlüssen. Hierbei verwendet Aristoteles anstelle konkreter Termini erstmals Buchstaben als logische Variable. Die Grundzüge der assertorischen (d.h. auf Aussagesätze ohne modale Operatoren bezogenen) Syllogistik entwickelt Aristoteles auf beispiellos komprimierte Weise in den Kapiteln I 1-2, 4-7 und 45 der *Ersten Analytik*.

Die assertorische Syllogistik berücksichtigt nur eine bestimmte Form von prädikativen Aussagen; die vier möglichen Kombinationen von allgemein/partikulär einerseits und bejahend/verneinend andererseits spielten schon im Zusammenhang mit dem logischen Quadrat eine Rolle. Gegenüber der normalsprachlichen Wortstellung »Alle S (Subjekt) sind P (Prädikat)« bevorzugt Aristoteles in der Logik jedoch die inverse Stellung »P (Prädikat) kommt allen S (Subjekt) zu«. Die Vokale a, e, i und o haben sich erst in nacharistotelischer Zeit als Abkürzung für die verschiedenen Verhältnisse eingebürgert. Die vier syllogistischen Satztypen sind:

Normale Wortstellung	*Inverse Stellung*	*Abkürzung*
Alle B sind A	A kommt allen B zu	A a B
Kein B ist A	A kommt keinem B zu	A e B
Einige B sind A	A kommt einigen B zu	A i B
Einige B sind nicht A	A kommt einigen B nicht zu	A o B

Der Syllogismus (der assertorischen Syllogistik) kann daher bestimmt werden als eine Deduktion, die aus drei syllogistischen Sätzen der oben bestimmten Form besteht, wobei zwei dieser Sätze die Prämissen und einer die Konklusion darstellen. Insgesamt enthält der Syllogismus genau drei Begriffe oder Terme, sodass derjenige Term, der beiden Prämissen gemeinsam ist, der so genannte »terminus medius« oder »Mittelbegriff«, in der Konklusion nicht mehr auftaucht.

Durch die Stellung des Mittelbegriffs in einem Syllogismus werden die verschiedenen syllogistischen Figuren bestimmt. Ist der Mittelbegriff in der einen Prämisse Subjekt und in der anderen Prädikat, handelt es sich um einen Syllogismus der ersten Figur, ist der Mittelbegriff in beiden Prämissen Prädikat, handelt es sich um einen Syllogismus der zweiten Figur, und ist er in beiden Prämissen Subjekt, handelt es sich um einen Syllogismus der dritten Figur (der Buchstabe x ist im folgenden Schema eine Variable für die Verhältnisse a, e, i und o):

Erste Figur	*Zweite Figur*	*Dritte Figur*
A x B	B x A	A x B
B x C	B x C	C x B
A x C	A x C	A x C

Die Einsetzung von a, e, i, o anstelle der Variablen x in den ersten drei Figuren ergibt verschiedene Kombinationsmöglichkeiten, von denen Aristoteles vierzehn als logisch gültige Schlüsse erweist; die Konvention zur Benennung der verschiedenen Modi geht auf nacharistotelische Merkformeln zurück. Die logisch gültigen Modi der Syllogistik sind:

Erste Figur

Barbara	Celarent	Darii	Ferio
A a B	A e B	A a B	A e B
B a C	B a C	B i C	B i C
A a C	A e C	A i C	A o C

Zweite Figur

Cesare	Camestres	Festino	Baroco
M e N	M a N	M e N	M a N
M a X	M e X	M i X	M o X
N e X	N e X	N o X	N o X

Dritte Figur

Darapti	Felapton	Disamis	Datisi	Bocardo	Ferison
P a S	P e S	P i S	P a S	P o S	P e S
R a S	R a S	R a S	R i S	R a S	R i S
P i R	P o R	P i R	P i R	P o R	P o R

Ein Ziel der Syllogistik ist es zu zeigen, dass alle möglichen gültigen Schlüsse oder Deduktionen »durch die genannten Figuren« gehen (An. pr. 68 b 9 ff.), d. h., dass alle gültigen Deduktionen letztlich auf die genannten gültigen Modi zurückgeführt werden können. Darüber hinaus soll gezeigt werden, dass die verschiedenen gültigen Schlüsse in den drei Figuren ebenfalls auf eine gemeinsame Grundform zurückgeführt werden können. Die wichtigste Unterscheidung für dieses Projekt ist die zwischen vollkommenen und unvollkommenen Syllogismen. Klar ist, dass Aristoteles nur die Syllogismen der ersten Figur für vollkommen hält, sodass die Absicht der entsprechenden Lehre darin besteht, die Gültigkeit der Syllogismen in der zweiten und dritten Figur mithilfe von vollkommenen Syllogismen der ersten Figur zu erweisen. Ebenfalls klar ist, dass die Gültigkeit der Syllogismen in der ersten Figur als nicht weiter beweisbedürftig angesehen wird. Warum das so ist, wurde in der Forschung durchaus unterschiedlich beantwortet.[36] Die Distinktion, auf die es hierbei ankommt, formuliert Aristoteles so: »›Vollkommen‹ nenne ich einen Syllogismus, bei dem es über das Angenommene hinaus keiner weiteren [Voraussetzung oder Umformung] bedarf, um die Notwendigkeit evident zu machen. ›Unvollkommen‹ nenne ich einen Syllogismus, der [dazu] einer oder mehrerer [Voraussetzungen oder Umformungen] bedarf, die zwar aufgrund der gegebenen Terme notwendig, aber nicht mit den Prämissen schon angenommen sind.« (An. pr. 24 b 22)

Nach der Unterscheidung vollkommener und unvollkommener Schlüsse müssen die unvollkommenen Schlüsse nur noch mittels vollkommener Syllogismen der ersten Figur so ergänzt werden, dass ihre Gültigkeit als zwingend bewiesen angesehen werden kann. Für die erforderliche Umformung benutzt Aristoteles drei Arten von Beweisverfahren. Das erste wendet drei einfache Konversionsregeln an:

K_1:	B e A	$\Rightarrow$	A e B
K_2:	B i A	$\Rightarrow$	A i B
K_3:	B a A	$\Rightarrow$	A i B

So kann beispielsweise der Syllogismus des Modus »Camestres« wie folgt bewiesen werden, indem mithilfe eines vollkommenen

Syllogismus gezeigt wird, dass die Konklusion (5) aus den Prämissen (1) und (2) notwendig folgt:

(1)	M a N	1. Prämisse
(2)	M e X	2. Prämisse
(3)	X e M	durch K_1 aus (2)
(4)	X e N	durch »Celarent« aus (3) und (1)
(5)	N e X	durch K_1 aus (4)

Ein zweites Verfahren operiert mit der Annahme, dass die (hypothetische) Kontradiktion der Konklusion bei den gegebenen Prämissen nicht möglich ist (per impossibile). So kann etwa der Modus »Baroco« auf folgende Weise bewiesen werden:

(1)	M a N	1. Prämisse
(2)	M o X	2. Prämisse
(3)	¬ (N o X)	hypothetische Kontraktion der Konklusion
(4)	N a X	durch Kontradiktionsregel aus (3)
(5)	M a X	durch »Barbara« aus (4) und (1)
(6)	¬ (M o X)	durch (5) aus Kontradiktionsregel; Widerspruch zu (2)

Schließlich ist für den Beweis anderer Syllogismen ein etwas aufwendigeres Verfahren, die so genannte »ekthesis«, erforderlich. Unter der Voraussetzung, dass die Terme eines Syllogismus keine leeren Klassen bezeichnen, kann man die für dieses Verfahren erforderlichen Regeln intuitiv so bestimmen: Wenn A einigen B zukommt, dann lässt sich ein S annehmen, sodass sowohl A als auch B allen S zukommt. Wenn ferner A einigen B nicht zukommt, dann lässt sich ein S annehmen, sodass A keinem S und B allen S zukommt. Und jeweils umgekehrt kann man sagen: Wenn man ein S derart annimmt, dass sowohl A allen S als auch

B allen S zukommt, dann kommt A auch einigen B zu. Und wenn man ein S derart annimmt, dass A keinem S und B allen S zukommt, dann kommt A einigen B nicht zu. Dies lässt sich in die folgenden Ekthesis-Regeln bringen:

E_1	A i B	$\vdash$ A a S, B a S
E_2	A o B	$\vdash$ A e S, B a S
E_3	A a S, B a S	$\vdash$ A i B
E_4	A e S, B a S	$\vdash$ A o B

Damit lassen sich etwa Schlüsse der dritten Figur, wie hier der Modus »Bocardo«, beweisen:

(1)	P o S	1. Prämisse
(2)	R a S	2. Prämisse
(3)	P e N	durch E_2 aus (1)
(4)	S a N	durch E_2 aus (1)
(5)	R a N	durch »Barbara« aus (2) und (4)
(6)	P o R	durch E_4 aus (3) und (5)

Aristoteles' Syllogistik basiert auf dem Verhältnis zwischen Begriffen oder Klassen; die logische Verknüpfung von ganzen Aussagen (durch »und«, »oder« usw.) hat er nicht untersucht. In der modernen Logik herrschen außerdem prädikaten- und quantorenlogische Sprachen vor, die erst durch die Fortschritte der Logik und Semantik am Ende des 19. und Anfang des 20. Jahrhunderts möglich geworden sind. Übersetzt man Aristoteles' Syllogistik in die Sprache der modernen Quantorenlogik, dann werden einige Annahmen der aristotelischen Logik deutlich, die der moderne Logiker nicht als selbstverständlich behandeln würde, wie etwa die, dass die verwendeten Klassen nie leer sein dürfen.

Die Pioniere bei der Transformation der aristotelischen Syllogistik in die moderne Sprache der Logik[37] machten von der modernen Logik in der Weise Gebrauch, dass sie die Syllogismen nicht als aus drei Sätzen bestehende Schlüsse, sondern als Implikationen deuteten. Um die Gültigkeit von Schlüssen herzuleiten, erklärten sie einige der gültigen Modi zu Axiomen, durch die unter Hinzunahme einiger aussagenlogischer Gesetze die Gültigkeit von Schlüssen in der zweiten und dritten Figur bewiesen werden konnte. Dieser axiomatische Ansatz wurde dafür kritisiert, dass er die bei Aristoteles sehr knapp und einfach formulierten Gültigkeitsbeweise nur auf eine komplizierte und textferne Weise zu rekonstruieren erlaube und durch die aussagenlogischen Elemente eine fremdartige Logik an die Syllogistik herantrage. Außerdem schien die Syllogistik bei dieser Interpretation auf gravierende Weise unvollständig zu sein. – Diese Probleme veranlassten Interpreten der nächsten Logikergeneration zu einer Deutung, die nicht nur textnäher ist, sondern es auch erlaubt, die Syllogistik als vollständig in dem Sinn anzusehen, dass jedes durch die syllogistische Sprache ausdrückbare gültige Argument innerhalb der Syllogistik hergeleitet werden kann. Einen solchen Ansatz hat man in dem (axiomfreien) System natürlichen Schließens gefunden[38], das es erlaubt, alle gültigen Schlüsse nach dem Vorbild der oben durchgeführten Beweise herzuleiten.

Modalsyllogistik

Zu den schwierigsten Kapiteln der aristotelischen Logik gehört die Anwendung der Syllogistik auf modal qualifizierte Aussagen, die im Wesentlichen in der *Ersten Analytik* I, Kapitel 3 und 8-22, entfaltet wird. Modal qualifiziert sind Aussagen, die behaupten, etwas sei möglich oder etwas sei notwendigerweise der Fall. Zusammen mit den modal nicht weiter qualifizierten Sätzen der assertorischen Logik können die Prämissen eines Syllogismus also auf folgende Weise kombiniert werden: Syllogismen mit 1. zwei notwendigen Prämissen, 2. einer notwendigen und einer assertorischen Prämisse, 3. zwei möglichen Prämissen, 4. einer assertorischen und einer möglichen Prämisse sowie 5. einer notwendigen und einer möglichen Prämisse. Die Aufgabe ist, jeweils zu untersuchen, wie sich diese Prämissenkombinationen auf die Modalität der Konklusion auswirken – und dies für alle aus der assertorischen Syllogistik bekannten Modi. Im Großen und Ganzen kommt Aristoteles zu dem Ergebnis, dass sich bei unterschiedlich qualifizierten Prämissen die stärkere Modalität durchsetzt, jedoch scheint er der Ansicht zu sein, dass es nicht unerheblich ist, in welcher der beiden Prämissen der stärkere Operator steht. So ist etwa der Schluss »Notwendigerweise AaB; BaC; also: notwendigerweise AaC« gültig, der Schluss »AaB; notwendigerweise BaC; also: notwendigerweise AaC« aber nicht, da hier die Konklusion assertorisch sein muss. (An. pr. I 9, 30 a 17 ff.)

Ein zentrales Problem für die Interpretation der Modalsyllogistik ist die Definition der beiden Modalitäten »möglich« und »notwendig«. Während in der modernen Logik »möglich, dass p« zumeist als »nicht notwendig, dass nicht p« und »notwendig, dass p« zumeist als »nicht möglich, dass nicht p« bestimmt wird, finden sich bei Aristoteles noch andere Bestimmungsversuche. So vertritt er an einigen Stellen der *Ersten Analytik* einen so genannten zweiseitigen Möglichkeitsbegriff, bei dem die Möglichkeit sowohl von der Unmöglichkeit als auch von der Notwendigkeit unterschieden wird. In diesem Sinne möglich ist das, was weder unmöglich noch notwendig ist.[39]

8. Dialektik und Rhetorik

Aristoteles' Schrift *Topik* beansprucht, die erste ausgearbeitete Theorie der dialektischen Argumentation zu enthalten (die *Sophistischen Widerlegungen* setzen dieses Projekt für Scheinargumente fort). Gleichwohl geht sowohl der Begriff der Dialektik als auch die damit bezeichnete Argumentationstechnik offenbar auf Praktiken in der platonischen Akademie zurück. Während in Platons Frühwerk der griechische Ausdruck »dialegesthai« noch ganz unspezifisch für die Praxis der philosophischen Unterredung steht, lässt sich beginnend mit *Hippias Minor* (373 a f.) und Gorgias (448 d) eine Begriffsverwendung ausmachen, die für eine bestimmte Frage-Antwort-Technik steht. Mehr und mehr wird »Dialektik« bei Platon zur Bezeichnung für die Methode der Philosophie überhaupt (vgl. Politeia VII), auch wenn dabei abwechselnd unterschiedliche Techniken im Vordergrund stehen.

Definition der Dialektik

Obwohl der aristotelische Begriff der Dialektik zweifellos in der platonischen Tradition steht, kommt der Dialektik bei Aristoteles eine gegenüber den platonischen Dialogen veränderte Rolle zu. Das Projekt der *Topik* formuliert Aristoteles so: »Die Zielsetzung der Abhandlung ist, ein Verfahren zu finden, durch das wir in der Lage sein werden, über jedes vorgelegte Problem aus anerkannten Meinungen zu deduzieren und, wenn wir selbst ein Argument vertreten, nichts Widersprüchliches zu sagen.« (Top. 100 a 18 ff.)

Das besondere Merkmal des hier angekündigten Verfahrens ist seine universelle Verwendbarkeit; im Unterschied zur wissenschaftlichen Forschung geht es der Dialektik nicht darum, Wissen in einem bestimmten Bereich zu erlangen, sondern um die Prüfung von Aussagen zu jedem beliebigen Thema. Außerdem macht die zitierte Ankündigung deutlich, dass Aristoteles primär an eine dialogische Prozedur mit verteilten Rollen zu denken scheint. Schließlich fällt auch hier schon der für die aristotelische Dialektik zentrale Begriff der anerkannten Meinungen, griechisch: »endoxa«, durch den Aristoteles die Besonderheit dialektischen Argumentierens definiert: »Eine Demonstration liegt dann vor, wenn die Deduktion (syllogismos) aus wahren und ersten [Sätzen] gebildet wird [...]. Dialektisch ist dagegen die Deduktion, die aus anerkannten Meinungen (endoxa) deduziert.« (Top. 100 a 25 ff.)

Wie schon im ersten Zitat, so geht Aristoteles auch hier davon aus, dass Dialektik immer auf die Formulierung eines »syllogismos«, also einer Deduktion, abzielt. Der Unterschied zwischen einer Deduktion im Bereich der Wissenschaften, die »Demonstration« (apodeixis) heißt, und einer dialektischen Deduktion ergibt sich aus der Art der verwendeten Prämissen; während die Demonstration »wahre und erste« Sätze als Prämissen verwendet, d. h. Prinzipien, deren Wahrheit bereits als etabliert gelten kann, verwendet die Dialektik Prämissen, die »nur« anerkannt sind, ohne schon auf zuverlässige Weise etabliert zu sein.

Wenn also eine These oder ein Problem auf dialektische Weise geprüft wird, dann nimmt man Ansichten, die von anderen anerkannt sind und daher eine gewisse Anfangsplausibilität besitzen, zum Ausgangspunkt, um zu sehen, ob sich die zu prüfende These mit diesen Sätzen vereinbaren lässt. Will man eine These angreifen, wird man versuchen zu zeigen, dass sie den herangezogenen anerkannten Meinungen widerspricht; will man sie verteidigen, wird man umgekehrt bemüht sein, einen Widerspruch mit anerkannten Sätzen zu vermeiden.

Was aber kann man auf diese Weise über eine zu prüfende These lernen? Angenommen, eine These verhält sich inkonsistent zu anerkannten Meinungen; in diesem Fall kann der Dialektiker prüfen, ob sich die aufgetretenen Widersprüche durch eine gewisse »Aufbereitung« der fraglichen These beheben lassen; eine solche Aufbereitung könnte etwa darin bestehen, dass man die These einschränkt oder Mehrdeutigkeiten beseitigt. Bevor man eine These ganz aufgibt, wird man prüfen, wie stark und zwingend die Anerkennung derjenigen Sätze ist, die mit der These in Konflikt geraten sind, denn möglicherweise kommt auch eine Modifikation der als Prämissen gebrauchten, anerkannten Sätze infrage. Hilft das alles nichts, wird man die betreffende These verwerfen. Wenn sich die zu prüfende These hingegen konsistent zu einer Reihe von einschlägigen, weithin anerkannten Ansichten verhält, hat man ein gutes Indiz dafür, dass die These selbst nicht falsch ist. Heißt das, dass die These damit als wahr erwiesen wurde? Für jemanden, der eine Kohärenztheorie der Wahrheit vertritt, könnte die Wahrheit eines Satzes in der Tat auf diese Weise etabliert werden, jedoch scheint Aristoteles nicht zu dieser Auffassung zu neigen, zumal er Wahrheit mehrfach im Sinne einer Korrespondenztheorie, also durch die Übereinstimmung mit den Tatsachen, definiert. Das in der dialektischen Prüfung maßgebliche Konsistenzkriterium hilft, eine Auswahl zwischen mehr und weniger Erfolg versprechenden Thesen zu treffen, kann aber keine Aussagen als wahr erweisen. Daher äußert sich Aristoteles auch mehrfach so, als sei das dialektische Prüfverfahren für die philosophisch-wissenschaftliche Behandlung eines Problems noch nicht ausreichend: »Die Dialektik ist hinsichtlich derselben Dinge erprobend (peirastikê), hinsichtlich welcher die Philosophie erkennend (gnôristikê) ist.« (Met. 1004 b 25 f.)

Demnach scheint die Dialektik ein Verfahren zu sein, um Sätze über alle erdenklichen Themenbereiche zu analysieren und zu überprüfen; aus nur anerkannten Sätzen kann allerdings nicht unmittelbar die Wahrheit einer Behauptung erwiesen werden. Dialektik kann für Aristoteles somit ein wichtiges Instrument der philosophischen Forschung sein, fällt jedoch nicht (wie – wenigstens zeitweise – für Platon) mit der Philosophie überhaupt zusammen.

Dialektischer Wettstreit

Es hat sich bereits gezeigt, dass Aristoteles die Dialektik als ein Verfahren ansieht, das von zwei Teilnehmern mit verteilten Rollen praktiziert wird. Die dialektische Praxis, die er in der *Topik* beschreibt, ist eine Art von Frage-und-Antwort-Spiel, bei dem sich die Kontrahenten an sehr strikt vorgegebene Spielregeln halten müssen. Diese Form des Wettstreits stammt offenbar aus der akademischen Lehr- und Übungspraxis und ist nicht unmittelbar auf philosophische Forschung ausgerichtet, sondern scheint eher als Argumentationsgymnastik gesehen worden zu sein. In einer solchen dialektischen Unterredung vertreten die Teilnehmer entgegengesetzte Standpunkte. Der eine der beteiligten Kontrahenten nimmt die Rolle des Fragenden, der andere die Rolle des Antwortenden ein. Die Aufgabe des Antwortenden ist es, eine Behauptung zu vertreten, auf die er sich zu Beginn der Unterredung festlegen musste; dabei bedeutet es für die dialektische Prüfung keinen Unterschied, ob die ausgewählte Behauptung die Überzeugung des Antwortenden repräsentiert oder ob es sich um die Position anderer handelt, die vom Antwortenden nur für die betreffende Disputation übernommen wurde. Aufgabe des Fragenden ist es, die vom Antwortenden aufgestellte Behauptung anzugreifen. Dazu versucht er, dem Antwortenden solche Zugeständnisse abzunehmen, aus denen ein Widerspruch zu der Ausgangsbehauptung des Antwortenden zwingend hergeleitet werden kann. Um die in den allgemeinen Angriffsplan passenden Zugeständnisse des Antwortenden zu erhalten, bietet ihm der Angreifer entsprechende Sätze in Form von Fragen an, die der Antwortende nur bejahen oder verneinen kann. Fragen, die nicht bejaht oder verneint werden können, sind nicht erlaubt. Ebenso wenig ist es dem Antwortenden erlaubt, etwas anderes als »ja« und »nein« zu sagen; nur in genau festgelegten Ausnahmefällen darf der Antwortende eine Frage zurückweisen, etwa wenn diese mehrdeutig formuliert ist.

Ist eine solche Frage beantwortet, kann der Fragende das Zugeständnis des Antwortenden als eine Prämisse seiner weiteren Argumentation benutzen. Der Antwortende wird ihm aber in der Regel nur Aussagen zugestehen, die als anerkannte Meinungen gelten; daher muss der Fragende über ein möglichst großes Repertoire an anerkannten Meinungen zu allen möglichen Gebieten verfügen. Hat der fragende Angreifer auf diese Weise genügend Zugeständnisse gesammelt, präsentiert er dem Gegner seine Schlussfolgerung, die mindestens eine der vom Antwortenden zugestandenen Behauptungen zur Prämisse hat und im Ergebnis der Ausgangsbehauptung des Antwortenden widerspricht. Im Grunde geht es also für den Angreifer darum, eine Deduktion derart zu bilden, dass die Konklusion der vom Antwortenden gewählten Ausgangsthese widerspricht, obschon die verwendeten Prämissen vom Gegner explizit anerkannt wurden. Entsprechend versucht der Antwortende zu vermeiden, dass seine Zugeständnisse widersprüchlich werden und eine Deduktion im beschriebenen Sinn vom Angreifer gebildet werden kann.

Nutzen der Dialektik

Was den Nutzen des dialektischen Verfahrens angeht, so gibt es in der Forschung grob zwei Lager: Die eine Seite hebt hervor, dass Dialektik durch die Beschäftigung mit (anerkannten) Meinungen definiert werde, und sieht immer dann eine dialektische Vorgehensweise gegeben, wenn sich Aristoteles in seinen philosophischen Schriften mit Meinungen anderer auseinander setzt. Das andere Lager betont, dass Dialektik immer in einem Dialog vonstatten geht und dass damit stets das dialektische Übungsgespräch gemeint sei.[40] Weil Aristoteles in der Tat sehr viele seiner Thesen in kritischer Auseinandersetzung mit fremden Meinungen entwickelt, neigen Vertreter des ersten Lagers auch zu der Auffassung, dass Dialektik und philosophische Methode bei Aristoteles tendenziell zusammenfallen. Gegen eine solche Gleichsetzung sind bereits Einwände vorgebracht worden. Das zweite Lager neigt hingegen dazu, den philosophischen Nutzen der Dialektik auf den Aspekt des argumentativen Trainings herabzuspielen. Wenn sich jede Form von Dialektik in der beschriebenen Art des Wettstreits vollzieht, dann kann man in der Tat davon ausgehen, dass Dialektik nicht den Kern des philosophischen Tuns betrifft. Nun kann der Vertreter des zweiten Lagers geltend machen, dass zumindest in der *Topik* die Dialektik immer als Frage-Antwort-Prozedur beschrieben wird; das geht so weit, dass sogar die dialektischen Prämissen als Fragen definiert werden. An der Einsicht, dass Dialektik für Aristoteles ursprünglich oder in erster Linie ein Verfahren beschreibt, das sich durch Frage und Antwort vollzieht, führt deshalb kein Weg vorbei.

Jedoch finden sich im Werk des Aristoteles auch Passagen, in denen er davon auszugehen scheint, dass die beiden Rollen des dialektischen Verfahrens von einem einzelnen Philosophen im Gedankenexperiment übernommen und durchgespielt werden können (De Caelo 294 b 7 ff.); an einer Stelle der *Topik* (155 b 7 ff.) bemerkt Aristoteles sogar, bis zu einem gewissen Punkt seien das Vorgehen des Dialektikers und das des für sich selbst forschenden Philosophen ähnlich; was für den Dialektiker zusätzlich anfällt, seien lediglich Fragen der Taktik. Eine Brücke zwischen der nur gymnastischen Verwendung der Dialektik und dem ernsthafteren philosophischen Gebrauch derselben könnte daher so aussehen: Zwar stellt der akademische Disputationswettstreit den genuinen Ort der Dialektik dar; jedoch sind auch Verwendungsweisen denkbar, in denen der Dialektiker für sich allein Thesen ausgehend von anerkannten Ansichten prüft und dabei so verfährt, als habe er es mit Angreifern oder Verteidigern zu tun, die ihre Position dialektisch geschickt zu behaupten wissen.

Auch die einzige Stelle, an der sich Aristoteles explizit zum Nutzen der Dialektik äußert, spielt auf unterschiedliche Verwendungsbereiche derselben an (Top. 101 a 26 ff.): Dialektik sei nützlich 1. für die Übung, 2. für die Diskussion mit der Menge und 3. für die philosophischen Wissenschaften. Was den ersten Nutzen angeht, so ist klar, dass eine argumentative Praxis gewissermaßen das Training des Philosophen darstellt und somit nützlich ist. Mit dem zweiten Nutzen wird hervorgehoben, dass der dialektisch geschulte Fachmann, wenn er mit der Menge und daher mit Laien argumentiert, es verstehen wird, seine Argumente auf der Grundlage von Prämissen zu bilden, die nicht seine eigenen Ansichten, sondern diejenigen der Menge sind. Philosophisch interessanter ist die dritte Verwendungsweise; zunächst ist klar, dass jemand, der gelernt hat, Schwierigkeiten von unterschiedlichen Standpunkten her zu untersuchen, auch besser beurteilen kann, ob eine philosophische These haltbar ist oder nicht. Aristoteles wird aber noch spezifischer: »Ferner ist sie [die Dialektik] aber im Zusammenhang mit den ersten Sätzen einer jeden Wissenschaft nützlich: Denn es ist unmöglich, ausgehend von den eigenen Prinzipien einer vorliegenden Wissenschaft irgendetwas über diese Prinzipien zu sagen, da die Prinzipien gegenüber allen anderen Sätzen erste Sätze sind; es ist dagegen notwendig, sie mithilfe der über sie bestehenden anerkannten Meinungen zu untersuchen [...].« (Top. 101 a 36 ff.)

Wenn es in Wissenschaften wesentlich darum geht, Beweise bzw. Demonstrationen zu bilden, die so genannte »Prinzipien« als Prämissen haben, bedeutet das, dass jede Wissenschaft von bestimmten Prinzipien ausgeht, die sie selbst nicht mehr durch dasselbe Verfahren beweisen kann. Daher ist eine Methode nützlich, die nicht schon die Wahrheit bestimmter Prinzipien voraussetzen muss, sondern eine Prüfung solcher Prinzipien auf der Grundlage anerkannter Meinungen ermöglicht; dies ist eine Aufgabe von beträchtlicher Bedeutung, für die die Dialektik maßgeschneidert ist. Jedoch bedeutet auch dies weder, dass solche Prinzipien ausschließlich auf dem Weg der Dialektik geprüft werden können, noch, dass die Wahrheit eines Prinzips auf dialektischem Weg verbindlich etabliert würde.

An diese letzte Verwendungsweise der Dialektik schließt sich eine grundsätzliche Frage an, die nicht ganz leicht zu beantworten ist: Aristoteles charakterisiert die Philosophie im engeren Sinn, die »Erste Philosophie«, in der *Metaphysik* I als eine Wissenschaft von den ersten Prinzipien. Wenn nun erste Prinzipien nicht herkömmlich, nämlich durch Deduktion aus anderen Prinzipien, bewiesen werden können, heißt das dann, dass Philosophie als die für die ersten Prinzipien zuständige Disziplin nur als Dialektik betrieben werden kann? Diese Auffassung findet sich zwar verschiedentlich in der Literatur, sie scheint aber letztlich nicht überzeugend: Die Erste Philosophie ist nicht in dem Sinn mit Prinzipien befasst, dass sie ausschließlich Prinzipien aufstellen würde, die den anderen Wissenschaften als Prämissen dienten. Im Gegenteil findet sich auch in der Philosophie die Struktur aller Wissenschaften, nach der es einerseits Ursachen, Erklärungen und Prinzipien und andererseits zu erklärende Aussagen oder Phänomene gibt, sodass Letztere auf Erstere zurückgeführt oder durch sie erklärt werden sollen. Fehlte diese Struktur gerade in der Philosophie ganz, dann würde der Ersten Philosophie ein Merkmal aller Wissenschaften fehlen; sie könnte daher nur noch schlecht als oberste Wissenschaft auftreten.[41]

Anerkannte Meinungen

Wie sich gezeigt hat, definiert Aristoteles das dialektische Vorgehen als ein Schließen aus anerkannten Meinungen. Das griechische Wort dafür, »endoxon«, bezeichnet den Gegensatz zu »paradoxon«; paradox in diesem ursprünglichen Sinn ist eine These, die der üblichen Auffassung zuwiderläuft, und »anerkannt« ist demnach, was der allgemeinen oder maßgeblichen Auffassung entspricht. Genauer definiert Aristoteles: »Anerkannte Meinungen (endoxa) dagegen sind diejenigen, die entweder von allen oder den meisten oder den Weisen und von diesen entweder von allen oder den meisten oder den bekanntesten und anerkanntesten für richtig gehalten werden.« (Top. 100 b 21 ff.)

Eine oft unterstellte Interpretation dieser Textstellen betrachtet einen Satz dann als anerkannt, wenn er bei allen anerkannt ist oder bei den meisten anerkannt ist oder bei den Weisen anerkannt ist usw., sodass die Menge der anerkannten Sätze fast unüberschaubar groß wird. Nur Sätze, die von niemandem, lediglich von einer Minderheit oder von nicht weisen Einzelnen anerkannt sind, wären demnach von der Menge der »endoxa« ausgeschlossen. Wahrscheinlicher ist, dass die Bestimmung auf verschiedene *Klassen* anerkannter Sätze aufmerksam machen will, nämlich 1. Sätze, die bei allen anerkannt sind, 2. Sätze, die von den meisten anerkannt sind, 3. Sätze, die von den Weisen anerkannt sind, usw. (Top. 105 a 34 ff.) Wer von anerkannten Sätzen spricht, muss daher im Prinzip angeben können, von wem die betreffenden Sätze anerkannt sind. Nun kommt es auch vor, dass die von einzelnen Fachleuten anerkannte Meinung der Auffassung der Menge, dem Common Sense, widerspricht; in einem solchen Fall liegt jedoch kein »endoxon«, sondern im Gegenteil eine paradoxe Ansicht vor: Die Einzelmeinung von Fachleuten scheint nur dann eine Auffassung zum »endoxon« zu machen, wenn sie sich auf einen Gegenstand bezieht, zu dem keine entgegengesetzten Ansichten des Common Sense vorliegen.

Wie schon bemerkt, spielen die »endoxa« sowie die Standpunkte der philosophischen Vorgänger in den Abhandlungen des Aristoteles oft eine wichtige Rolle. Ohne sie wörtlich zu übernehmen, gewinnt er aus der Analyse dieser Ansichten oft die entscheidenden Gesichtspunkte, die bei der philosophischen Erörterung eines Begriffs berücksichtigt werden müssen. In der Regel vermeidet er es, sich in einen direkten Widerspruch mit einer gemeinhin anerkannten Auffassung zu begeben; in den ethischen Schriften legt er sogar großen Wert darauf zu zeigen, dass sich seine philosophische Erklärung des Glücks mit den wichtigsten »endoxa« in Übereinstimmung befindet. Der Grund, warum Aristoteles den Meinungen anderer in seiner Philosophie eine so große Bedeutung einräumt, dürfte die Überzeugung sein, dass im Grunde die Menschen zur Erkenntnis des Wahren hinlänglich begabt sind (Rhet. 1355 a 14 ff.), sodass keiner mit seinen ernsthaften Ansichten die Wahrheit vollständig verfehlt, sondern jeder wenigstens in dem einen oder anderen Punkt richtig liegt (EN 1098 b 26 ff.). Eine der wichtigsten Aufgaben der Philosophen besteht deshalb darin, den wahren Kern solcher Ansichten aufzuspüren und sie in eine philosophisch hinreichend klare Form zu bringen: »Denn jeder Mensch hat etwas Eigentümliches zur Wahrheit beizutragen, woraus man irgendwie Beweise bilden muss über das Gesagte. Aus dem nämlich, was wahr gesagt ist, aber nicht klar, wird sich für die, die voranschreiten, auch das Klare ergeben, indem man jeweils das besser Verständliche an die Stelle der üblicherweise konfusen Rede setzt.« (EE 1216 b 26 ff.)[42]

Topische Logik

Der Titel der *Topik* rührt daher, dass wesentliche Teile der Schrift (nämlich die Bücher II-VII) in einer Auflistung so genannter »Topoi« bestehen. Grob gesagt, ist ein Topos ein Argumentationsschema bzw. eine Argumentationsanleitung. Das Wort »Topos« heißt eigentlich »Ort« und wurde wohl deshalb zu einem Terminus der Argumentationstheorie, weil es in der Antike eine Technik gab, sich bestimmte Rede- oder Argumentationsmuster einzuprägen, indem man sie mit einem bestimmten Ort assoziierte. Bei Aristoteles spielt diese Technik keine Rolle mehr; er übernimmt den Ausdruck bereits aus der Tradition der Rhetoriklehrbücher.

Bei der modernen Wiederentdeckung der »topischen« Methode steht oft der Gedanke im Vordergrund, dass damit eine Alternative zu einem szientistisch-deduktivistischen Vorgehen und zu einer exakten Logik gegeben sei; der Topos wird dabei als eine Anleitung zu einem »weicheren«, nicht auf logische Notwendigkeit zielenden Argumentieren gesehen.[43] Nun ist es zwar richtig, Aristoteles den Gedanken zuzuschreiben, dass nicht in allen Gebieten derselbe Grad an Exaktheit verlangt werden darf, jedoch kann man diesen Gedanken gerade nicht am Begriff des Topos festmachen. Der Topos als Teil der dialektischen Methode ermöglicht eine Form der Argumentation, die nicht von obersten Prinzipien ausgeht und insofern in der Tat eine Alternative zur wissenschaftlichen Demonstration darstellt; allerdings dienen die Topoi innerhalb der Dialektik gerade zur Bildung von Deduktionen (syllogismoi), mit denen ein Gegner widerlegt werden soll; nun kann ein Gegner nur durch zwingende Argumente widerlegt werden, und auch der aristotelische Begriff der Deduktion lässt keinen Zweifel daran, dass es Aristoteles um Schlüsse geht, in denen die Konklusion mit Notwendigkeit folgt, wenn bestimmte Prämissen gegeben sind. Da der Topos ein Instrument zur Bildung von Deduktionen ist, wäre es für Aristoteles unpassend, einen Gegensatz zwischen topischer Methode und deduktiver Logik zu konstruieren.

Auf welche Weise aber ist ein Topos zur Bildung von Deduktionen nützlich? Dem Angreifer im dialektischen Wettstreit ist die These des Gegners vorgegeben; weil es diese zu widerlegen gilt, versucht er in der Regel ein deduktives Argument zu konstruieren, dessen Konklusion der These des Gegners widerspricht. Die Frage ist, wie man zu einer gegebenen Konklusion geeignete Prämissen findet, aus denen die gewünschte Konklusion mit Notwendigkeit folgt. Genau an diesem Punkt kommt der Topos ins Spiel. Die Topoi der *Topik* schließen typischerweise ein Schema wie das folgende ein: »Wenn P einer Gattung G allgemein zukommt, dann muss P auch jeder einzelnen Art der Gattung G zukommen.« Angenommen, die angestrebte Konklusion lautet »Beseeltsein kommt der Küchenschabe zu«. Nun ist »Küchenschabe« eine Art der Gattung »Lebewesen«, und das Prädikat »Beseeltsein« trifft allgemein auf die Gattung »Lebewesen« zu. Deshalb scheint der angeführte Topos für die vorliegende Konklusion geeignet zu sein; mit seiner Hilfe lässt sich (gewissermaßen durch Einsetzung in das genannte Argumentationsschema) die Prämisse »Beseeltsein kommt allen Lebewesen zu« konstruieren. Wenn der Angreifende nun der Ansicht ist, dass dies eine anerkannte Meinung ist, wird er sie dem Kontrahenten in Form der Frage »Kommt Beseeltsein allen Lebewesen zu?« vorlegen. Stimmt der Antwortende zu, kann er schließen: »Dann aber ist auch die Küchenschabe beseelt«, womit er sein Argumentationsziel erreicht hat. Der Topos bzw. das Argumentationsschema selbst bleibt dabei im Hintergrund und muss dem Kontrahenten nicht eigens zur Zustimmung vorgelegt werden; nur wenn dieser nicht versteht, wie der Schluss zustande kam, ist es sinnvoll, den benutzten Topos anzuführen.[44]

Wie aber kann man unter den mehreren hundert Topoi, die in der *Topik* angeführt werden, stets denjenigen finden, der zu der vorliegenden Konklusion passt? Hier kommen die Prädikabilien ins Spiel. Jeder Satz und somit auch jede Konklusion drückt eine von vier Relationen des Prädikats zum Subjekt aus: Es liegt ein Akzidens, eine eigentümliche Eigenschaft, eine Gattung oder eine Definition vor; die Topoi der *Topik* sind zunächst nach diesen Prädikabilien angeordnet. Oft liefern schon die besonderen Eigenschaften der einzelnen Prädikabilien diejenige Regel, durch die ein Topos gebildet ist. Die Prädikabilien liefern allerdings nur ein grobes Orientierungsgerüst; steht der vorliegende Prädikabilientyp fest, dann kann die Analyse der vorliegenden Konklusion noch weiter ins Detail gehen. Enthält sie z. B. einen Begriff, der Teil eines Gegensatzpaares ist, dann sind entsprechend Topoi über Gegensätze aufzusuchen. Enthält sie einen synonymen oder homonymen Ausdruck, kommen entsprechende Topoi in die engere Auswahl usw.

Rhetorik

Platon hat in seinem Dialog *Gorgias* die zeitgenössische Redekunst scharf angegriffen. Sie sei gar keine Kunst im eigentlichen Sinn; was sie vermittelt, sei nur eine gewisse Routine darin, den Hörern zu schmeicheln. Weil sie dabei nicht – wie andere Künste – auf einen bestimmten Gegenstand gerichtet ist, könne sie auch kein Wissen, sondern lediglich Meinung und Anschein beim Hörer bewirken. Ein solches Ziel sei letztlich nur sinnvoll, wenn man im Zuge einer amoralischen Lebensführung die Hörer zur Sicherung des eigenen Vorteils manipulieren will. Vor diesem Hintergrund ist es zunächst durchaus überraschend, dass ausgerechnet der Platon-Schüler Aristoteles zum Autor eines Buches über Rhetorik wird, das später als eine der wichtigsten Schriften in der Geschichte dieser Disziplin gelten wird.

Wie es zu dieser Annäherung an die Rhetorik kommt, wird klar, wenn man zur Kenntnis nimmt, dass für Aristoteles Rhetorik im Wesentlichen auch nur eine Anwendungsweise der Dialektik darstellt.[45] Aristoteles teilt nämlich durchaus Platons ablehnende Haltung gegenüber der herkömmlichen Rhetorik; im ersten Kapitel von *Rhetorik* I kritisiert er an den bisherigen Rhetorikhandbüchern, dass sie sich so gut wie ausschließlich mit den Fragen beschäftigt haben, was man am Anfang und am Schluss einer Rede sagen muss und wie man durch Verleumdung und Erzeugung starker Emotionen die Richter verwirren und ihr Urteil verdunkeln kann. Diese Kritik am Zustand der Redekunst muss nun jedoch nicht dazu führen, dass man das Feld der öffentlichen Rede den konventionellen Redekünstlern überlässt. Da die Reden vor Gericht, in der Volksversammlung sowie bei feierlichen Anlässen gerade im politischen Umfeld der Demokratie einen nicht unerheblichen Einfluss ausüben und so über das Wohl der Polis mitentscheiden, muss jemandem, der an einem guten Zustand der Polis interessiert ist, daran gelegen sein, dass die durch Reden beeinflussten öffentlichen Entscheidungsprozesse entweder mit einer gewissen Rationalität vonstatten gehen oder dass doch wenigstens ein gewisser Einfluss der reflektierteren, gemeinwohlorientierten Kräfte in der Polis auf solche Entscheidungen gesichert ist.

Dem genannten Ziel kann man durch eine Redetechnik näher kommen, die einerseits den Einfluss des Redners wahrt, indem sie ebenso zu überzeugen erlaubt wie die kritisierten Redekünste, andererseits diese Überzeugung aber nicht durch Irritation und Ablenkung, sondern durch sachliche Auseinandersetzung mit den an einem Fall relevanten Gesichtspunkten erreicht. Eine solche Redetechnik meint Aristoteles mit der Konzeption einer sachorientierten, argumentativen und im Kern an der Dialektik ausgerichteten Rhetorik gefunden zu haben. Wesentlich ist die Idee, dass wir dann überzeugt sind, wenn wir meinen, dass etwas bewiesen worden sei. (Rhet. 1355 a 5 f.) Wenn dem so ist, dann kann Rhetorik als eine Disziplin entfaltet werden, die an jedem vorgelegten Gegenstand das vorhandene Überzeugungspotenzial zu entdecken vermag. Außerdem besteht nach diesem Grundsatz das wichtigste Überzeugungsmittel darin, dass man Beweise zu denjenigen Sachverhalten formuliert, von welchen man seine Zuhörer überzeugen will. Ein Beweis ist für Aristoteles aber immer eine Art von Deduktion (syllogismos);

anders aber als der wissenschaftliche Beweis (die »Demonstration«) geht der rhetorische Beweis nicht von den obersten und wahren Prinzipien eines Wissensbereichs aus; er versucht im Gegenteil, bei solchen Prämissen anzusetzen, die von den Zuhörern bereits anerkannt sind. Der Grundgedanke bei der Theorie des rhetorischen Beweises lautet: Man kann die Zuhörer von einer Annahme B überzeugen, indem man zeigt, dass sich B von einer anderen Annahme A herleiten lässt, von der der Zuhörer bereits vorher überzeugt war; es geht daher beim rhetorischen Beweisen immer darum, an vorhandene Überzeugungen der Zuhörer anzuknüpfen, um daraus diejenigen Aussagen zu deduzieren, von denen man jemanden überzeugen will. Aus diesem Grund ist für eine argumentationsbezogene Rhetorik die Kompetenz des Dialektikers gefragt, der es erstens mit Deduktionen und zweitens mit Deduktionen aus anerkannten Ansichten zu tun hat (darum kann auch der berühmte Anfangssatz der *Rhetorik* behaupten, die Rhetorik sei ein »Gegenstück zur Dialektik«).

Aristoteles verwendet für den rhetorischen Beweis die in der Rhetorik seiner Zeit bereits gebräuchliche Bezeichnung »Enthymem«. Der Ausdruck geht auf das Verb »enthymeisthai« zurück, was soviel heißt wie »berücksichtigen«, »erwägen«, »bedenken«, »ersinnen«. Entsprechend meint der Ausdruck »enthymêma« zunächst »Ausgedachtes«, »Gedanke«, »Einfall«. Ausgehend von einer Missinterpretation der aristotelischen Enthymemtheorie verstand man unter einem »Enthymem« schon bald einen logisch unvollständigen Syllogismus, der nur eine Prämisse enthält, weil die zweite Prämisse vom Redner nicht ausgesprochen wird. Anlass für dieses Missverständnis gab eine Passage aus der *Rhetorik* (1357 a 7 ff.), wo Aristoteles sagt, das Enthymem habe oft wenige oder weniger Prämissen als andere »syllogismoi«. Abgesehen davon nämlich, dass Aristoteles eine definitorische Bemerkung nicht mit »oft« einleiten würde und dass er auch nicht-rhetorische Schlüsse kennt, die unvollständig sind, bezieht sich die genannte Bemerkung generell auf Deduktionen und nicht auf Syllogismen mit genau zwei Prämissen, sodass es nicht unbedingt darum gehen muss, dass das Enthymem weniger als zwei Prämissen hat. Außerdem steht diese Bemerkung in einem Kontext, in dem es um Argumente geht, die aus mehreren deduktiven Schritten bestehen, weil sie die erforderlichen Prämissen jeweils durch Deduktion einführen. Ein rhetorischer Beweis vor einem Massenpublikum kann sich eine solche Weitläufigkeit nicht erlauben, aber mit logischer Unvollständigkeit hat dies nichts zu tun. Worum es Aristoteles in der betreffenden Passage geht, ist vor allem die Forderung, dass Enthymeme möglichst nicht auf entlegenen oder sehr allgemeinen Prämissen beruhen sollten, weil dies entweder unüberzeugend bleibt oder eine große Anzahl von argumentativen Zwischenschritten erforderlich macht, um zu der gewünschten Konklusion zu gelangen. Bei alledem geht es keineswegs um eine Definition des Enthymems; das Enthymem ist für Aristoteles einfach ein deduktives Argument im rhetorischen Gebrauch.[46]

Trotz dieser grundsätzlichen Orientierung an der Dialektik übersieht Aristoteles nicht, dass es noch andere Faktoren der Überzeugungsbildung gibt. Neben dem rhetorischen Beweis bestehen die beiden weiteren Überzeugungsmittel darin, dass sich der Redner als glaubwürdig darstellt und dass die Zuhörer in einen geeigneten emotionalen Zustand versetzt werden (vgl. Rhet. 1356 a 15 f.: »wir urteilen nämlich nicht in gleicher Weise, wenn wir trauern und wenn wir uns freuen oder wenn wir lieben und wenn wir hassen«). Weil mit diesen beiden Überzeugungsmitteln Fragen des Charakters berührt werden, genügt es für den Rhetoriker nicht, im Bereich der Dialektik kompetent zu sein; deshalb modifiziert Aristoteles die Formel von der Rhetorik als Gegenstück zur Dialektik und behauptet schließlich, Rhetorik sei ein Seitenspross aus Dialektik und der mit Fragen des Charakters befassten Disziplin. (Rhet. 1356 a 26)

Wie aber ist der Einsatz von Überzeugungsmethoden, die auf die Emotionen der Zuhörer zielen, mit Aristoteles' Kritik an den Praktiken der Vorgänger vereinbar? Genau genommen hat Aristoteles an den Vorgängern nicht kritisiert, *dass* sie die Emotionserregung als Überzeugungsmittel behandeln, sondern dass sie sich *fast ausschließlich* damit beschäftigen und darüber den rhetorischen Beweis vernachlässigen. Bei Aristoteles' Rhetorikkonzeption, die um den rhetorischen Beweis zentriert ist und somit selbst zu wesentlichen Teilen eine Anwendung der Dialektik darstellt, besteht diese Gefahr offensichtlich nicht. Weiterhin dürfte in dieser Frage die Art und Weise, wie der Redner Emotionen erregt, relevant sein. Aristoteles hat bei seiner Kritik an den Vorgängern eine bestimmte konventionelle Form der Emotionserregung vor Augen, die mit den in der Rede behandelten Sachfragen nichts zu tun hat, sondern im Gegenteil von ihnen ablenkt. So war es z.B. vor Athener Gerichten nicht unüblich, dass die Angeklagten ihre weinenden Familien zu sich holten, um so die Richter mitleidig zu stimmen. Aristoteles dagegen macht sich beim rhetorischen Einsatz von Emotionen systematisch die Einsicht zunutze, dass Emotionen von bestimmten Meinungen über andere Personen und ihre Taten abhängig sind. Nach dieser Theorie empfinden wir beispielsweise Zorn, wenn wir der Meinung sind, dass uns jemand, dem es nicht zusteht, herablassend behandelt hat. – Mit einer solchen Hintergrundtheorie lassen sich Emotionen nicht nur viel gezielter als in der konventionellen Redekunst stimulieren, es wird so auch möglich, eine bestimmte Emotion einfach durch die Beschreibung oder Betonung entsprechender Merkmale an einem vorliegenden Fall auszulösen. Auf diese Weise muss die Erregung von Emotionen nicht notwendigerweise von den zu erörternden Sachverhalten ablenken und führt auch nicht unbedingt zur Eintrübung des Urteilsvermögens. So könnte ein entsprechend instruierter Redner an einem empörenswerten Verhalten bestimmter Personen die empörenswerten Aspekte hervorheben und dadurch den Richter auf eine Entscheidung einstimmen, die auch sachlich gerechtfertigt scheint.

9. Physik

Die Abhandlung mit dem Titel *Physik* – von griechisch »physis« und »physika« (Natur, natürliche Dinge) – behandelt die natürlichen Dinge, insofern sie in Bewegung sind und sich verändern.[47] Einen Hauptgegenstand der *Physik* stellen die Voraussetzungen von Veränderung und Bewegung dar. Mit diesem Thema eng verknüpft sind unter anderem die Frage nach den Ursachen, das Verhältnis von Zufall und Zweckmäßigkeit[48], der Ort, das Leere, die Zeit, das Kontinuum[49] und das Unendliche. Da einige dieser Grundbegriffe – vor allem Aristoteles' Theorie der Ursachen – für die Behandlung aller veränderlichen Dinge maßgeblich sind, stellt die *Physik* in gewisser Weise auch eine Grundlegung für Aristoteles' gesamte Naturphilosophie dar.

Veränderung

Von dem Seienden, das insgesamt Thema der Ontologie ist, existiert das eine von Natur aus (physei), das andere nicht. Was ist aber das Kennzeichen der von Natur aus seienden Dinge im Vergleich mit dem Nicht-Natürlichen? Hier wird der Begriff der Veränderung relevant: Die von Natur aus bestehenden Dinge tragen das Prinzip für ihre eigene Veränderung und Bewegung (kinêsis) sowie für ihren Stillstand (Phys. 192b 14 ff.) in sich, während nicht von Natur aus bestehende Dinge wie ein Kleid oder eine Liege keinen Antrieb zur Veränderung in sich selbst haben. Überhaupt kann man sagen, dass Natur »ein Prinzip von Bewegung und Veränderung« ist (192b 12).

Der griechische Begriff »kinêsis« umfasst Veränderung und Bewegung. Die Definition dieses Begriffs ist daher auch ganz weit gefasst (Phys. 201a 9ff.)[50]: Kinêsis ist die Wirklichkeit oder Aktualisierung dessen, was der Möglichkeit nach F ist, insofern es der Möglichkeit nach F ist; demnach wäre die Aktualisierung des Lernfähigen, insofern es fähig ist zu lernen (also wenn das Lernfähige tatsächlich etwas lernt), eine kinêsis. Alles, was sich verändert, geht von einem Zustand der Möglichkeit im Hinblick auf das, wozu es möglich ist, in einen Zustand der Wirklichkeit über. Dies mag man als eine Definition ansehen, in der ein erklärungsbedürftiger Begriff durch zwei andere erklärungsbedürftige Begriffe – Möglichkeit und Wirklichkeit – erläutert wird; dabei handelt es sich jedoch um ein Begriffspaar, das zu den theoretischen Lieblingswerkzeugen des Aristoteles gehört und das von ihm in anderen Zusammenhängen eingehender erörtert wird.

Diese weite Definition von kinêsis lässt Raum für ganz unterschiedliche Arten von Veränderung. Aristoteles nennt (i.) die qualitative Veränderung von Dingen (alloiôsis), etwa wenn eine grüne Frucht durch Reifung zu einer roten wird oder wenn ein ungebildeter Mensch durch Bildung zu einem gebildeten wird. Wenn etwas (ii.) wächst und schrumpft, zunimmt und abnimmt, dann verändert es sich nicht in qualitativer, sondern in quantitativer Hinsicht; Aristoteles spricht hierbei von »Wachsen« und »Schwinden«. Ein Gegenstand kann sich einerseits qualitativ oder quantitativ verändern, er kann aber auch (iii.) beginnen und aufhören zu existieren, also entstehen oder vergehen. Das ist eine Veränderung, die von den beiden vorigen Typen verschieden ist, weil bisher ein und derselbe Gegenstand in der Veränderung erhalten blieb (der ungebildete Mensch bleibt, nachdem er zu einem gebildeten wurde, derselbe Mensch), während hier ein Gegenstand nach der Veränderung nicht mehr als derselbe existiert. Schließlich (iv.) stellt die Bewegung eine besondere Art von Veränderung dar; diese kann wiederum in unterschiedlichen Formen vorliegen, nämlich als eine Bewegung von einem Ort zum anderen oder als Kreisbewegung usw.

Im ersten Buch der *Physik* (besonders I 6-7) beschreibt Aristoteles die allgemeinen Strukturmerkmale, die bei jeder Veränderung unterschieden werden können. Erstens muss es bei jeder Veränderung etwas geben, *woraus* das sich Verändernde wird (der »terminus a quo«), sowie etwas, *wozu* das sich Verändernde wird (der »terminus ad quem«); das Woraus und das Wozu stehen in der Regel im Verhältnis eines Gegensatzes zueinander oder beschreiben zumindest verschiedene Stellen auf der kontinuierlichen Skala zwischen zwei Gegensätzen: Ein ungebildeter Mensch wird gebildet, ein nüchterner Mensch betrunken, ein dunkler Raum wird hell usw. Dieses Schema des Übergangs von einem Glied des Gegensatzes zum anderen lässt sich durch die Gegensatzart der Privation ausweiten: Wenn ein Haufen ungeordneter Steine zur Pyramide wird, dann findet ein Übergang vom Nicht-Haben (d.h. von der Privation) der Pyramidenform zum Haben der Pyramidenform statt. – Allerdings ist die Struktur der Veränderung damit noch nicht vollständig beschrieben. Wenn nämlich ein ungebildeter Mensch gebildet wird, dann gibt es ein identisches Ding oder Subjekt, das dieser Veränderung zugrunde liegt, wie in diesem Fall ein bestimmter Mensch; daher muss Veränderung allgemein durch drei Dinge beschrieben werden: (i.) durch das Woraus, (ii.) durch das Wozu und (iii.) durch das Zugrundeliegende.

Form und Materie

Dass es bei der Veränderung ein Zugrundeliegendes geben muss, an dem sich Veränderung vollzieht und das in diesem Prozess numerisch identisch bleibt, lässt sich für die qualitative oder die quantitative Veränderung leicht nachvollziehen. Jedoch wirft diese Annahme für das Entstehen und Vergehen erhebliche Probleme auf: Wenn etwa ein Lebewesen zu existieren beginnt, dann gab es davor nichts, was mit diesem Lebewesen identisch war, und ebenso wird es nichts damit Identisches mehr geben, wenn ein Lebewesen aufgehört hat zu existieren.

Bevor wir zu Aristoteles' Lösungsvorschlag kommen, noch ein Wort zur Vorgeschichte des Problems: Parmenides hatte argumentiert, dass Entstehen und Vergehen von Seiendem ausgeschlossen sei; zu dieser Auffassung kam er, weil er meinte, es sei etwas Widersprüchliches an der Vorstellung, dass Seiendes aus Nicht-Seiendem entstehen könne. Einige seiner Nachfolger wie Empedokles, Anaxagoras und Demokrit zeigten sich von diesem Argument beeindruckt, wollten aber daran festhalten, dass so etwas wie Entstehung möglich sein müsse. Um einen Kompromiss zwischen Parmenides und unseren gewöhnlichen Vorstellungen zu finden, erklärten sie die Entstehung als eine Art von Mischung und Trennung von Elementen oder Atomen, die selbst nicht entstehen oder vergehen können. Gegen diese Erklärung wendet Aristoteles ein, dass das Entstehen und Vergehen dadurch der qualitativen Veränderung angeglichen werde: »Es geht nämlich das einfache Entstehen und Vergehen nicht durch Verschmelzung und Trennung vor sich, sondern wenn etwas als Ganzes vom Dies zum Das wird. Andere halten jedes derartige Werden für eine bloße Änderung (alloiôsis), aber es besteht ein Unterschied.« (Gen. Corr. 317a 20ff.)

Aristoteles versucht den Unterschied zwischen Entstehen/Vergehen einerseits und nur qualitativer Veränderung eines identischen Gegenstands andererseits durch folgende Unterscheidung zu retten: Das, was bei einer Entstehung als Zugrundeliegendes fungiert und während des Prozesses erhalten bleibt, ist die Materie (hylê), was dagegen neu hinzukommt, ist die Form (eidos); wenn ein Stück Materie eine Form annimmt, spricht man von einer »Entstehung«; etwa wenn ein Stück Erz zu einer Statue geformt wird, dann entsteht die Statue neu, indem die zugrunde liegende Materie die Statuenform annimmt. Von der qualitativen oder quantitativen Veränderung ist dieser Vorgang unterschieden, weil jene immer schon einen aus Form und Materie konstituierten Gegenstand als Zugrundeliegendes benötigen. Entstehen erfolgt für Aristoteles also weder aus dem Nicht-Seienden, noch ist es nur eine Veränderung an einem fortbestehenden Gegenstand. Wenn ein schon zuvor existierendes Stück Materie eine Verbindung mit einer substantialen Form eingeht, entsteht ein neuer Gegenstand und die Materie wird, obwohl sie als Materie fortbesteht, nicht mehr als selbstständiger Gegenstand, sondern als konstitutiver Bestandteil des neu entstandenen Gegenstandes behandelt.

Vermutlich ist dieser Zusammenhang von Entstehen und Vergehen der sachliche Ursprung für Aristoteles' berühmte Unterscheidung von Form und Materie (sein so genannter »Hylemorphismus«). Konkrete Gegenstände lassen sich generell anhand dieser beiden Aspekte analysieren. Die Form ist derjenige Aspekt, der einer Sache ihre Identitätskriterien verleiht und sie zu etwas Bestimmtem von der-und-der Art (tode ti) macht. Die Materie hingegen ist dasjenige, was schon vor der Entstehung eines einzelnen Gegenstandes vorhanden war und was auch beim Vergehen eines Gegenstandes für eine gewisse Zeit erhalten bleibt. Die Materie eines Gegenstandes der Form F ist der Möglichkeit nach (oder »potenziell«) ein F, während die Form die Aktualität oder Wirklichkeit eines Gegenstandes ist. – Aristoteles sieht dieses Begriffspaar als eine der wichtigen Neuerungen gegenüber seinem Lehrer Platon an. Wie Platon meint Aristoteles, dass das Sein und die Identität eines Gegenstandes nur durch einen formalen oder allgemeinen Aspekt bestimmt werden kann (d.h., wir müssen angeben können, von was für einer Art von Ding wir sprechen). Während Platon dies jedoch in der Regel so ausdrückt, als würden diese Formen oder Ideen (griechisch ebenfalls »eidos«) getrennt von den einzelnen Dingen existieren, kann Aristoteles durch die Form-Materie-Distinktion zeigen, dass die Form konstitutiver Bestandteil der konkreten Dinge ist und ihnen nicht nur wie ein allgemeines Artprädikat angehängt wird. Während Platon und die Platoniker ihre ewigen Formen oder Ideen gerne mit den unveränderlichen Gegenständen der Mathematik oder der Geometrie vergleichen, ist die Form-Materie-Theorie bei Aristoteles gerade der Auseinandersetzung mit der Veränderung und der veränderlichen Welt entnommen. Er stellt sich die Formen nicht als abstrakt und zeitlos vor, sondern als in der natürlichen Welt kausal wirksame Faktoren.

Dass veränderliche, vergängliche Dinge aus Materie und Form bestehen, kann daher als eine der zentralen Lehren des Aristoteles angesehen werden. Aristoteles verwendet das Begriffspaar Form und Materie allerdings sehr flexibel und wendet es auf unterschiedlichste Zusammenhänge an. Meist spricht er von Form und Materie nämlich als Analogiebegriffen: Was auch immer sich relativ unbestimmt oder undifferenziert verhält und dazu in der Lage ist, eine weitere Bestimmung oder Differenzierung zu erhalten, verhält sich wie Materie; und was auch immer einem anderen eine Bestimmung und Differenzierung verleihen kann, verhält sich wie Form. Daher sagt Aristoteles z.B. auch, dass sich ein Gattungsbegriff (z.B. Lebewesen), der im Vergleich zu einem Artbegriff (z.B. Schildkröte) relativ unbestimmt ist, wie Materie verhält (Met. 1038a 5 ff.). Die Materie ist daher für Aristoteles immer etwas, das eine nur mögliche, aber nicht tatsächlich realisierte Bestimmung hat. Auch das Zugrundeliegende – das, woraus etwas entsteht, bzw. das, was als gleichbleibendes Subjekt eine Veränderung durchläuft, verhält sich daher wie Materie, weil es Bestimmungen, Qualitäten oder Differenzierungen aufnimmt, die es nur der Möglichkeit nach hat. Jede Veränderung und jedes veränderliche Ding lässt sich daher durch drei Prinzipien erklären: (i.) die Materie (oder das Zugrundeliegende), (ii.) die Form (nämlich die Form, die das Zugrundeliegende im Zuge der Veränderung annimmt) und (iii.) die Privation, d.h. die Abwesenheit der Form, bevor die Veränderung eingetreten ist.

Vier Ursachen

Wissen und Wissenschaft haben Aristoteles zufolge wesentlich damit zu tun, dass man die Ursache (aitia) zu einem gegebenen Sachverhalt angeben kann. Allerdings entspricht Aristoteles' Begriff der aitia nicht genau dem vorherrschenden modernen Begriff von Ursache. Zum Beispiel erwarten wir in der Regel, dass eine Ursache ein Gegenstand oder ein Ereignis ist, das von dem verursachten Ereignis verschieden ist. Bei Aristoteles ist das nicht immer der Fall; so würde er z.B. als angemessene Antwort auf die Frage, warum Sterne nicht funkeln, die Auskunft akzeptieren, dass sie weit entfernt sind und dass weit Entferntes nicht funkelt. Was er erwartet, wenn er nach der aitia fragt, ist also eine Antwort auf die Warum-Frage und eine solche Antwort umreißt, was wir als »Erklärung« bezeichnen würden. – Eine Entdeckung, die Aristoteles mit gewissem Stolz zu erfüllen scheint, ist nun die, dass es vier grundsätzlich verschiedene Weisen gibt, die Frage nach dem Warum aufzufassen, und entsprechend vier verschiedene Weisen, sie zu beantworten. Den ersten dieser vier Erklärungstypen, die so genannte »materiale Ursache«, beschreibt er so: »Auf die eine Weise nennt man das Ursache, woraus wie aus einem darin befindlichen Bestandteil etwas entsteht, wie z.B. das Erz Ursache für die Statue und das Silber für die Schale ... ist.« (Phys. 194b 23 ff.)

Wir können die Frage nach den Ursachen also beantworten, indem wir auf das verweisen, woraus etwas entstanden ist und was dem entstandenen Gegenstand als dessen Materie angehört. In diesem Sinn sind auch die Buchstaben Ursache für Silben, die Elemente Ursache für alle Arten von Stoffen, die Teile Ursache des Ganzen und sogar die Prämissen Ursache der Konklusion (Phys. 195a 16 ff.). – Aristoteles zeigt, dass dies die Weise ist, wie die ersten Philosophen wie Thales, Anaximander, Anaximenes die Frage nach den Ursachen aufgefasst haben, so dass sie als erste Ursachen und Prinzipien des Kosmos Stoffe wie u.a. Wasser und Luft angesetzt haben (Met. I 3). Für Aristoteles ist es durchaus berechtigt, im Sinne der materialen Ursache (causa materialis) danach zu fragen, woraus etwas entstanden ist und woraus es besteht, allerdings kritisiert er, dass es nicht ausreichend ist, wissenschaftliche Erklärungen ausschließlich auf diese Weise zu geben:

Wenn wir erklären wollen, warum ein Stück Holz ein Bett und nicht ein Stuhl oder eine Bank ist, dann genügt es nicht, auf die materiale Ursache hinzuweisen. Dass etwas aus Holz besteht, ist keine hinreichende Erklärung dafür, warum dasselbe Etwas ein Bett ist. Daher brauchen wir einen zweiten Typ von Erklärung, die formale Ursache: Auf andere Weise, sagt Aristoteles daher (Phys. 194b 26 ff.), sei »die Form (eidos) und das Muster (paradeigma)« eine Ursache, insofern diese angeben, worin das Sein einer Sache besteht. Der formalen Ursache (causa formalis) können wir also entnehmen, was für eine Art von Gegenstand oder Ereignis die zu erklärende Sache ist.

Dem modernen Begriff der Ursache kommt aber die Wirk- oder Bewegungsursache (causa efficiens) am nächsten: »Außerdem (ist) das, woher der erste Anlass für Bewegung und Ruhe kommt, (eine Ursache), so wie der Ratgeber etwas verursacht, und wie der Vater das Kind verursacht, und wie überhaupt das Bewirkende das Bewirkte und das Verändernde das Veränderte verursacht.« (Phys. 194b 29 ff.)

Im Standardbeispiel der Statue, deren materiale und formale Ursachen bereits geklärt sind, wäre der Bildhauer die Bewegungsursache. – Gerade am Beispiel von Artefakten wird aber klar, dass es noch eine Weise gibt, nach dem Warum einer Entstehung zu fragen, denn der Hersteller eines Artefakts wird mit seinem Tun ein Ziel, also ein Worum-willen, verfolgen; diese Ziel-, Zweck- oder Finalursache (causa finalis) führt Aristoteles mit folgenden Worten ein: »Ferner (spricht man von Ursache) wie von einem Ziel (telos), d.h. von einem Worum-willen, wie zum Beispiel für das Spazierengehen die Gesundheit; ›Warum geht er denn spazieren?‹ – Wir antworten: ›um gesund zu sein‹ und indem wir das sagen, meinen wir die Ursache anzugeben.« (Phys. 194b 32 ff.)

Die Beispiele, die Aristoteles hier anführt, sind dem Bereich planvoller Handlungen entnommen. Allerdings gibt es Finalursachen auch in der Natur. Wenn ein Lebewesen, z.B. ein Mensch, entsteht, dann ist das Ziel dieser Veränderung das ausgewachsene Exemplar dieser Art, weil der Mensch nur im Zustand des Ausgewachsen-Seins die Verwirklichung aller Merkmale und Fähigkeiten aufweist, die für einen Menschen typisch sind. Zweck- oder Finalursache ist also das Menschsein des erwachsenen Menschen; in diesem Sinne, sagt Aristoteles, fallen Form- und Zweckursache zusammen. Auch die Bewegungsursache ist »Mensch«, weil der Erzeuger ebenfalls ein Mensch ist (Phys. 198a 24 ff.).

Die Entstehung eines Lebewesens erfolgt daher stets aus einer art- und namensgleichen Ursache. Daher prägt Aristoteles auch den Slogan »Ein Mensch zeugt einen Menschen« (gemeint ist: ein anderer konkreter Mensch ist durch seine Menschform die Ursache für die Entstehung eines Menschen, und nicht etwa die Idee des Menschen wie bei Platon).

Zufall und Zweckmäßigkeit

Für Aristoteles ist es wichtig, dass seine Liste der verschiedenen Ursachen-Arten vollständig ist; denn wäre das nicht so, könnten wir auch nur unvollständige Erklärungen der Naturvorgänge geben und unser Wissen von ihnen bliebe fragmentarisch. Nun sagt man aber bisweilen auch, Dinge geschähen »aus Zufall« oder »einfach so«. Was hat es damit auf sich? Handelt es sich dabei um göttliche Fügung oder eine weitere Ursachenart? Oder geschehen solche Dinge gänzlich ohne Ursache? Wie auch immer, das Phänomen des Zufalls könnte die Brauchbarkeit von Aristoteles' Vier-Ursachen-Schema beeinträchtigen; er muss sich also dringend damit auseinandersetzen.

Bei Vorgängen, die sich immer oder mit großer Regelmäßigkeit auf eine bestimmte Weise verhalten, geht man, so Aristoteles, davon aus, dass sie einen Grund haben, für etwas gut sind oder aufgrund einer bestimmten Absicht so geschehen. Zufälle hingegen sind etwas Außergewöhnliches und Unbeabsichtigtes. Angenommen, jemand geht auf den Markt, trifft dort unerwartet einen Bekannten, der ihm noch Geld schuldet, und kann auf diese Weise unverhofft sein Geld zurückfordern. Weder der Gläubiger noch der Schuldner ist mit der Absicht auf den Markt gegangen, dort die Rückzahlung der Schulden abzuwickeln; außerdem ereignen sich solche Dinge nicht regelmäßig. Für Aristoteles handelt es sich daher um einen Vorgang, den man zu Recht als »Zufall« bezeichnen kann. Kann ein solcher Zufall mit Aristoteles' Ursachen-Lehre erklärt werden oder entzieht er sich jedwedem Versuch der Erklärung? Aristoteles beantwortet die Frage wie folgt: Der Gläubiger ging in der Absicht zum Markt, dort eine Besorgung zu tätigen, ebenso der Schuldner. Dafür, dass sie zum Markt gingen, gibt es also einen Grund: Ihre Absicht, dort eine Besorgung zu tätigen, ist die Finalursache dafür, dass sie zum Markt gingen. Nebenbei aber oder »akzidentell« hat das Zum-Markt-Gehen beider dazu geführt, dass sie sich dort trafen. Ihr Zusammentreffen auf dem Markt ist daher die Koinzidenz zweier voneinander unabhängiger Kausalketten, das zufällige Ereignis selbst wurde jedoch nicht intendiert und nicht direkt, sondern nur nebenbei oder akzidentell verursacht.

Somit wird für Aristoteles die Vorstellung einer akzidentellen Verursachung wichtig (Phys. II 4-6, Met. VI 2-3): Ein Arzt als Arzt verursacht die Heilung eines Patienten; der Arzt oder die Heilkunst, über die er verfügt, werden zur Ursache der Heilung. Wenn nun ein Arzt nebenbei auch Flötenspieler ist, dann könnte man zwar auch sagen, dass ein Flötenspieler die Heilung verursacht – allerdings müsste man hinzufügen, dass die Heilung nur nebenbei oder akzidentell von einem Flötenspieler verursacht wird. Zufall ist für Aristoteles also möglich, und dies lässt Raum für nicht vorherbestimmte Ereignisse. Indem er den Zufall aber durch akzidentelle Verursachung erklärt, nimmt er ihm den Anschein des Mysteriösen.

Wie verhält es sich nun bei der Erklärung von natürlichen Vorgängen? Für Aristoteles' Naturphilosophie hat die teleologische Erklärung, d.h. die Erklärung, die sich auf die Ziel-, Zweck- oder Finalursache bezieht und für einzelne natürliche Phänomene anzugeben versucht, wozu sie gut sind, eine zentrale Bedeutung (*De partibus animalium* 639b 12 ff.). Die Existenz und die Beschaffenheit eines einzelnen Organs z.B. verstehen wir nur, wenn wir angeben können, für welche vitale Funktion dieses Organ gut ist. Aristoteles wendet sich gegen Naturphilosophen, die meinen, alle natürlichen Vorgänge ohne Berücksichtigung einer Finalursache allein dadurch erklären zu können, dass der Kosmos aus einem Wirbel oder einem anderen anfänglichen Bewegungsimpuls entstanden sei und sich die Grundelemente dieses Kosmos dann aufgrund ihrer materiellen Eigenschaften zusammenfügten. Er diskutiert die entsprechende Kontroverse anhand des folgenden Beispiels (Phys. II 8-9). Die Entstehung des Regens kann dadurch erklärt werden, dass Dunst aufsteigt, sich dann abkühlt und als Niederschlag auf die Erde fällt. Das wäre eine materielle Erklärung. Nun könnte man aber auch meinen, es regne, *damit* das Getreide auf dem Feld gedeihe – das wäre der Form nach eine teleologische Erklärung. Müsste man dann aber nicht auch sagen, es regne, *damit* das Getreide – infolge zu hoher Feuchtigkeit – auf der Tenne verdirbt? Aristoteles würde in diesem Fall zustimmen, dass es nicht regnet, *damit* das Getreide gedeiht, sondern dass der Regen aufgrund der genannten Ursachen entsteht und es nebenbei zutrifft, dass dieser Vorgang dem Gedeihen des Getreides förderlich ist (man könnte also grundsätzlich von einer akzidentellen Verursachung oder Koinzidenz sprechen, es sei denn, die Bauern nutzten jahreszeitbedingte Regenzeiten absichtlich für ihre Zwecke).

Allerdings will Aristoteles an diesem Fallbeispiel zeigen, dass natürliche Vorgänge nicht generell so erklärt werden können. Das Phänomen zum Beispiel, dass den Lebewesen vorne im Kiefer scharfe Zähne zum Abbeißen und im hinteren Teil des Kiefers stumpfe Zähne zum Zermahlen der Nahrung wachsen (Phys. 198b 23 ff.), könne nicht dadurch erklärt werden, dass die Zähne aufgrund materieller Ursachen einfach so gewachsen seien und sich dieser Wuchs dann – nebenbei oder zufällig – als zur Nahrungsaufnahme nützlich erwiesen hätte (so wie sich der Regen nebenbei als für das Wachsen des Getreides nützlich erwies). Eine solche Erklärung sei im Fall der Zähne ausgeschlossen, weil es sich eben regelmäßig so verhalte, dass die Zähne genau so wachsen. Erklärt werden könne das Phänomen also nur teleologisch – nämlich mit Bezug auf die vitale Funktion, die dieser Wuchs der Zähne erfüllt.

Das Beispiel zeigt auch, wo Aristoteles vor allem die teleologische Erklärung in der Naturforschung einsetzen will, nämlich zur Erklärung von Merkmalen, die einer einzelnen Spezies zukommen und die zum Überleben dieser Spezies beitragen. Umstritten ist dagegen, ob Aristoteles auch teleologische Verhältnisse zwischen verschiedenen Spezies annehmen wollte; eine einzige Stelle der *Politik* (1038a 5 ff.), die zu besagen scheint, dass alle anderen Arten um des Menschen willen da sind, handelt streng genommen gar nicht von Naturphilosophie und könnte auch im Sinne einer nebenbei eintretenden Nützlichkeit entschärft werden.[51]

Unendliches, Ort und Zeit

Mit dem Grundbegriff der *Physik*, dem Begriff der Veränderung bzw. Bewegung sind Vorstellungen von Raum, Leere, Ort, Zeit und Unendlichem/Unbegrenztem unmittelbar verbunden. Aristoteles widmet diesen Begriffen ausführliche Untersuchungen in Buch III und IV der *Physik*, wobei einige seiner Bestimmungen nur schwer nachzuvollziehen sind.

Viele Vorgänger des Aristoteles verwenden regelmäßig den Ausdruck »apeiron« (Phys. III 4-8), der sowohl Unbestimmtes als auch Unendliches oder Unbegrenztes meinen kann. Z.B. wird schon den milesischen Naturphilosophen die Auffassung zugeschrieben, das Prinzip von allem müsse apeiron sein, damit das Entstehen und Vergehen nie aufhöre. Aristoteles selbst sieht ein starkes Argument zugunsten der Existenz des Unendlichen in der Unendlichkeit der Zeit, weil die Zeit keinen Anfang und kein Ende haben könne. Die Frage ist allerdings, wie man das Unendliche bestimmen soll und in welcher Weise es existiert, wenn es existiert. Klarerweise könne das Unendliche oder Unbegrenzte nicht wie ein selbstständiges Ding existieren, sondern müsse an etwas anderem als dessen Eigenschaft vorkommen – z.B. an einem Körper. Dies allerdings führt nach Aristoteles zu Widersprüchen, da ja ein Körper etwas durch Flächen Begrenztes sei, weswegen ein Körper als solcher nie unbegrenzt sein könne. Wenn man nun annehmen würde, dass die Welt als Ganze ein unbegrenzter Körper sei, dann würde das zu Widersprüchen mit der Auffassung führen, dass alles, was ist, an einem bestimmten Ort ist, sowie zu Aristoteles' Auffassung, dass es für die Elemente wie Feuer und Erde einen natürlichen Ort gebe – nämlich oben und unten; denn wo in einem unendlichen Kosmos wäre oben und unten? In *De Caelo* I 5 argumentiert Aristoteles entsprechend, dass der Kosmos nicht unbegrenzt ausgedehnt sein könne. Ein Argument, das er dort vorbringt, nimmt als Voraussetzung die beobachtbare Kreisbahn der Gestirne; nimmt man nämlich, wie Aristoteles, an, dass die Fixsterne die äußerste Sphäre des Himmels markieren, dann kann dieser nicht unendlich weit entfernt sein, weil unendlich ausgedehnte Bahnen nicht in endlicher Zeit durchlaufen werden können.

Zwar gibt es daher nach Aristoteles keinen unendlich ausgedehnten Körper, aber es gibt das Unendliche doch (Phys. III 6-7), nämlich indem wir z.B. eine Strecke unendlich oft unterteilen können. Damit aber kommt das Unendliche, wie Aristoteles sagt, nicht in Wirklichkeit, sondern immer nur der Möglichkeit nach vor; denn man wird zwar nie den Punkt erreichen, an dem etwas tatsächlich unendlich oft unterteilt wurde, aber es ist der Möglichkeit nach unendlich teilbar, weil es keine prinzipielle Grenze für die Teilung von Kontinuierlichem gibt.

Ähnliche Probleme wirft die Frage nach dem Ort oder Raum (im Griechischen beides: »topos«) auf (Phys. IV 1-5). Es scheint gute Gründe für die Existenz des Ortes zu geben. Wenn man z.B. sagt, dass alles, was es gibt, an einem Ort ist, dann muss es doch auch den Ort geben. Außerdem nimmt Aristoteles, wie gesagt, für die Elemente natürliche Orte an (Feuer steigt nach oben, Erde fällt nach unten), und auch diese Annahme verpflichtet uns irgendwie auf die Annahme von Orten. Schließlich zeigt das Phänomen der Ortsbewegung, dass es Orte gibt, zwischen denen sich die Ortsbewegung vollzieht. Zur Überraschung vieler schlägt Aristoteles nun eine naheliegende Erklärung für den Ort aus, nämlich dass es sich um die Ausdehnung (diastêma) handle, an der sich ein Körper zu einem bestimmten Zeitpunkt aufhalte. Offenbar sieht Aristoteles hierbei ein Problem darin, dass, wenn sich der Körper bewegt, er diesen – als Ausdehnung verstandenen – Ort als etwas weiterhin Existierendes zurücklassen würde und in demselben Ort unendlich viele Orte enthalten wären (211b 14 ff.). Möglicherweise hat seine Zurückweisung auch mit der Ablehnung des Leeren zu tun;[52] Aristoteles argumentiert nämlich, dass sich Dinge nicht bewegen, indem sie sich durch den leeren Raum bewegen, sondern indem sie den Ort tauschen (Phys. IV 9). Die von Aristoteles favorisierte Bestimmung des Orts lautet daher, dass der Ort eines Körpers die unmittelbare, unbewegte Grenze des ihn Umfassenden (212a 20 f.) sei; daher sagt er auch, der Ort sei wie ein Gefäß oder Behälter (212a 29) – jedoch wie ein unbewegliches Gefäß (212a 15 f.). Das Universum als Ganzes könne sich daher im eigentlichen Sinn an gar keinem Ort befinden, weil es nichts gebe, was die Welt von außen her umfassen könnte.

Schließlich befasst sich Aristoteles mit der Zeit (Phys. IV 10-14).[53] In welcher Weise existiert die Zeit und existiert sie überhaupt? Aristoteles geht auf die Schwierigkeit ein, dass in einem gewissen Sinn weder die vergangenen Zeitpunkte noch die zukünftigen existieren. Wie aber kann etwas existieren, das aus Nicht-Existierendem zusammengesetzt ist? Aufgrund von Bedenken wie diesen ist Aristoteles bemüht, die Zeit an etwas anzubinden, das er schon kennt und das er schon bestimmt hat: an die Veränderung oder Bewegung (kinêsis). Ohne Veränderung, so Aristoteles, könne es keine Zeit geben (218b 21f.); denn wenn wir keinerlei Veränderung bemerken oder keine Veränderung in unserem Denken durchlaufen, dann scheint es uns, als sei gar keine Zeit vergangen. Ist die Zeit dann vielleicht dasselbe wie Veränderung (wie z.B. diejenigen meinen, die die Zeit mit der Bewegung des Weltalls identifizieren)? Auch das ist nicht möglich, denn Veränderungen spielen sich immer an einem bestimmten Ding ab und sie spielen sich genau dort ab, wo sich das entsprechende Ding befindet. Zeit dagegen ist nicht nur an einem bestimmten Ding und an einem bestimmten Ort, sondern ist gleichermaßen überall. Außerdem können sich Veränderungen schneller oder langsamer vollziehen, Zeit aber nicht. Aristoteles schließt daher, dass Zeit weder ohne Veränderung noch mit Veränderung identisch ist, sondern etwas an der Veränderung/Bewegung.

Das ist aber nur der erste Schritt auf dem Weg zu einer Bestimmung der Zeit. Ein weiteres begriffliches Element ist das sogenannte »Jetzt«, das Aristoteles in Analogie zu der potenziell unendlich teilbaren Größe oder Strecke als eine zeitlich unausgedehnte Grenze der Zeit begreift (218a 24 f.). Die Zeit selbst sei wie die Bewegung kontinuierlich und sei deshalb auch nicht aus »Jetzten« im Sinne von zeitlichen Teilen zusammengesetzt. Als Grenzen markieren verschiedene »Jetzte« ein Früher und Später. Zwischen dem Früher und dem Später kann mehr oder weniger Abstand liegen – im Allgemeinen wird das Mehr oder Weniger durch eine Zahl oder Anzahl bestimmt. Das Mehr oder Weniger an Veränderung/Bewegung aber werde durch Zeit bestimmt (219b 4 f.); daher sei die Zeit eine Zahl von Veränderung/Bewegung gemäß dem Früher und Später (219b 1 f., 220a 24 ff.). Dabei sei mit »Zahl« nicht die Zahl, durch die wir zählen, sondern das Gezählte gemeint. Wenn wir z.B. »sieben Pferde« und »sieben Menschen« zählen, dann sei »sieben« die Zahl, mit der wir zählen, und Pferde und Menschen seien das jeweils Gezählte (219b 6 ff., 220b 10 ff.). Jedoch messen wir nicht nur Bewegung durch Zeit, sondern auch Zeit durch Bewegung (220b 14 ff.), z.B. indem wir regelmäßige Bewegung (wie den Umlauf der Gestirne) zur Festlegung zählbarer Einheiten nutzen.

Wenn nun das Zeitliche allgemein dadurch gemessen wird, dass es jeweils von einem früheren und einem späteren Jetzt umfasst wird, wie verhält es sich dann mit der Zeitlichkeit der Welt als Ganzer? Da nach Aristoteles die Bewegung des Kosmos keinen Anfang und kein Ende haben kann, kann das ewig Existierende auch nicht von »Jetzten« umfasst werden (221b 3 ff.). Daher ist der Kosmos nach Aristoteles letztlich nicht »in der Zeit«, sondern existiert, während oder wenn die Zeit existiert.

Kosmos

Die Thesen der *Physik* sind aufs Engste mit Aristoteles' Weltbild insgesamt verknüpft. Seine Auffassungen zur Astronomie legt er vor allem in der Schrift *De Caelo* dar; sublunare Phänomene im oberen Bereich des Himmels, sodann die Atmosphäre, Wetterphänomene, das Meer, Erdbeben usw. werden in den *Meteorologica* behandelt. Schließlich befasst sich die Schrift *De Generatione et Corruptione* mit den Grundstoffen und dem Entstehen aus sowie dem Vergehen in diese Stoffe.

Nach Aristoteles gibt es einen einzigen (Cael. I 8-9), kugelförmigen (Cael. II 4) Kosmos. Er ist weder entstanden noch vergänglich (Cael. I 10) und ist räumlich begrenzt (Cael. I 5), weil es – wie schon in der *Physik* gezeigt – keinen unbegrenzt ausgedehnten Körper geben könne. Über die Lage der Erde innerhalb des Universums gibt es zur Zeit des Aristoteles durchaus Kontroversen; Aristoteles argumentiert jedoch für ein geozentrisches Weltbild: Die Erde befindet sich in der Mitte des Universums, ist unbeweglich und weist – wie das Universum selbst – eine Kugelgestalt auf (Cael. I 14).[54]

Auf der Erde befinden sich die uns bekannten vergänglichen Dinge, die in Übereinstimmung mit Aristoteles' Hylemorphismus aus Form und Materie zusammengesetzt sind. Letztlich bestehen alle irdischen Dinge aus den Elementen oder »einfachen Körpern«, wie Aristoteles sagt, nämlich aus Feuer, Erde, Wasser, Luft. Jedes dieser Elemente ist durch ein Paar von Elementarqualitäten geprägt (Gen. Corr II 1-5): warm-feucht, warm-trocken, kalt-feucht, kalt-trocken. Portionen eines einzelnen Elements können sich in Portionen eines anderen Elements verwandeln, wobei in solchen Transformationen jeweils eine der Elementarqualitäten erhalten bleiben muss; so kann z.B. das warm-feuchte Element unmittelbar nur in das warm-trockene oder in das kalt-feuchte Element umschlagen. Aus verschiedenen Elementen setzen sich die so genannten »homoiomeren«, gleichartigen Stoffe zusammen, wie z.B. Fleisch. Aus den homoiomeren Stoffen wiederum werden strukturierte Teile und Organe zusammengesetzt, wie z.B. Hände und Füße. Der organisch strukturierte Körper schließlich ist die Materie eines beseelten Lebewesens, über dessen spezifische Fähigkeiten – wie z.B. Ernährung, Wahrnehmung, Selbstbewegung – Aristoteles in *De Anima* und den *Parva Naturalia* spricht.

Die Erde ist der natürliche Ort für das Element Erde. Auf der Erdoberfläche befindet sich auch Wasser, das durch Verdunstung in die luftige Atmosphäre aufsteigen kann, welche die Erde umgibt. Das Element Feuer schließlich zieht es in die noch höheren Regionen. Von den Himmelskörpern ist der Mond der Erde am nächsten, danach kommt die Sonne, die mit ihrer zur Erde schrägen Bahn (Met. 1071a 15 f., Gen. Gorr. 336a 34 ff.) die Jahreszeiten und dadurch Entstehen und Vergehen auf der Erde bedingt. Mit größerem Abstand folgen die fünf Aristoteles bekannten Planeten, die auf ihren jeweiligen Sphären komplexere Bewegungen ausführen. Mit der größten Entfernung von der Erde folgt der Fixsternhimmel, der als äußerste Sphäre gewissermaßen den Rand des Kosmos bildet. Die Gestirne sind wie der gesamte Kosmos weder entstanden noch vergänglich, sondern befinden sich in ewiger Kreisbewegung. Da die Gestirne wahrnehmbar sind und daher materielle Gegenstände sind, ergibt sich für Aristoteles ein Problem, denn Gegenstände, die aus Form und Materie zusammengesetzt sind, müssen grundsätzlich vergänglich sein. Aristoteles argumentiert daher, dass die Gestirne aus einem besonderen Stoff, einem fünften Element, bestehen, das kein Entstehen und kein Vergehen, auch keine qualitative oder quantitative Veränderung zulässt, sondern allein die Bewegung – und zwar von allen Bewegungsarten nur die Kreisbewegung, weil diese als einzige keine Gegensätze mit sich bringt.

Die Bewegung der näher beim Zentrum gelegenen Himmelskörper ist von der Bewegung der jeweils weiter außen gelegenen Himmelskörper abhängig. Der Fixsternhimmel oder, wie Aristoteles auch sagt, »erste Himmel«, führt eine besonders gleichförmige Bewegung aus. Wodurch wird diese äußerste Himmelssphäre bewegt? Es ist nicht klar, ob Aristoteles in allen Phasen seines Schaffens dieselbe Antwort auf diese Frage gegeben hätte.

An manchen Stellen (Cael. I 2-3) scheint es, als sei der erste Himmel ein Selbstbeweger, weil es in seiner Natur liegt, Kreisbewegungen ausführen. In Phys. VIII argumentiert Aristoteles, dass alles, was bewegt wird, von einem anderen bewegt wird. Um einen unendlichen Regress zu vermeiden, muss die Bewegung im Kosmos letztlich von etwas ausgehen, was selbst unbewegt ist. Daher schließt er, dass es einen unbewegten Beweger geben muss, der für die Bewegung im Kosmos verantwortlich ist. Zum selben Ergebnis gelangt Aristoteles mit anderen Argumenten auch in Met. XII, wo er betont, dass dieser unbewegte Beweger immateriell und göttlich sei. Wie aber könnte ein immaterieller Beweger den ersten Himmel in Bewegung setzen? Nach Met. XII bewegt der unbewegte Beweger wie etwas, das geliebt oder erstrebt werde, also wie eine Finalursache. Muss man daraus schließen, dass der erste Himmel irgendwie nach dem unbewegten Beweger strebt? Vielleicht indem er durch seine gleichförmige Bewegung dessen Unbewegtheit nachzuahmen versucht? Hier wird es schwer, der Aristotelischen Argumentation zu folgen. Tatsächlich sagt Aristoteles in Cael. II 12, man müsse Himmelskörper betrachten, als ob sie Lebewesen seien und nach einem Ziel strebten.

10. Theorie des Wissens und der Wissenschaft

Eines der zentralen Probleme in der griechischen Philosophie besteht darin, ein Kriterium zu finden, durch das man verlässliches Wissen von trügerischen Meinungen unterscheiden kann. In einigen Passagen seiner Dialoge vertritt Platon die radikale Auffassung, dass es ein wahres Wissen von den veränderlichen Gegenständen, die uns durch sinnliche Wahrnehmung gegeben sind, nicht geben kann (wobei offenbar die Auffassung eine Rolle spielt, dass etwas, was wir von veränderlichen Dingen jetzt zu wissen glauben, im nächsten Moment, wenn sich nämlich der Gegenstand verändert hat, schon wieder falsch sein kann, dass aber Wissen im engeren Sinn zu keinem Zeitpunkt falsch werden kann). Daraus folgert Platon, dass sich wahres Wissen auf die ewigen und unveränderlichen Ideen beziehen muss, die uns aber nicht durch die Wahrnehmung, sondern nur durch das Denken zugänglich sind. Damit erweckt er zumindest den Eindruck, es bestehe eine unüberbrückbare Kluft zwischen Denken und Wahrnehmen sowie zwischen wahrnehmbarer, veränderlicher Welt und intelligibler, unveränderlicher Ideenwelt (weswegen man auch von Platons Zwei-Welten-Lehre spricht). – Obwohl Aristoteles Platon darin folgt, dass das Wissen im striktesten Sinn nicht direkt auf veränderliche Einzeldinge, sondern auf Allgemeines bezogen ist, so betont er doch stets, dass sich das Allgemeine nirgendwo sonst als in den wahrnehmbaren Einzeldingen findet und dass Wissen der Wahrnehmung und Erfahrung nicht entgegengesetzt ist, dass es vielmehr in einem mehr oder weniger kontinuierlichen Prozess aus diesen hervorgeht.

Wahrnehmung, Erfahrung, Wissen

Im ersten Kapitel der *Metaphysik* erläutert Aristoteles den Unterschied zwischen Wahrnehmung, Erfahrung und Kunst bzw. Wissen, führt diese aber zugleich als aufeinander aufbauende Stufen ein.

Seine epistemische Stufenleiter beginnt mit der Sinneswahrnehmung; alle Lebewesen besitzen sie, nur bei einigen gründet sie auf Erinnerung. Die unterste epistemische Stufe ist daher durch Wahrnehmung ohne Erinnerungsvermögen bestimmt. Aus anderen Schriften wissen wir, dass Aristoteles dieses Vermögen u.a. den Bienen, Ameisen und Würmern abzusprechen scheint (An. 428 a 10 f.; allerdings ist der Text an dieser Stelle umstritten). Wann immer ein solches Tier etwas wahrnimmt, ist es, als würde es Derartiges zum ersten Mal wahrnehmen, denn es ist nicht in der Lage, einen Sinneseindruck mit einer früher gemachten Wahrnehmung in Verbindung zu bringen. Offensichtlich ist es mit einer solchen Ausstattung nicht möglich zu lernen.

Wenn zur Wahrnehmung die Fähigkeit hinzukommt, Wahrnehmungsgehalte zu bewahren, dann besitzt das Lebewesen Erinnerungsvermögen, welches wiederum ein gewisses Lernen ermöglicht. Das ist die kognitive Ebene der höher entwickelten Tiere. Können sie die Erinnerungsfähigkeit nutzen, um viele, auf eine und dieselbe Sache bezogene Erinnerungen zu bündeln (Met. 980 b 28 ff.), spricht man sogar schon von »Erfahrung«; freilich haben Tiere an der Erfahrung nur geringen Anteil.

Den Menschen wird aus dem Erinnerungsvermögen die Erfahrung (empeiria) zuteil. Weil dies schon auf der subhumanen Stufe in Ansätzen möglich ist, kann diese Fähigkeit nur graduell zur Unterscheidung von den Vermögen der Tiere dienen. Ein strikter Unterschied zwischen Menschen und Tieren besteht jedoch darin, dass die Menschen auf der Grundlage der Erfahrung Kunst und Wissenschaft entwickeln, die mit der Erfahrung keineswegs zusammenfallen, sondern über sie hinausgehen. Die höchste epistemische Ebene ist erreicht, wenn der Mensch außer über Erfahrung auch über Wissenschaft (epistêmê) und Kunst (technê) verfügt.

Zunächst aber eine Bemerkung zu den beiden Begriffen: »Epistêmê« meint zugleich »Wissen« und »Wissenschaft«; im zitierten Anfangskapitel der *Metaphysik* werden »Wissenschaft« und »Kunst« manchmal geradezu synonym verwendet – offenbar weil die hier einschlägigen kognitiven Voraussetzungen sowohl bei der Kunst als auch bei der Wissenschaft gegeben sind. Wenn Aristoteles dagegen den Begriff der Kunst in einem technischeren Sinn verwendet, legt er Wert darauf, dass sich der Gegenstand der auf Herstellung ausgerichteten Kunst »auch anders verhalten kann« (EN 1140 a 2), während sich das, was man im Sinne der Wissenschaft weiß, nicht anders verhalten kann (EN 1139 b 20 f.). Ein Beispiel ist die Heilkunst oder Medizin; weil sie die Veränderung der Welt, nämlich durch Herstellung von Gesundheit, zum Ziel hat, ist sie keine Wissenschaft, sondern eine Kunst. Dennoch muss sie zwei der Kriterien erfüllen, die auch das Wissen bzw. die Wissenschaft erfüllt. Das erste Kriterium ist das der Allgemeinheit: »Es entsteht aber Kunst, wenn von zahlreichen Eindrücken der Erfahrung sich eine allgemeine Annahme über Ähnliches einstellt.« (Met. 981 a 5 ff.) Aristoteles erläutert dies an folgendem Beispiel: Jemand mit Erfahrung weiß, dass dem Kallias, als er krank war, ein bestimmtes Mittel geholfen hat; ähnliche Erfahrungen mag er mit vielen anderen

Patienten gemacht haben. Solange er aber nicht erfasst hat, was allen gemeinsam ist, die durch ein bestimmtes Medikament geheilt wurden, verfügt er eben nur über Erfahrung, nicht hingegen über Kunst. Sache der Kunst wäre es zu sagen, dass allen Patienten eines bestimmten allgemeinen Typs das und das hilft, wenn sie die und die Krankheit haben.

Das zweite Kriterium zur Unterscheidung von Kunst und Erfahrung lautet: »Die Erfahrenen nämlich kennen das Dass, das Warum aber kennen sie nicht. Die anderen aber [die über ›technê‹ verfügen] kennen das Warum und den Grund.« (Met. 981 a 27 ff.) Wer demnach Wissen von einer Sache hat, ist in der Lage, einen gegebenen Fall unter ein allgemeines Gesetz zu bringen, und dies wiederum ist die Voraussetzung dafür, dass man den Grund oder die Ursache kennt, warum etwas der Fall ist. Damit sind zwei klare Kriterien für die Unterscheidung von Kunst und Wissenschaft einerseits und Erfahrung andererseits gegeben. Auch wenn Kunst und Wissenschaft zu einer epistemisch höheren Stufe gehören als die Erfahrung, ersetzt für Aristoteles die Vermittlung von allgemeinen Zusammenhängen und Ursachen nicht die selbst gemachten Erfahrungen; denn wer selbst entsprechende Erfahrungen gemacht hat, wird sich mit Blick auf Einzelfälle besser zurechtfinden als jemand, der ausschließlich über Allgemeinwissen verfügt.

Die von der Wahrnehmung bis zum Wissen reichende Stufenfolge bildet auch den Hintergrund für den oft zitierten Anfangssatz der *Metaphysik*: »Alle Menschen streben von Natur aus nach Wissen.« (Met. 980 a 1) Wenn Wissen bzw. Wissenschaft den Endpunkt einer Entwicklung oder Abfolge darstellt, die schon in den primitivsten perzeptiven Akten wie der Wahrnehmung angelegt ist, und Wahrnehmung ein natürliches Verlangen darstellt, bei dem der Wahrnehmende zugleich auch Freude empfindet, dann ist letztlich auch das Wissen bzw. die

Wissenschaft nur die Fortsetzung eines solchen natürlichen Verlangens. Daher bedarf auch die höchste Wissenschaft keiner weiteren Rechtfertigung als derjenigen, Ausdruck des menschlichen Strebens nach Wissen zu sein.

Die wissenschaftliche Demonstration

Aristoteles' Schrift *Zweite Analytik* ist dem Begriff des Wissens und der Wissenschaft (epistêmê) gewidmet. Im Kapitel I 2 dieser Schrift stellt Aristoteles folgende Behauptung auf: »Wir meinen dann etwas im eigentlichen Sinn zu wissen [...], wenn wir zweierlei zu erfassen meinen, nämlich dass die Ursache, aufgrund der der betreffende Sachverhalt besteht, die Ursache davon ist, und dass sich dieser Sachverhalt nicht anders verhalten kann.« (An. post. 71 b 9 ff.)

Kenntnis der Ursache ist ein Kriterium für Wissen, und sobald wir die Ursache für etwas kennen, können wir auch sagen, dass sich etwas nicht anders verhalten kann bzw. dass es notwendig ist – nämlich in folgendem Sinn: Wenn wir z.B. die Ursache für eine Sonnenfinsternis – eine bestimmte Stellung des Mondes – kennen, dann wissen wir zugleich, dass eine Sonnenfinsternis eintreffen *muss*, sobald die entsprechende Ursache gegeben ist.

Diese intuitive Erklärung des Wissensbegriffs, dass Wissen die Kenntnis von Gründen einschließt und daher mit Notwendigkeit verbunden ist, hat eine technischere Entsprechung im aristotelischen Begriff der Demonstration (apodeixis). Nach Aristoteles ist eine Demonstration eine Art der Deduktion, die Wissen ausdrückt, und wir wissen immer »durch eine Demonstration« (An. post. 71 b 17). Eine Demonstration stellt eine bestimmte Anwendungsweise der Deduktion dar. Wie wir bereits gesehen haben, kann eine Deduktion bei Aristoteles für ganz unterschiedliche Belange, etwa für die Dialektik oder Rhetorik, eingesetzt werden. Welchen Status eine Deduktion hat, entscheidet sich an der Art ihrer Prämissen. Sind diese nur anerkannte Meinungen, handelt es sich um eine dialektische Deduktion, sind es wissenschaftliche Prinzipien, um eine Demonstration. Ein aristotelisches Beispiel für eine solche wissenschaftliche Demonstrationen lautet:

1. Prämisse	Das Erlöschen von Feuer ist ein Geräusch.
2. Prämisse	Donner ist ein Erlöschen von Feuer in den Wolken.
Konklusion	Donner ist ein Geräusch in den Wolken.

Wir haben ein Wissen von dem in der Konklusion ausgedrückten Sachverhalt, wenn wir eine Demonstration zu diesem Sachverhalt formulieren können. Die Prämissen der Demonstration stellen nämlich wissenschaftliche Prinzipien dar, und das heißt, dass sie als allgemeine Gesetzmäßigkeit die Ursache oder die Erklärung für die in der Konklusion ausgedrückten Sachverhalte enthalten.

Um als wissenschaftliches Prinzip und somit als Prämisse einer Demonstration infrage zu kommen, muss eine Aussage u. a. folgende Qualifikationen aufweisen: Sie muss 1. wahr, 2. ursprünglich und 3. im Verhältnis zur Konklusion bekannter, 4. ursächlich und 5. vorrangig sein. Qualifikation (1) ist eine selbstverständliche Bedingung, weil eine falsche Prämisse überhaupt keinen Erklärungswert besitzen würde. (An. post. 71 b 19 ff.) Durch Merkmal (2) werden nur solche Sätze als Prinzipien zugelassen, die nicht selbst durch Demonstrationen eingeführt werden können. Qualifikation (4) muss gelten, weil in einer Demonstration ein Sachverhalt erklärt werden soll; wenn aber ein

Prinzip im Verhältnis zu dem zu erklärenden Sachverhalt ursächlich ist, gilt auch (5), dass es vorrangig ist. Die Qualifikation (3) setzt die von Aristoteles immer wieder gemachte Unterscheidung zwischen dem »für uns« und dem »von Natur aus« Bekannteren voraus und ist im zweiten dieser beiden Sinne zu verstehen. Was für uns bekannter ist, steht der Wahrnehmung am nächsten; es handelt sich um die Zugangsweise, die wir zunächst zu einer Sache einnehmen, bevor wir sie einer weiter gehenden Analyse unterziehen. Was dagegen »von Natur aus bekannter« heißt, ist von dem einfachen Zugang durch Wahrnehmung weiter entfernt und meint eine allgemeine Struktur, die sich an der betreffenden Sache findet. Zum Beispiel sind Körper für uns bekannter, da sie der Wahrnehmung näher stehen; dagegen sind Linien und Punkte, auf die wir stoßen, wenn wir einen wahrgenommenen Körper in die ihn konstituierenden Bestandteile analysieren, von Natur aus früher. (Top. 141 b 15 ff.)[55]

Demonstrative Wissenschaft

Eine Wissenschaft zielt für Aristoteles auf die Formulierung von Demonstrationen ab. Weil er annimmt, dass jede Wissenschaft einen abgegrenzten Bereich von Objekten hat – Mathematik die Zahlen, Astronomie die Himmelskörper usw. –, zielt jede Wissenschaft auf Demonstrationen über die ihr eigenen Objekte und deren Eigenschaften ab. Wenn z. B. Donner zu den eigentümlichen Objekten der Meteorologie gehört, dann muss der Meteorologie an der Demonstration des Umstands gelegen sein, dass Donner ein Geräusch ist.

Wie jede Wissenschaft ihre eigentümlichen Objekte hat, muss sie auch ihre eigentümlichen Prinzipien haben, und es ist nicht möglich, in einer bestimmten Wissenschaft Wissen aufgrund von Prinzipien einer anderen Wissenschaft zu erlangen. So sind z. B. die Prinzipien der Zoologie wertlos für die Geometrie. Zwischen verschiedenen Wissensbereichen kann höchstens das Verhältnis der Analogie bestehen.

Obwohl eine Wissenschaft auf die Formulierung von Demonstrationen zielt, kann nicht ausnahmslos alles innerhalb einer Wissenschaft demonstriert werden. Gemäß dem aristotelischen Grundsatz, dass jeder Wissenszuwachs von einem bereits vorhandenen Wissen ausgeht (An. post. 71 a 1 f.), setzen auch demonstrative Wissenschaften jeweils ein bestimmtes Vorwissen voraus: 1. die Kenntnis von Prinzipien und Definitionen der Objekte einer Wissenschaft, 2. die Kenntnis allgemeiner Axiome aller Wissenschaften, etwa den Satz vom ausgeschlossenen Widerspruch, 3. das Wissen um die Existenz der in einer Wissenschaft behandelten Objekte sowie die Kenntnis ihrer Eigenschaften.

Die genannten Faktoren können in einer Wissenschaft nicht demonstriert werden. Was die Existenz der betreffenden Gegenstände angeht, so ist klar, dass etwa der Zoologe bereits voraussetzt, dass es Tiere mit bestimmten Eigenschaften gibt. Axiome sind Grundsätze, die allen Wissenschaften gemeinsam sind und die in einer wissenschaftlichen Demonstration nicht eigens angeführt werden müssen, obwohl alle Argumente, auch die wissenschaftlichen, stillschweigend von Axiomen Gebrauch machen. Prinzipien und Definitionen bilden die Prämissen einer Demonstration, d. h., mit ihrer Hilfe wird etwas anderes bewiesen, sie selbst dagegen werden vorausgesetzt und nicht bewiesen.

Aus diesem Modell einer demonstrativen Wissenschaft ergibt sich nun ein grundsätzliches Problem: Wenn sich eigentliches Wissen in Demonstrationen ausdrückt, die genannten Dinge aber nicht demonstriert werden können, wie können wir dann überhaupt Wissen von ihnen haben? Wie könnte eine Demonstration beanspruchen, ein striktes Wissen von dem demonstrierten Sachverhalt zu formulieren, wenn es nicht einmal Wissen von den Voraussetzungen der Demonstration gibt? Aristoteles diskutiert dieses Problem ausführlich in Kap. I 3 der *Zweiten Analytik*. Er setzt sich mit angenommenen Gegnern auseinander, die aus diesem Problem die Unmöglichkeit von Wissenschaft herzuleiten versuchen; entweder, sagen diese Gegner, müssten die Prämissen einer Demonstration selbst demonstrativ bewiesen werden und die Prämissen dieser neuen Demonstration ebenfalls, sodass man einen unendlichen Regress erhielte, oder man müsste in einem Beweiszirkel enden. Auf beide Weisen käme jedoch kein wirkliches Wissen zustande. Aristoteles' Ausweg aus dieser Schwierigkeit lautet folgendermaßen: Es gibt ein Wissen von den Prinzipien und den Axiomen (das Vorwissen um die Existenz der Objekte einer Wissenschaft wirft keine größeren Probleme auf, weil diese durch Wahrnehmung und Erfahrung gegeben sind), allerdings ist dies nicht die Art von Wissen, die durch eine Demonstration ausgedrückt wird; vielmehr gibt es nichtdemonstrative Verfahren, um Wissen von den Prinzipien und Axiomen zu erlangen und sich ihrer Richtigkeit zu versichern.

Definitionen und Prinzipien

Wenn Aristoteles am Ende der *Zweiten Analytik* (II 19) auf die Frage zu sprechen kommt, wie man Wissen von den obersten Prinzipien einer Wissenschaft haben kann, scheint er dabei an allgemeine, definitorische Beschreibungen der grundlegenden Objekte einer Wissenschaft zu denken. Die Frage nach der Kenntnis von Prinzipien lässt sich daher auch als Frage nach dem Erfassen bestimmter einfacher Definitionen formulieren.

Allgemein finden sich bei Aristoteles zwei Typen von Definition. Die klassische Gattung-Differenz-Definition nennt eine Gattung (genus proximum), unter welche die Dinge der zu definierenden Art fallen, und eine Differenz (differentia specifica), welche die Gegenstände der betreffenden Art von allen anderen Gegenständen derselben Gattung unterscheidet. So kann man den Menschen als »Vernunft besitzendes Lebewesen« definieren, wobei »Lebewesen« die Gattung bezeichnet und der Vernunftbesitz dasjenige Merkmal ist, das Menschen von allen anderen Lebewesen unterscheidet. Der zweite Definitionstyp ist die Form-in-Materie-Definition; materielle Gegenstände können nämlich definiert werden, indem man zwischen Form und Materie unterscheidet. Nach dieser Definitionsweise wäre ein Haus zu definieren durch eine bestimmte Anordnung, die zum Zweck des Schutzes in Backsteinen und Hölzern verwirklicht ist.

Wie gelangen wir nun in den Besitz von den Prinzipien einer Wissenschaft bzw. von den definitorischen Beschreibungen ihrer grundlegenden Objekte? In der *Topik* bemerkt Aristoteles, dass die dialektische Diskussion für das Auffinden von Prinzipien nützlich sei, jedoch sagt er dort genau genommen nicht, dass die Dialektik ein Wissen von den Prinzipien vermitteln könne. Deshalb ist in der *Zweiten Analytik* II 19, wo es um das Prinzipienwissen geht, von Dialektik auch gar nicht die Rede. Vielmehr wird dort ein induktives Verfahren beschrieben, das von der Wahrnehmung einzelner Fälle ausgeht und bei Allgemeinbegriffen von den wahrgenommenen Dingen endet. Der »Aufstieg« vom Einzelnen zum Allgemeinen, den Aristoteles dort beschreibt, entspricht weitgehend der epistemischen Stufenfolge der *Metaphysik* I 1. Die Grundlage aller höheren epistemischen Stufen, von der Erinnerung an Einzelnes bis zur Einsicht (nous) in allgemeine Prinzipien, bildet die Wahrnehmung. Sie alle gehen »von der Wahrnehmung aus – wie etwa in einer Schlacht, wenn eine Wende zustande kommt, falls einer stehen bleibt, ein anderer stehen bleibt, darauf ein weiterer, bis man zu einem Anfang/Prinzip (archê) kommt« (An. post. 100 a 11 ff.).

Zu bestimmten grundlegenden Allgemeinbegriffen, d. h. zu einem Wissen darüber, worin die Gemeinsamkeit verschiedener einzelner Dinge besteht, gelangen wir also durch die wiederholte Wahrnehmung ähnlicher Dinge, die an irgendeinem Punkt (den Aristoteles leider nur metaphorisch beschreibt) zum Verständnis eines allgemeinen Begriffs F, zusammen mit dem Verständnis davon, was es heißt, ein F zu sein, umschlägt. Auch wenn man gerne Genaueres darüber erfahren würde, so ist zumindest klar, dass sich Aristoteles hier einerseits gegen Philosophen wendet, die eine Herleitung solcher Allgemeinbegriffe aus einem höheren Wissen verlangen, und andererseits gegen Philosophen, die behaupten, unsere Seele müsste bereits mit diesen Begriffen geboren sein.

Nun leitet sich das Wissen um Allgemeinbegriffe zwar unmittelbar aus der Wahrnehmung her, es zu haben ist aber nicht mehr Sache der Wahrnehmung, sondern eines besonderen Vernunftvermögens, nämlich des »nous« (Einsicht, Vernunft, Geist). Dieser wird von Aristoteles mehrfach als ein Vermögen beschrieben, das sich auf einfache Prinzipien bezieht und immer Wahres erfasst. (An. post. 100 b 5 ff.) Letzteres ist wohl so zu verstehen, dass sich andere Teilvermögen des Verstandes auf Sätze beziehen, die wahr oder falsch sein können, während sich der »nous« auf einfache Begriffe und Definitionen bezieht, die als solche dem Unterschied von wahr und falsch vorausliegen (An. III 6, Met. IX 10); der »nous« erfasst das Wesen einer Sache oder verfehlt die Sache ganz, was zu unterscheiden ist von der Ebene der Propositionen, die wahr oder falsch sein können.

Was nun die nähere Interpretation dieses für das Erfassen der Prinzipien zuständigen Vermögens betrifft, so sind die aristotelischen Texte vage genug, um ganz unterschiedliche Erklärungen zuzulassen. Einerseits wird man sich an Platon erinnert fühlen, der bisweilen ebenfalls den »nous« mit dem Erfassen einfacher Dinge verknüpft und ihn in dieser Funktion einem anderen, für das diskursive, wissenschaftliche Denken zuständigen Teil des Verstandes (dem so genannten dianoetischen Denken) vorordnet. Schenkt man dieser Parallele Beachtung, dann ist es weiterhin nahe liegend, einer für Platon verbreiteten Interpretation folgend auch den aristotelischen »nous« als eine Art der geistig-intuitiven Wesensschau zu beschreiben. Andererseits hinterlässt die Beschreibung eines auf Wahrnehmung beruhenden induktiven Prozesses in der *Zweiten Analytik* II 19 den Eindruck, als gehe das Erfassen der Allgemeinbegriffe mehr oder weniger kontinuierlich aus der Wahrnehmung hervor, sodass unklar bleibt, welche Rolle dann noch eine rein geistige Intuition spielen würde. So betrachtet scheint die dem »nous« zugeschriebene Leistung nicht ohne eine wahrnehmungsbasierte Induktion erfolgen zu können oder gar mit dieser zusammenzufallen.

Axiome

Axiome sind für Aristoteles allgemeine, über den Fachwissenschaften stehende Grundsätze, die wir schon in Anspruch nehmen müssen, um überhaupt zu lernen und Wissen zu erwerben. (An. post. 72 a 16 f.) Zu den Axiomen gehören z. B. der Satz vom Widerspruch, das Prinzip vom ausgeschlossenen Dritten sowie der arithmetische Grundsatz, dass sich Gleiches ergibt, wenn man Gleiches von Gleichem subtrahiert. Wenn man über solche Axiome bereits verfügen muss, um Wissen zu erwerben, dann ist klar, dass sie nicht erst durch demonstrative Beweise eingeführt werden können. Ferner wäre bei solchen Axiomen, die bei jeder Art des Lernens oder Argumentierens in Anspruch genommen werden, wie bei dem Satz vom Widerspruch (SvW), ein Beweis auch deshalb fehlerhaft, weil er das zu Beweisende in jedem Fall anwenden müsste. Andererseits wäre es aber auch unbefriedigend, wenn man jemandem, der die Axiome bestreitet, nichts entgegenzusetzen hätte und ihre Gültigkeit nur behaupten, nicht aber irgendwie rationalisieren könnte. Für den SvW führt Aristoteles daher aus (Met. IV 3 f.), dass zwar kein demonstrativer Beweis dieses Axioms möglich sei, wohl aber eine Widerlegung desjenigen, der den SvW leugnet. Eine solche Widerlegung (elenchos) ist nur möglich und nur dann nötig, wenn jemand auftritt, der das Axiom explizit bestreitet. Der Unterschied zu einem direkten Beweis besteht darin, dass ein anderer den Anlass für die Widerlegung bietet, dass der Verteidiger des SvW nicht aus Prämissen deduziert und dass er sich nicht vorwerfen lassen muss, etwas beweisen zu wollen, was er bereits voraussetzt.

Der SvW besagt, dass nicht dasselbe (Prädikat) auf dasselbe (Subjekt) zugleich und in derselben Hinsicht zutreffen und nicht zutreffen kann (Met. 1005 b 19 f.) bzw. dass nicht dasselbe in derselben Hinsicht zugleich wahr und nicht wahr sein kann. Wer nun dieses Axiom bestreiten will, muss zumindest etwas sagen; sobald er aber etwas sagt, ist schon genug zugestanden, um darauf eine Widerlegung zu gründen. Die Idee hinter dieser Widerlegung ist im Grunde die: Wer etwas sagt, muss mit seinen Worten etwas bezeichnen wollen. Wer etwas bezeichnen will, bezeichnet etwas Bestimmtes. Wenn etwas Bestimmtes bezeichnet wird, dann heißt das offenbar, dass die gebrauchten Worte nicht ebenso gut etwas anderes bezeichnen könnten; wer etwa das Wort »Mensch« gebraucht, möchte damit Menschen und nicht Nichtmenschen bezeichnen. Würde der SvW aber nicht gelten, dann wäre nicht ausgeschlossen, dass das Wort »Mensch« zugleich Menschen und Nichtmenschen, also gar nichts Bestimmtes mehr, bezeichnet, denn es könnte ja zugleich wahr sein, dass das Wort »Mensch« Menschen bezeichnet und dass es sie nicht bezeichnet. Wer daher etwas Bestimmtes bezeichnen will, muss voraussetzen, dass nicht alles (nämlich zumindest nicht die Bedeutung seiner Worte) zugleich zutreffen und nicht zutreffen kann, sodass er dafür den SvW schon in Anspruch nimmt.

Bemerkenswert an dieser Widerlegung ist, dass sie allein mit der elementaren Funktion einzelner, bedeutungstragender Wörter auskommt, mit der Funktion, etwas zu bezeichnen. Weil man in jeder sinnvollen Aussage solche Wörter gebrauchen muss, kann niemand, der überhaupt etwas sagt, um die Anerkennung des SvW herumkommen. Aristoteles braucht für seine Widerlegung daher vom Gegner nicht einmal zu verlangen, dass er etwas als wahr oder falsch behauptet, denn das könnte bereits als »petitio principii«, als Voraussetzung des zu Beweisenden, ausgelegt werden. Was aber passiert, wenn der Gegner des SvW überhaupt nichts sagt? Zunächst kann er sich ohne mündliche oder schriftliche Äußerungen gar nicht als Gegner des SvW zu erkennen geben. Und es wäre, wie Aristoteles sagt, lächerlich, gegen so jemanden überhaupt Beweise führen zu wollen, da er sich durch eine solche Verweigerung wie eine Pflanze verhielte. (Met. 1006 a 13 ff.) Andererseits legt Aristoteles doch Wert darauf, dass jemand, der den SvW bestreitet, sich nicht nur dann inkonsistent verhält, wenn er argumentiert und etwas bezeichnet, sondern auch schon durch sein alltägliches

Verhalten. Würde der SvW nicht gelten, dann könnte er von allem sagen, es sei zugleich gut und nicht gut, d. h., alles wäre gleichermaßen gut und nicht gut. Warum aber, fragt Aristoteles (Met. 1008 b 14 ff.), stürzt er sich dann nicht geradewegs in einen Brunnenschacht, sondern scheint sich vielmehr davor zu hüten, dass ihm so etwas passiert? Offenbar ist er der Meinung, dass ein Sturz in den Brunnen doch nicht zugleich gut und nicht gut ist, dass vielmehr ein Unterschied zwischen beiden Möglichkeiten besteht. Damit erkennt er zumindest für einige Auffassungen (wie etwa für die, dass es unvorteilhaft sei, in den Brunnen zu fallen) an, dass sie nicht zugleich wahr und nicht wahr seien.

11. Ontologie und Metaphysik

Die Ontologie des Aristoteles ist im Wesentlichen in der Schrift *Metaphysik* dargelegt, die später der philosophischen Beschäftigung mit den grundlegenden Prinzipien der Wirklichkeit ihren Namen gab. Aristoteles selbst bezeichnete das in dieser Schrift behandelte Gebiet als »Erste Philosophie«; heute geht man allgemein davon aus, dass die Bezeichnung »Metaphysik« (wörtlich: »nach der Natur«) erst in nacharistotelischer Zeit entstand – als editionstechnische Beschreibung des Umstands, dass die Schrift *Metaphysik* nach der Schrift *Physik* angeordnet war. Weitgehend sicher ist, dass die vierzehn Bücher der *Metaphysik* nicht in einem Zug geschrieben wurden; zwar sind alle dieser Einzelbücher sinnvoll auf dasselbe Projekt der Ersten Philosophie bezogen, jedoch können einige Bücher auch als selbstständige Abhandlungen gelesen werden. Auch wenn die Abhandlungen der *Metaphysik* wahrscheinlich unterschiedlichen Schaffensperioden des Aristoteles zugeordnet werden müssen, so scheinen doch zentrale Passagen des Werks einen relativ reifen Standpunkt zu repräsentieren. Dies ist vor allem im Vergleich mit einer zweiten Schrift, in der sich Aristoteles mit Ontologie befasst, der kurzen und eher früh verfassten Abhandlung *Kategorien*, von Bedeutung, weil darin eine ontologische Position entwickelt wird, die von der Ontologie der *Metaphysik* deutlich unterschieden ist.

Die Ontologie der *Kategorien*

In der Schrift *Kategorien* entwirft Aristoteles eine Klassifizierung für alles Seiende (to on, ta onta). Es stellt sich nämlich heraus, dass nicht alles auf dieselbe Weise oder mit demselben Recht »Seiendes« genannt wird, sodass verschiedene Klassen des Seienden unterschieden werden müssen. Der zunächst wichtigste Unterschied ist der zwischen Substanzen und Nichtsubstanzen. Wenn man nach einer »Substanz« fragt, sucht man nach etwas, was keiner anderen Sache bedarf, um »seiend« genannt zu werden. Dieses Selbstständigkeitskriterium erfüllen die konkreten Einzeldinge, denn ein einzelner Mensch bedarf keiner anderen Sache als Träger oder Subjekt. Im Gegenteil dienen solche Einzeldinge als Subjekte, Träger oder Substrate (hypokeimenon; wörtlich übersetzt: »Zugrundeliegendes«) für alles andere. Das Gehende, das Musikalische wird nur insofern zum Seienden gezählt, als es die Eigenschaft einer Substanz ist; daher sind solche Dinge gewissermaßen nicht aus eigener Kraft, sondern nur in Abhängigkeit von einer Substanz seiend. Das ist der fundamentale Unterschied zwischen Substanzen und Nichtsubstanzen: Nichtsubstanziale Entitäten sind nur seiend, insofern sie, wie Aristoteles sagt, *in* einer Substanz sind, während Substanzen selbstständig und dementsprechend nie in einer anderen Sache sind.

Nichtsubstanzen wie »musikalisch« oder »sitzend« gehören nur insofern zum Seienden, als sie den Kategorien gemäß die Qualität, die Quantität, die Lage usw. einer Einzelsubstanz bezeichnen. Etwas anders verhält es sich bei den Art- und Gattungsprädikaten wie »Mensch« und »Lebewesen«. Weil sie das Was und nicht das Wie, Wieviel usw. einer Sache angeben, gehören sie einerseits zur Kategorie der Substanz, sind aber andererseits als allgemeine Prädikate von den Einzelsubstanzen zu unterscheiden. Art- und Gattungsprädikate sind nicht wie die nichtsubstanzialen Entitäten *in* einer Einzelsubstanz, sind von dieser allerdings auf andere Weise abhängig; denn auch eine Art wie »Mensch« und eine Gattung wie »Lebewesen« sind nur insofern seiend, als sie von einer entsprechenden Einzelsubstanz ausgesagt werden können. Aristoteles bezeichnet daher in *Kategorien* die Einzelsubstanzen als »erste« oder »hauptsächliche Substanzen«, die Arten und Gattungen hingegen als »zweite Substanzen«. (Cat. 2a 11 ff.) Er fügt hinzu, dass Gattungen, weil sie weniger spezifisch sind als Arten und daher von der ersten Substanz weiter entfernt sind, in geringerem Maße Substanz sind als die Arten.

Dies ist bereits das Grundgerüst für die Ontologie der *Kategorien.* Es wurden dafür zwei verschiedene Abhängigkeitsrelationen eingeführt. Die erste dieser Relationen wird in der Forschung bisweilen als »Inhärenzbeziehung« bezeichnet, weil Aristoteles von dieser Art der Abhängigkeit sagt, dass das eine *im* anderen sei. Das sei jedoch nicht so gemeint, dass etwas wie ein Teil in einem Ganzen enthalten ist; a stehe vielmehr dann in einer Inhärenzbeziehung zu b, wenn a nicht ohne b existieren könnte (wohl aber b ohne a). (Cat. 1a 24 f.) Daher besteht die Inhärenzbeziehung immer zwischen Nichtsubstanzen und Substanzen. Die zweite Abhängigkeitsrelation ist die des »Ausgesagt-werdens-Von«. Wenn a von b ausgesagt wird, ohne in b zu sein, dann gilt: 1. a und b sind in derselben Kategorie, 2. a ist von höherem Allgemeinheitsgrad als b, 3. a ist von b ontologisch abhängig. So kann z.B. »Lebewesen« von »Mensch« und »Mensch« von »Sokrates« ausgesagt werden, wobei 1. alles in dieselbe Kategorie der Substanz gehört, 2. »Lebewesen« allgemeiner als »Mensch« und »Mensch« allgemeiner als »Sokrates« ist und es 3. die Art »Mensch« nicht ohne einzelne Exemplare derselben wie Sokrates, Platon usw. geben würde, ebenso wenig wie die Gattung »Lebewesen« ohne ihre Arten »Mensch«, »Pferd« usw. Dasselbe Verhältnis kann auch innerhalb nichtsubstanzialer Kategorien bestehen, etwa wenn man von einem roten Farbfleck den Typ bzw. die Art der Farbe, nämlich »rot«, und von der Farbe »Rot« die Gattung, nämlich »Farbe«, aussagt.

Der Unterschied zwischen den beiden Abhängigkeitsrelationen wird durch folgenden Test deutlich (Cat. 2a 19ff.): Angenommen, die Definition von »Mensch« lautet »zweibeiniges Lebewesen«. Wann immer es nun richtig ist, von einem Subjekt das Prädikat »Mensch« der Bezeichnung nach auszusagen, muss es auch sinnvoll und richtig sein, die Definition von »Mensch«, nämlich »zweibeiniges Lebewesen«, von demselben Subjekt auszusagen. Wenn also a von b ausgesagt wird, ohne in b zu sein, dann kann a in dem gerade erläuterten Sinn sowohl der Bezeichnung als auch der Definition nach von b ausgesagt werden. Anders bei der Inhärenzrelation: Hier, sagt Aristoteles, sei es in den meisten Fällen unmöglich, dass etwas von dem Subjekt, dem es inhäriert, der Bezeichnung oder der Definition nach ausgesagt werden kann. Offenbar meint er damit, dass z.B. Tapferkeit, obwohl sie immer einer Person inhärieren muss, nicht von einer Person ausgesagt werden kann; niemand wird z.B. sagen, dass Hektor Tapferkeit sei. Jedoch ist es möglich, dieselbe Qualität von Hektor auszusagen, wenn man dafür die nur grammatisch veränderte Form »tapfer« benutzt. Aber auch dann kann die inhärierende Entität nur der Bezeichnung nach (»tapfer«) und nicht der Definition nach vom jeweiligen Träger ausgesagt werden, denn in der Definition von »tapfer« käme auf jeden Fall vor, dass es sich um eine Tugend des Charakters handle; von keiner Person aber, nicht einmal von einer tapferen, kann man sagen, dass sie eine Tugend des Charakters *sei*. – Was Aristoteles hier beschreibt, ist der Unterschied zwischen akzidentellen und wesentlichen Prädikaten; der Test, ob ein Prädikat nur der Bezeichnung oder auch der Definition nach von einer Sache ausgesagt werden kann, offenbart, ob das Prädikat das Wesen einer Sache oder nur eine akzidentelle, inhärierende Eigenschaft beschreibt.

Durch verschiedene Kombinationen der beiden genannten Abhängigkeitsverhältnisse kann Aristoteles nun eine Ontologie umreißen, die vier Klassen von Entitäten (d.h. alles, was in dem ein oder anderen Sinn »Seiendes« genannt wird) umfasst (Cat. 1 a 20 ff.):

1. Manches ist weder *in* einem anderen (im Sinn der Inhärenzrelation) noch wird es von einem anderen ausgesagt. Dies sind die ersten Substanzen, also Einzeldinge, deren Sein von keiner anderen Entität durch eine der beiden genannten Relationen abhängig ist. Hierbei handelt es sich um die grundlegenden Entitäten, denn »alles andere [...] wird entweder von ersten Substanzen als Zugrundeliegendem (hypokeimenon) ausgesagt oder ist in ihnen als Zugrundeliegendem« (Cat. 2 a 34 ff.). Erste Substanzen sind die grundlegenden Entitäten, weil sie auf zweierlei Weise Subjekt oder Zugrundeliegendes (hypokeimenon) für alles andere sind. Dabei steht der Ausdruck »Subjekt« natürlich nicht nur für eine syntaktische Rolle, sondern bezeichnet in einem ontologisch relevanten Sinn das Substrat für andere Entitäten. Das hervorstechendste Merkmal der ersten Substanzen ist, dass sie ein und derselbe Gegenstand bleiben, während ihre akzidentellen Eigenschaften kommen und gehen: Sokrates ist manchmal nüchtern und manchmal betrunken, manchmal sitzt, manchmal geht er, aber Sokrates bleibt immer ein und derselbe.

2. Manches wird von anderem als Zugrundeliegendem ausgesagt, ist aber nicht *in* einem Zugrundeliegenden. Dies sind die zweiten Substanzen, die Arten und Gattungen, die bestimmen, *was* eine Sache bzw. eine erste Substanz ist. Art- und Gattungsprädikate sind daher ihrem ontologischen Status nach grund-

sätzlich von allen anderen möglichen Prädikaten unterschieden. Wie aber lässt sich ein solcher Unterschied rechtfertigen? Läuft es nicht im Prinzip auf etwas Ähnliches hinaus, ob man Sokrates als »weise« oder als »Mensch« bezeichnet? Für Aristoteles stehen die beiden Prädikationen nicht auf derselben Ebene, denn um von einem Gegenstand akzidentelle Prädikate wie »groß«, »weiß«, »klug« aussagen zu können, muss erst einmal bestimmt werden, worüber man eigentlich spricht; und um das Worüber zu bestimmen, muss klar sein, um was für eine Art von Gegenstand es eigentlich geht. Außerdem drücken die Art und die Gattung Bestimmungen aus, die dem betreffenden Gegenstand immer (also solange er existiert) und wesentlich zukommen, während akzidentelle Merkmale einem Gegenstand oft nur zeitweilig zukommen.

3. Manches wird nicht von anderem ausgesagt, ist aber *in* einem anderen als Zugrundeliegendem oder Substrat. Wenn etwas in einem anderen ist, bedeutet das, dass es abhängig und mithin nichtsubstanzial ist. Wenn etwas nicht von anderem ausgesagt wird, dann kann es auch nichts Allgemeines sein, es ist individuell. Daher handelt es sich bei dieser dritten Klasse um individuelle Vorkommnisse nichtsubstanzialer Eigenschaften: um die Kahlköpfigkeit des Sokrates, die Schwärze von Black Beauty, Platons Sturheit usw. Alle diese Dinge sind von ihrem Substrat abhängig, denn es gäbe nicht Platons Sturheit ohne Platon, Black Beautys Schwärze ohne Black Beauty usw.

4. Manches wird von einem anderen ausgesagt und ist gleichzeitig in einem Substrat. Was von anderem ausgesagt wird, kann nicht individuell sein, weil nur Allgemeines von anderem ausgesagt werden kann. Was aber in einem Substrat ist, muss nichtsubstanzial sein; also haben wir es mit allgemeinen nichtsubstanzialen Eigenschaften zu tun. Wo finden wir derartige Entitäten? Solche allgemeine Eigenschaften begegnen uns immer dann,

wenn wir beispielsweise nicht von individuellen Vorkommnissen der Farbe Rot, sondern von der Farbe Rot im Allgemeinen sprechen, also von derjenigen allgemeinen Eigenschaft, die alle roten Dinge gemein haben.

Für Kontroversen hat vor allem die Unterscheidung zwischen der dritten und der vierten Klasse gesorgt.[56] Dabei hat sich gezeigt, dass mindestens zwei recht unterschiedliche Deutungen der individuellen Eigenschaften möglich sind. Nach der ersten Interpretation wird eine Eigenschaft als individuell betrachtet, sofern es sich um die Eigenschaft eines bestimmten zugrunde liegenden Gegenstandes handelt; d.h., Eigenschaften werden nach dieser Erklärung durch ihre Träger oder Substrate individuiert. Stellen wir uns zwei Zitronen von exakt demselben Gelbton vor, dann ist nach dieser Erklärung das Gelb der einen Zitrone vom Gelb der anderen Zitrone doch numerisch verschieden, weil es sich um numerisch verschiedene Träger und dadurch auch um numerisch distinkte Instantiierungen derselben Farbe handelt. Nach der alternativen Interpretation ist eine Eigenschaft dann individuell, wenn sie sich von anderen Vorkommnissen desselben allgemeinen Typs qualitativ unterscheidet; wenn demnach eine bestimmte Farbe, z.B. die Farbe Gelb, in verschiedenen Farbtönen, etwa einem helleren und einem dunkleren Gelbton vorliegt, dann handelt es sich dabei jeweils um individuelle Eigenschaften. Nach dieser Deutung kann auch eine individuelle Eigenschaft an bzw. in verschiedenen ersten Substanzen vorkommen. Entsprechend müsste man dann die allgemeine Eigenschaft »gelb« nicht als das definieren, was allen gelben Dingen, sondern als das, was allen verschiedenen Gelbtönen gemeinsam ist.

Wissenschaft vom Seienden als Seienden

In den Grundzügen scheint die Ontologie und der Substanzbegriff der *Kategorien* relativ einfach zu sein. Auch in der *Metaphysik* spielt der Substanzbegriff eine zentrale Rolle; hier ist dieser Begriff jedoch in ein größeres Projekt eingebettet. Bevor wir auf die gegenüber den *Kategorien* offenkundig veränderte Substanzkonzeption der *Metaphysik* zu sprechen kommen, sind einige Bemerkungen über das Gesamtvorhaben der *Metaphysik* am Platz.

Im ersten Buch der *Metaphysik* entwirft Aristoteles das Projekt einer Wissenschaft, die er selbst »Erste Philosophie« nennt, welche aber traditionell mit der »Weisheit«, also gewissermaßen mit dem Inbegriff des Wissens um die wichtigsten und letzten Dinge, gleichgesetzt wird. Weil sich der Wissende vom nur Erfahrenen allgemein dadurch unterscheidet, dass er Prinzipien und Ursachen für das Gewusste anzugeben weiß, handelt es sich auch bei der gesuchten Wissenschaft um eine Untersuchung von Prinzipien und Ursachen. Da allgemein solche Disziplinen höher einzuschätzen seien, die nur der Erkenntnis dienen und keiner unmittelbaren Nutzanwendung verpflichtet sind (hierin spiegelt sich das von Aristoteles oft betonte Motiv wider, dass die Muße, die man braucht, um sich einer rein theoretischen Betätigung zuzuwenden, nur möglich wird, wenn das zum Leben Notwendige gesichert ist, sodass die Muße ein höheres Ziel zu sein scheint als das zweckgebundene Tun), muss auch die gesuchte Erste Philosophie eine rein theoretische Disziplin sein. Schließlich erwartet man von der Weisheit, dass sie in einem gewissen Sinn alles weiß bzw. alles umfasst, was nur von einer Disziplin erfüllt wird, die es mit dem Allgemeinen zu tun hat und in gewisser Weise auch alles das mitbehandelt, was unter das Allgemeine fällt. Daher muss die gesuchte Wissenschaft auf allgemein gültige Prinzipien gerichtet sein. Aristoteles fasst diese Überlegungen in der Formel zusammen, dass die Erste Philosophie die ersten Ursachen und Prinzipien untersuche. Damit ist natürlich nur ein sehr allgemeiner Rahmen für das Betätigungsfeld der Ersten Philosophie umrissen, der weit genug ist, um auch die grundlegenden Lehren der Vorsokratiker oder Platons als eine (wenn auch für Aristoteles unzureichende) Form von Erster Philosophie zu verstehen.

Welches Format Aristoteles selbst einer Ersten Philosophie geben will, wird erst in *Metaphysik* IV 1-2 und VI deutlich. Hier kehrt die Formel von einer Untersuchung der ersten Ursachen und Prinzipien aus *Metaphysik* I 1-2 in der modifizierten Form wieder, dass man die Prinzipien und Ursachen der Substanzen (Met. 1003 b 18) oder die Prinzipien und Ursachen des Seienden, insofern es seiend ist (Met. 1025 b 3), untersuche oder dass es eine Wissenschaft vom Seienden, insofern es ist, zu entwerfen gilt (Met. 1003 a 21 f.).

Beginnen wir mit der Formel, dass die Erste Philosophie eine Wissenschaft vom Seienden als Seienden sei. D.h., dass diese Wissenschaft nicht einen bestimmten Ausschnitt von Dingen untersucht, sondern alle Dinge, von denen man in irgendeinem Sinn sagt, dass sie »seiend« sind, und zwar in einer bestimmten Hinsicht, nämlich der Hinsicht, inwiefern man von ihnen sagen kann, dass sie seiend sind. Nun wird »seiend«, wie Aristoteles an verschiedenen Stellen betont (Met. 1003 a 33, 1017 a 7 ff., 1026 a 33 f. u. ö.), auf vielfache Weise ausgesagt. Wenn es aber viele verschiedene Bedeutungen von »seiend« gibt, kann es dann überhaupt eine einzige einheitliche Wissenschaft von diesem Gegenstand geben? Wäre »seiend« in derselben Weise mehrdeutig wie etwa die deutschen Wörter »Mark« und »Bank«, nämlich so, dass die verschiedenen Bedeutungen nichts miteinander zu tun haben und nur zufällig durch dasselbe Phonem bezeichnet werden, könnte die Frage in der Tat nur verneint werden.

Jedoch ist die Mehrdeutigkeit von »seiend« von ganz anderer Art: »Das Seiende wird zwar auf vielfache Weise ausgesagt, aber im Hinblick auf eines (pros hen) und eine einzige Natur und nicht im Sinne der Ausdrucksgleichheit.« (Met. 1003 a 33 f.) Die Behandlung des Seienden in einer einzigen Wissenschaft soll dadurch ermöglicht werden, dass die vielfachen Aussageweisen des Seienden durch die Gemeinsamkeit eines Bezugspunktes in einem sachlichen Zusammenhang stehen (das ist die so genannte Pros-hen-Struktur), so wie allen Dingen, die auf unterschiedliche Weise als »gesund« bezeichnet werden (die Gesundheit bewirken oder sie bewahren oder sie anzeigen usw.), die Beziehung zur Gesundheit gemeinsam ist.[57] (Met. 1003 a 34 ff.)

Eine einheitliche Wissenschaft vom Seienden als solchen wäre also möglich, wenn sich ein solcher einheitlicher Bezugspunkt auch für die verschiedenen Bedeutungen und Verwendungsweisen von »seiend« finden ließe. Untersucht man nun die verschiedenen Verwendungsweisen von »seiend«, dann stößt man sofort auf folgende Dichotomie: Manches von dem, was »seiend« genannt wird, ist an sich selbst oder unabhängig von anderen Dingen seiend, alles andere hingegen wird nur »seiend« genannt, insofern es in einer bestimmten Relation zu einem selbstständig Seienden steht. Weil aber klar ist, dass dieses selbstständig Seiende die Substanz ist, bietet sich die Substanz als der gemeinsame Bezugspunkt für alle Bedeutungen von »seiend« an: »Von Seiendem spricht man einerseits, weil es sich um Substanzen handelt, andererseits, weil es sich um Affektionen von Substanzen handelt oder weil es der Weg zur Substanz oder Vergehen oder Privation oder Qualität oder Schaffendes oder Erzeugendes der Substanz oder von etwas im Bezug auf Substanz Ausgesagten ist oder die Verneinung von etwas von diesem oder von der Substanz (deswegen sagen wir ja auch, das Nichtseiende sei nichtseiend).« (Met. 1003 b 6 ff.)

Substanzen sind daher die primären Objekte einer Wissenschaft vom Seienden. Da nun Wissenschaften nach dem aristotelischen Verständnis immer auf das Erfassen von Ursachen und Prinzipien abzielen – Wissen von X haben wir nämlich nur, wenn wir die Ursachen und Prinzipien von X kennen –, zielt auch die Wissenschaft vom Seienden auf die Ursachen und Prinzipien ihrer primären Objekte ab; d. h., dass es der Wissenschaft vom Seienden um die Ursachen und Prinzipien von Substanzen geht.

Wir wissen jetzt, dass die Wissenschaft vom Seienden als Seienden um eine Untersuchung der Substanz bzw. der Prinzipien der Substanz zentriert ist; aber auch in diesem Ergebnis ist noch eine gewisse Mehrdeutigkeit enthalten, denn einerseits handelt die *Metaphysik* von sinnlich wahrnehmbaren, konkreten Substanzen und andererseits von ewigen, göttlichen und materiefreien Substanzen.

Substanz

Kommen wir zurück auf den Begriff der Substanz. Die Bücher VII und VIII der *Metaphysik* – oft wird auf sie mit den Namen der griechischen Buchstaben Z (zeta) und H (êta) Bezug genommen – geben eine zusammenhängende Behandlung der Substanz. Sie stellen neben Buch XII einen der systematischen Höhepunkte der *Metaphysik* dar. Allerdings gelten diese Bücher aufgrund ihrer sehr technischen und voraussetzungsreichen Argumentation als nur schwer verständlich. Fast jeder Abschnitt aus dieser Abhandlung ist in der Forschung kontrovers. Im Grunde gibt es nur ein Resultat, das unumstritten ist: Erste Substanz ist nach *Metaphysik* VII nicht mehr wie in den *Kategorien* das Einzelding, sondern das »eidos«, und »eidos« ist das griechische Wort für Art, Form, Idee. Dasselbe Wort gebrauchte Aristoteles in den *Kategorien* für die allgemeinen Arten, die dort nur als zweite Substanzen in Erscheinung traten. Es scheint daher, als würde die Theorie der *Kategorien* förmlich auf den Kopf gestellt und die zweite Substanz der *Kategorien* zur ersten Substanz der *Metaphysik* erklärt. Von zweiten Substanzen ist aber in der *Metaphysik* nicht mehr die Rede. Die Gattungen, die in den *Kategorien* noch als zweite Substanzen geringeren Grades angesehen wurden, werden jetzt kategorisch vom Bereich der Substanz ausgeschlossen. – Es hat also den Anschein, als habe Aristoteles zwei konträre Theorien der Substanz vertreten, eine, welche die Einzeldinge zu den grundlegenden Entitäten macht, und eine, welche das »eidos« für grundlegend erklärt.

Dass ein Philosoph zum selben Begriff gleich zwei Theorien, und dann auch noch widersprüchliche, vertritt, hat man nicht so gern. Deshalb könnte man geneigt sein zu sagen, Aristoteles habe irgendwann eine Wende vollzogen. Aber welches denn die eigentlich aristotelische Ontologie ist, die vor oder die nach der Wende, wüsste man dann noch immer nicht. Einige Autoren haben unter dem Eindruck der genannten Diskrepanz die Authentizität der *Kategorien* bestritten, andere haben den Standpunkt dieser Schrift durch den vorübergehenden Anflug einer Art spätadoleszenter Auflehnung gegen den Lehrer Platon und dessen Vorliebe für Universalien herabgespielt. Je nach ontologischer Präferenz bietet die Aristoteles-Literatur ebenso die entgegengesetzte Erklärung, wonach die *Metaphysik* die Einzeldingontologie im Grunde übernimmt und mit der Bezeichnung »erste Substanz« die Artprädikate, die in den *Kategorien* noch »zweite Substanzen« hießen, lediglich in ein etwas freundlicheres Licht rückt. Zu erwähnen sind noch die Spielarten der These, dass Aristoteles unvereinbare Anforderungen an die Substanz stelle und so zu unausweichlichen Widersprüchen veranlasst werde, was zeitweise als Ausdruck eines philosophisch tiefen Aporiendenkens gewürdigt, zuletzt allerdings eher als Ausdruck seiner Konfusion getadelt wurde.[58]

Überzeugender wäre eine Erklärung, welche die vermeintlichen Widersprüche auflösen könnte, ohne dafür die eine oder andere der beiden Theorien unterdrücken und ohne mit psychologisierenden entwicklungsgeschichtlichen Annahmen operieren zu müssen. Wie schon angedeutet, sind fast alle Fragen, die mit der Interpretation der Substanz in *Metaphysik* VII zu tun haben, in der Forschung äußerst kontrovers. Weil eine so knappe Darstellung der aristotelischen Substanztheorie nicht auch noch die Forschungskontroversen kommentieren kann, beschränken sich die folgenden Ausführungen darauf zu zeigen, welche Überlegungen für die erheblichen Unterschiede zwischen beiden Traktaten verantwortlich sind und dass die beiden Theorien keineswegs unvereinbar sind, sondern im Gegenteil die Substanztheorie der *Metaphysik* eine Einzeldingontologie nach dem Vorbild der *Kategorien* sogar voraussetzt.

Vielleicht ist dies auch der richtige Zeitpunkt, um auf ein wichtiges Übersetzungsproblem hinzuweisen. Mit »Substanz« wird das griechische Wort »ousia« übersetzt, das aus dem Partizip zu »sein« gebildet ist. Es meint etwa soviel wie »eigentlich Seiendes«, bleibt aber letztlich unübersetzbar. Weil nun in der Spätantike und im frühen lateinischen Mittelalter die Theorie der *Kategorien* sehr einflussreich wurde, während der Text der *Metaphysik* lange Zeit nicht verfügbar war, wurde die Übersetzung für »ousia«, das lateinische Wort »substantia« und später die entsprechenden Ableitungen »substance«, »Substanz« u. ä., mit der Ousia-Konzeption der *Kategorien* assoziiert. So dienten diese Übersetzungen oft als Bezeichnung für die ersten Substanzen der *Kategorien*, die Einzeldinge, obwohl damit ursprünglich der Begriff für das eigentlich und letztlich Seiende übersetzt wird, der sich hinsichtlich der Frage, worin dieses Seiende besteht, neutral verhält. Dieses Übersetzungsproblem wird relevant, sobald man den theoretischen Rahmen der *Kategorien* verlässt, weil dann Einzelsubstanzen und höchstes Seiendes nicht mehr ohne weiteres zusammenfallen. – Im Folgenden wird als Übersetzung für »ousia« weiterhin der im Deutschen gut eingeführte Ausdruck »Substanz« verwendet, einfach um die Anzahl der unübersetzten Ausdrücke gering zu halten.

Aristoteles beginnt die philosophische Untersuchung eines Begriffs meistens mit einer Analyse der verschiedenen Bedeutungen und der einschlägigen Ansichten. Er meint aus einer Analyse der gängigen Ansichten diejenigen Gesichtspunkte gewinnen zu können, denen eine umfassende philosophische Erklärung Rechnung tragen muss. Dieses Verfahren ist auch für das Verständnis der Substanzlehre nicht unwichtig. Mehrmals nämlich betont er in der *Metaphysik*, dass allgemein und am offenkundigsten die Körper, d.h. die ausgedehnten Einzeldinge und somit auch die Lebewesen, Pflanzen und natürlichen Dinge, als Substanzen gelten. (Met. 1028 a 8 ff. u. ö.) Dies zu betonen wäre nicht sehr klug, wenn die *Metaphysik* die Absicht hätte, die Einzeldingontologie der *Kategorien* komplett zu verwerfen. Solche Ansichten gehören vielmehr zum Phänomenbestand, dem der Philosoph Rechnung tragen muss; das tut Aristoteles, indem er den allgemeinen Grundsatz erfasst, der dieser Art von Ansicht zugrunde liegt. Es handelt sich, wie er meint, um den Grundsatz, dass Substanz dasjenige sei, was Subjekt oder Substrat für andere Dinge ist, selbst aber nicht von einem anderen Subjekt ausgesagt werden kann. (Met. 1017 b 13 ff.) Konkrete Einzeldinge sind insofern Substanzen, als sie offensichtlich als identische Träger oder Subjekte für wechselnde akzidentelle Eigenschaften dienen. Um im Folgenden Verwechslungen zu vermeiden, sollen Dinge, die dieses Subjekt- bzw.

Substratkriterium erfüllen, die also Subjekte oder Substrate sind, ohne selbst von anderem ausgesagt zu werden, »S-Substanzen« heißen. Soweit es um die Anerkennung von S-Substanzen geht, scheinen sich *Metaphysik* und *Kategorien* nicht weiter zu unterscheiden.

Es gibt darüber hinaus noch eine zweite Verwendung von »Substanz«. In *Metaphysik* V 8 sagt Aristoteles, auf eine andere Weise nenne man dasjenige »Substanz«, was als Bestandteil der S-Substanzen Ursache für deren Sein ist. (Met. 1017 b 14 ff.) Dieser Substanzbegriff sei dann im Spiel, wenn Philosophen behaupten, dass bestimmte materielle Bestandteile Substanz seien (wie einige der Vorsokratiker meinen) oder dass die Zahl Substanz sei (wie die Pythagoreer sagen) oder dass das Wesen, das »Was-es-heißt-zu-Sein«, Substanz sei (wie einige Akademiker und auch Aristoteles selbst meinen). Die beiden Bedeutungen von »Substanz« weisen einen deutlichen grammatischen Unterschied auf: Während man von S-Substanzen in einem absoluten Sinn und typischerweise im Plural spricht, ist die zweite Bedeutung mit dem Singular verbunden und wird stets relativ im Sinne von »die Substanz von X« gebraucht.

Wie bereits gesagt, sieht Aristoteles das Projekt der *Metaphysik* als eine Wissenschaft vom Seienden als Seienden an. Das primäre Objekt einer solchen Wissenschaft ist die Substanz, weil alles, was seiend ist, entweder selbst eine Substanz ist oder in einer bestimmten Relation zu einer Substanz steht. Die Wissenschaft vom Seienden als Seienden gilt daher allgemein der Substanz, aber besonders den »Prinzipien und Ursachen von Substanzen« (Met. 1003 b 18). Was Ursache oder Prinzip von einer Substanz ist, muss selbst Substanz sein, da eine Substanz, die ja etwas Selbstständiges ist, unmöglich von einer Nichtsubstanz ontologisch abhängig sein könnte. (Met. 1038 b 23 ff. u. ö.) Was die *Metaphysik* letztlich sucht, ist also eine Substanz, die

Prinzip und Ursache anderer Substanzen ist; d.h., dass die hier gesuchte Substanz Substanz in der zweiten der beiden oben unterschiedenen Bedeutungen sein muss, nämlich »Substanz von X«, Substanz im Sinne von Ursache des Seins von S-Substanzen (das bedeutet nicht, dass wir einen von den S-Substanzen verschiedenen Gegenstand suchen; wie bereits aus Aristoteles' Beschreibung der zweiten Bedeutung von »Substanz« hervorgeht, ist die gesuchte »Substanz von X« eher etwas, was als Teil oder Aspekt einer S-Substanz für deren Sein ursächlich ist).[59] Und tatsächlich sagt Aristoteles, wenn er die Substanzabhandlung aus *Metaphysik* VII resümiert, er habe die Ursachen und Prinzipien der Substanzen hinreichend behandelt und könne sich jetzt den allgemein anerkannten Substanzen, nämlich den konkreten wahrnehmbaren Einzeldingen, zuwenden. (Met. 1042a 4ff.)

Dass konkrete Einzeldinge Substanzen sind, nämlich S-Substanzen, hat also im Substanz-Traktat der *Metaphysik* überhaupt nie infrage gestanden. Konkrete Einzeldinge erfüllen das Subjektkriterium und sind insofern Substanzen; aber das ist nicht mehr, als (fast) jedermann zugestehen würde. *Metaphysik* VII ist dagegen eine Abhandlung über die Ursachen und Prinzipien von Substanzen – und Voraussetzung für eine solche Abhandlung ist ein gewisses Einvernehmen darüber, welches die Substanzen sind, deren Prinzipien wir suchen, und Einvernehmen besteht über die S-Substanzen. Es legt sich jetzt außerdem die Vermutung dringend nahe, dass die Bezeichnung »prôtê ousia« (erste Substanz) innerhalb der *Metaphysik* dazu dient, die gesuchte Substanz bzw. das Prinzip der S-Substanzen und nicht die S-Substanzen selbst auszuzeichnen. Wir können daher als vorläufiges Resultat schon jetzt festhalten, dass die Auszeichnung der Einzeldinge in den *Kategorien* und die Auszeichnung des »eidos« in der *Metaphysik* sich schon deshalb nicht gegenseitig ausschließen, weil sie sich gewissermaßen auf unterschiedlichen explanatorischen Ebenen befinden. Das »eidos« der *Metaphysik* wird deshalb zur ersten Substanz gekürt werden, weil es sich als die Ursache für das Sein von solchen Dingen erweisen wird, die in beiden Schriften als subjekthafte Substanzen, als S-Substanzen, angesehen werden.

Nehmen wir an, *Metaphysik* VII suche nach Substanz in der zweiten der oben unterschiedenen Bedeutungen, also nach der Ursache für das Sein von S-Substanzen; dann stehen für diese Rolle zu Beginn der Abhandlung – wieder aufgrund der Auswertung akzeptierter Ansichten – vier Kandidaten zur Auswahl, nämlich das Subjekt/Substrat, das Wesen oder Was-es-heißt-zu-Sein, das Allgemeine und die Gattung (Met. 1028 b 33 ff.); später kommen die materiellen Teile hinzu. Genau genommen sind Subjekt und Was-es-heißt-zu-Sein nicht selbst Kandidaten, sondern Prima-facie-Kriterien, durch die geeignete Kandidaten identifiziert werden sollen. Ausgewählt werden soll mit diesen Kriterien zwischen Form, Materie und dem aus Form und Materie zusammengesetzten Konkreten.

Betrachten wir jetzt den ersten unserer Kandidaten, das Subjektkriterium. In den *Kategorien* war dieses Kriterium der alleinige Substanzmacher, denn als erste Substanz galt das, was für alles andere als Subjekt/Substrat oder Zugrundeliegendes dient. Während aber in den *Kategorien* ebenso wie in einigen anderen, vermutlich frühen Schriften, das Begriffspaar Form-Materie völlig fehlt, wird in *Metaphysik* VII 3 das Subjektkriterium unter der neuen Bedingung der Form-Materie-Distinktion angewandt und am Ende eines nicht ganz leicht zu rekonstruierenden Gedankengangs eingeschränkt oder, wie einige Interpreten meinen, sogar zurückgewiesen. Für unsere Fragestellung ist nun wichtig zu sehen, wie weit genau diese Einschränkung geht, denn davon hängt es ab, ob die ontologischen Grundlagen der *Kategorien* in der *Metaphysik* einfach verworfen oder in deren Theorie integriert werden.

Die Hypothese ist, dass die Substanz von etwas, z. B. von Sokrates, durch das Subjektkriterium, und zwar durch dieses allein, identifiziert werden könne. Nach der hylemorphen (d.h. zwischen Form und Materie unterscheidenden) Analyse ist Sokrates aber etwas Zusammengesetztes aus Form und Materie: Eine bestimmte Form, die Menschform, kommt einer bestimmten Materie, hier einer gewissen Ansammlung von Fleisch und Knochen, zu. Wenn nun, nach der zugrunde gelegten Hypothese, ein Subjekt, von dem anderes ausgesagt wird, die Substanz von Sokrates sein soll, dann scheint die Materie – hier: Fleisch und Knochen – die Substanz von Sokrates zu sein, weil von dieser Materie etwas anderes, die Menschform, ausgesagt werden kann (»Dieser Ansammlung von Fleisch und Knochen kommt die Menschform zu«). Damit noch nicht genug: Letztlich wäre nach der Hypothese das ultimative Subjekt die eigentliche Substanz. Fleisch und Knochen sind aber nicht das ultimative Subjekt, denn sie enthalten immer noch eine Bestimmtheit (das, was sie zu Fleisch und Knochen macht), die von etwas anderem weniger Bestimmten ausgesagt werden kann; nach Aristoteles' Theorie könnte man etwa sagen, die Fleisch- und Knochenform komme einer bestimmten Ansammlung der Elemente Feuer und Erde zu. Aber auch diese enthalten wiederum eine Art von Bestimmtheit (denn sonst wären sie nicht als Fleisch und Knochen bestimmt), sodass das ultimative Subjekt etwas sein müsste, was überhaupt keine eigene Bestimmung mehr aufweist. Da jedoch in der aristotelischen Ontologie jedes selbstständig Seiende etwas von einer bestimmten Art (tode ti) ist und deshalb eine Bestimmung aufweisen muss, wäre ein ultimatives Subjekt, das keinerlei Bestimmung mehr aufweist, maximal unselbstständig und käme nicht als das Prinzip für das Sein von anderen Dingen infrage.

Das Ergebnis dieses Gedankenexperiments ist also, dass das Subjektkriterium allein bei Anwendung auf die hylemorphe Struktur von S-Substanzen nicht ausreicht, um die gesuchte erste Substanz zu identifizieren. Das heißt aber weder, dass das Subjektkriterium für die S-Substanzen außer Kraft gesetzt würde, noch, dass die gesuchte erste Substanz das Kriterium nicht erfüllen müsste; es heißt nur, dass das Subjektkriterium allein für die neuartige, durch die Form-Materie-Analyse ermöglichte Fragestellung nicht ausreicht.

Ein weiteres Kriterium, mit dessen Hilfe die gesuchte erste Substanz identifiziert werden soll, ist das so genannte Was-es-heißt-zu-Sein (to ti ên einai). Warum man dadurch Kandidaten für »die Substanz von X« zu isolieren glaubt, geht bereits aus der Begriffsbildung hervor: Jedes Seiende muss über eine Bestimmtheit verfügen, die sich in der Was-ist-es-Frage erfragen lässt. Genauer fragt das Was-es-heißt-zu-Sein nach derjenigen Bestimmtheit, in der das Sein der betreffenden Sache besteht; es fragt nach einer Artbestimmtheit, ohne die die betreffende Sache aufhörte, als dieselbe Sache fortzubestehen. Die Formel thematisiert mithin die Idee eines Wesens oder einer Essenz; und eine solche muss bei Aristoteles immer durch eine Definition erfassbar sein. – Dass dies im Unterschied zum Subjektkriterium das geeignete Kriterium ist, um nach der Substanz von S-Substanzen zu fragen, ergibt sich im aristotelischen Text relativ problemlos; und ist man erst soweit, ist es auch nicht mehr schwer festzustellen, dass das »eidos« das Was-es-heißt-zu-Sein einer Sache und daher deren Substanz ist. Das Argument ist das folgende: Wer versucht zu definieren, worin das Sein einer akzidentellen Eigenschaft, z. B. weiß zu sein, besteht, muss in dieser Definition immer auf eine andere Entität Bezug nehmen; entsprechend lautet etwa die Definition von »weiß« »helle Färbung einer Oberfläche«, sodass mit »Oberfläche« eine andere Entität in der Wesensdefinition erscheint. Deshalb kann es ein Was-es-heißt-zu-Sein nur von selbstständigen Dingen geben. Schließlich muss das Was-es-heißt-zu-Sein etwas Überindividuelles, Wiederholbares sein, denn nur von etwas Nichtpartikularem kann es nach der aristotelischen Theorie eine Definition geben. Damit bleibt als Was-es-heißt-zu-Sein einer Sache nur noch sein »eidos«, das es mit allen Dingen derselben Art gemein hat oder das zumindest mit dem »eidos« artgleicher Gegenstände qualitativ identisch ist. Das Was-es-heißt-zu-Sein von Sokrates ist sein »eidos« »Mensch« und dieses Menschsein ist bei allen Exemplaren der Art »Mensch« dasselbe.

Dieses grundsätzliche Ergebnis, dass sich das »eidos« einer Sache als die erste Substanz und somit als die Ursache für das Sein von S-Substanzen erweisen lässt, sobald man die Frage nach der ersten Substanz vom Was-es-heißt-zu-Sein her angeht, wird in *Metaphysik* VII durch mehrere voneinander weitgehend unabhängige Gedankengänge bestätigt. So wird in den Kapiteln 7-9 die Rolle von »eidos« und »hylê« im Prozess des Werdens oder Entstehens untersucht. Dabei zeigt sich, dass 1. bei einem Entstehungsprozess nur das aus »eidos« und »hylê« zusammengesetzte Konkrete entsteht, nicht aber die Form, die ein solches bei der Entstehung annimmt, dass 2. eine solche Form, obschon sie selbst unentstanden ist, nicht – wie die von Platon und manchen Akademikern angenommenen Ideen – neben den Einzeldingen, deren Form sie ist, vorkommt, dass 3. die Entstehung bei Natürlichem immer von Exemplaren desselben »eidos« (»Mensch zeugt Menschen«) bewirkt wird. In den Kapiteln 10-11 wird die Frage diskutiert, ob die Teile einer Sache in ihrer Wesensdefinition erwähnt werden müssen. Auch hier zeigt sich der Vorrang des »eidos«, denn die Frage wird für Teile der Form bejaht und für materielle Bestandteile verneint. In Kapitel 17 schließlich wird das »ti ên einai« bzw. das »eidos« als Grund oder Ursache (aition) für das Sein und das Eins-Sein einer jeden Sache ausgewiesen. – Aufgrund dieser verschiedenen Argumentationsansätze besteht für Aristoteles am Ende des Buches VII kein Zweifel mehr daran, dass das »eidos« in jeder Hinsicht vorrangig ist und daher als einziger Kandidat für die erste Substanz bleibt. Die Frage ist nur, was denn genau unter »eidos« zu verstehen ist.

Überblickt man die Argumentation bis hierher, dann könnte man immer noch den Eindruck haben, die zweite Substanz der *Kategorien* sei zur ersten Substanz der *Metaphysik* befördert worden; während Aristoteles dort sagte, die zweite Substanz sei das »eidos« (z. B. »Mensch«), sagt er jetzt, die erste Substanz sei das »eidos« (z. B. das »eidos« »Mensch«) – denn das Wort »eidos« kann, wie bereits gesagt, gleichermaßen »Art« und »Form« bedeuten. Dann aber bliebe die eingangs skizzierte Auffassung wahr, dass die Ontologie der *Kategorien* in der *Metaphysik* geradezu auf den Kopf gestellt würde. Dass dies jedoch eine irreführende Vorstellung ist, wird klar, wenn wir die nähere Eidos-Konzeption der *Metaphysik* betrachten. Man muss sich vor Augen halten, dass im Grunde alle Platoniker das Moment des »eidos«, das die Antwort auf die Was-Frage gibt, als Seinsträger in Betracht gezogen haben; allerdings haben durchaus nicht alle dieselbe Konzeption des »eidos« vertreten, Platon hat, zumindest nach Aristoteles, das »eidos« als getrennt existierende Idee konzipiert, Xenokrates favorisierte das unterste Allgemeine, usw. Auch Aristoteles' Eidos-Lehre in der *Metaphysik* wurde von manchen Interpreten so verstanden, dass er mit der Spezies das unterste Allgemeine im Unterschied zum allgemeineren Allgemeinen wie den Gattungen hervorheben wollte, sodass der Unterschied zu dem auf das oberste Allgemeine setzenden Platonismus nur gradueller Art wäre. Die Unhaltbarkeit dieser Auffassung zeigt sich, wenn Aristoteles deutlich zwischen

»eidos« im Sinne von Spezies und »eidos« im Sinne von Form unterscheidet. (Met. 1035b 27ff.) Während die Form einer Sache ihrer Materie entgegengesetzt ist, ist die Spezies etwas Allgemeines, und die Exemplare einer Spezies sind aus Form und Materie zusammengesetzt. Sokrates ist ein Exemplar der Spezies Mensch und als solches ist er aus Form und Materie zusammengesetzt. Sagt man »Sokrates ist ein Mensch«, dann meint »Mensch« das »eidos« im Sinne der Art oder Spezies; aber das in diesem Satz enthaltene »Mensch« ist nicht seine Substanz; seine Substanz ist das »eidos« »Mensch« im Sinne der Form. Diese kann aber nicht von Sokrates ausgesagt werden, sondern wird von derjenigen Materie ausgesagt, mit der zusammen sie den konkreten Gegenstand, z.B. Sokrates, konstituiert.[60]

Noch klarer wird der Kontrast zwischen den beiden Bedeutungen von »eidos«, wenn Aristoteles in *Metaphysik* VII 13 die Kandidaten »Allgemeines« und »Gattung« wieder aufgreift und nach kurzer Diskussion kategorisch erklärt, kein Allgemeines könne Substanz sein. Die Gründe, die Aristoteles gegen das Allgemeine vorbringt, entspringen einigermaßen spezialisierten innerakademischen Diskussionen. Gegen ein Allgemeines, das über den Einzeldingen und abgetrennt von ihnen existiert, wendet er ein, dass es nicht Ursache für das Sein von Dingen sein könne, von denen es getrennt ist. Gegen die Idee, dass ein Gattungsallgemeines als begrifflicher Bestandteil einer Sache deren Substanz sein könne, bringt er vor, dass wir damit eine Substanz in der Substanz erhielten, diese dann aber nur Substanz eines Teils der Sache wäre (dasselbe Argument spricht übrigens gegen die Annahme, materielle Bestandteile könnten die Substanz einer Sache sein). Außerdem beschreibe das Allgemeine immer nur eine Gemeinsamkeit verschiedener Dinge, drücke also ein Wie und nicht das wesentliche Was aus.

Wenn nun kein Allgemeines Substanz ist und das »eidos« erste Substanz sein soll, dann kann das »eidos« nicht zum kritisierten Allgemeinen gehören. Das »eidos« bzw. die Spezies, die in den *Kategorien* »zweite Substanz« hieß, war aber unbestritten allgemein. Daraus folgt, dass die erste Substanz der *Metaphysik* nicht die aufgewertete zweite Substanz der *Kategorien* sein kann. Damit ist auch die Abkehr von Platon, der das »eidos« gerade wegen der Allgemeinheit auszeichnete, deutlich und unumkehrbar.

Wenden wir uns zum Schluss noch der Frage zu, wie denn ein »eidos«, das nicht allgemein und nicht Artprädikat sein soll, ontologisch einzuordnen ist. Die geradlinigste Antwort ist die, dass, wenn das »eidos« nicht allgemein sein darf, es individuell sein muss, sodass auch zwei Dinge derselben Art über numerisch verschiedene »eidê« verfügen würden. Manche Autoren verbinden dies mit der Auffassung, dass ein individuelles »eidos« auch das Subjektkriterium erfülle, weil es der eigentliche Träger für die akzidentellen Eigenschaften des betroffenen Gegenstandes sei.[61] Eine Schwierigkeit ergibt sich für diese Lesart jedoch daraus, dass Substanz definierbar sein muss und Individuelles nicht definiert werden kann. Das heißt noch nicht, dass die individualisierende Deutung notwendig falsch ist; denn man könnte auch sagen, dass dann die Definition eben das Überindividuelle an den numerisch verschiedenen »eidê« bestimmt. Am Ende spitzt sich die Frage nach der Angemessenheit dieser Lesart auf die Interpretation einer Handvoll chronisch mehrdeutiger Passagen zu.

Eine Alternative zur individualisierenden Interpretation ergibt sich, wenn man dem Umstand Beachtung schenkt, dass Aristoteles' Kritik am Allgemeinen besonders gegen eine bestimmte Verwendung desselben und somit nicht gegen alles, was wir als »allgemein« bezeichnen, gerichtet zu sein scheint.

Dann besteht nämlich die Möglichkeit, das »eidos« weder als individuell noch als allgemein im kritisierten Sinn anzusehen. Das klingt zunächst wie ein dubioser Trick aus einer scholastischen Metaphysik, wird jedoch plausibler, wenn man bedenkt, dass Aristoteles das abgelehnte Allgemeine als ein Prädikat versteht, das von mehreren Dingen ausgesagt wird. Das »eidos«, das erste Substanz sein soll, kann aber aus dem einfachen Grund nicht von mehreren Subjekten – und nicht einmal von einem Subjekt – ausgesagt werden, weil es Subjekte (des betreffenden Typs) erst (als ein »tode ti«, d. h. als etwas Bestimmtes von der und der Art) konstituiert. Das Ausgesagt-Werden eines Prädikats präsupponiert bereits individuierte Subjekte, wie sie von einem substanzialen »eidos« erst geformt, geprägt und dadurch individuierbar gemacht werden. Das »eidos« im Sinne der substanzialen Form, sagt Aristoteles daher, kann nicht von eigentlichen Subjekten ausgesagt werden, sondern nur von dem Stück Materie, das es formt. Es ist auch nicht im kritisierten Sinne allgemein, weil nicht allgemein aussagbar.[62]

Potenzialität und Aktualität

Die Unterscheidung von Potenzialität und Aktualität, Möglichkeit und Wirklichkeit, »dynamis« und »energeia«, die bei Aristoteles in allen möglichen Zusammenhängen wiederkehrt, nimmt ihren Ausgang von einer einfachen Mehrdeutigkeit im Begriff des Seienden. (Met. 1017 a 35 ff.) Wenn man z. B. sagt, etwas sei sehend, kann das bedeuten, dass etwas in der Lage ist, zu sehen, oder dass es tatsächlich sieht – im ersten Fall bezeichnet »sein/seiend« eine Möglichkeit (bzw. hier eine Fähigkeit, ein Vermögen), im zweiten Fall eine Wirklichkeit. Eine Bestimmung des Begriffspaars ist am besten durch Anführung analoger

Beziehungen möglich: Wirklichkeit verhält sich zur Möglichkeit wie der Gebrauch einer Sache zu ihrem bloßen Besitz, wie der Bauende zum Baukundigen, wie das Wachende zum Schlafenden usw. (Met. 1048 a 35 ff.)

Das IX. Buch der *Metaphysik*, das ausführlich das Begriffspaar »Aktualität und Potenzialität« behandelt, schließt direkt an die Ausführungen zur Substanz bzw. ersten Substanz an. Tatsächlich besteht auch ein enger sachlicher Zusammenhang zwischen beiden Themen. Eines der Standardbeispiele für die Erläuterung des Unterschieds von Aktualität und Potenzialität macht nämlich von dem Begriffspaar »Form und Materie« Gebrauch: Das Erz, das später zu einer Statue geformt wird, ist nur der Möglichkeit nach eine Statue, während die durch die Statuenform geprägte Materie auch der Wirklichkeit nach eine Statue ist. Philosophen, die die materiellen Teile oder Teile der Wesensdefinition als die Substanz einer Sache ansehen, haben das Problem, dass dann nur ein Teil der betreffenden Sache Substanz wäre und dass selbstständige Gegenstände eine Substanz als Teil enthalten würden. Dahingegen kann Aristoteles sagen, dass der geformte Gegenstand nur die Wirklichkeit oder Verwirklichung dessen ist, was die Materie der Möglichkeit nach war (Met. VIII 6); d. h., dass Form und Materie nicht wie gewöhnliche Teile einer Sache, sondern durch die Möglichkeit-Aktualität-Beziehung miteinander verknüpft sind.

Eines der wichtigen Anliegen von *Metaphysik* IX besteht darin zu zeigen, dass die Wirklichkeit gegenüber der Möglichkeit primär ist. (Met. IX 8, besonders 1049 b 10 ff.) Das kann man so verstehen, dass ein Vermögen oder eine Möglichkeit immer nur bestimmt werden kann durch die Wirklichkeit, *zu der* es ein Vermögen ist. Wenn wir ein Wahrnehmungsvermögen bestimmen wollen, müssen wir auf die entsprechende Wirklichkeit, den Vollzug einer bestimmten Art von Wahrnehmung

Bezug nehmen. Aristoteles' These ist aber noch stärker; er meint, dass die Wirklichkeit auch früher sein müsse als die Möglichkeit. Wenn es ein mögliches F geben soll, muss es ein artgleiches F geben, das schon wirklich ist. Mit Bezug auf natürliche Entstehens- und Fortpflanzungsprozesse hieße das: Soll es den Samen als möglichen Menschen geben, dann muss es schon einen wirklichen Menschen geben; wenn es ein Ei gibt, gibt es zuvor eine Henne.

Mit dem Begriffspaar »Potenzialität und Aktualität« sind noch zwei theoretisch wichtige Unterscheidungen verbunden. Erstens macht Aristoteles vor allem in der Schrift *De Anima* gerne von einem dreistufigen Modell Gebrauch. Denken wir an ein Lebewesen mit der Fähigkeit zur Wahrnehmung, können wir nämlich unterscheiden zwischen 1. der unbelebten Materie, die der Möglichkeit nach ein belebtes Lebewesen mit der Fähigkeit zur Wahrnehmung ist, 2. dem Lebewesen, das verglichen mit der Materie etwas schon Wirkliches und als solches zur Wahrnehmung befähigt ist, und 3. dem aktuell wahrnehmenden Lebewesen, das seine Fähigkeit zur Wahrnehmung gerade verwirklicht. – Mit Bezug auf dieses Schema, das zwischen erster und zweiter Wirklichkeit unterscheidet, definiert Aristoteles in *De Anima* II 1 die Seele als »erste Wirklichkeit eines natürlichen Körpers«. Zweitens nimmt Aristoteles die Bestimmung der »energeia« zum Anlass, um zwischen zwei Arten von Prozessen zu unterscheiden:

»Weil von den Handlungen [i.w.S.], [a] die eine Grenze haben, keine ein Ziel ist, sondern sie auf ein Ziel bezogen sind wie zum Beispiel der Prozess des Abmagerns – die Dinge selbst sind, wenn sie abmagern, in einer Bewegung (kinêsis) begriffen, ohne dass jedoch schon dasjenige [ihnen] zukommt, um dessentwillen die Bewegung sich vollzieht –, sind sie keine Handlungen [i.e.S.] oder keine vollständigen; denn sie sind kein Ziel. Doch [b] jenes, in dem das Ziel enthalten ist, ist eine Handlung [i.e.S.]. Wie man zum Beispiel sieht und zugleich gesehen hat und versteht und zugleich verstanden hat [...]. Von diesen muss man offenbar die einen [a] Bewegungen (kinêsis) nennen, die anderen [b] aber Tätigkeiten (energeia) [...].« (Met. 1048 b 18)[63]

Göttliche Substanz

Aristoteles nimmt an, dass es neben den wahrnehmbaren materiellen Substanzen noch immaterielle, ewige Substanzen gibt. Die Behandlung der ewigen und göttlichen Substanzen in Buch *Lambda* (= Buch XII) der *Metaphysik* übte durch die Verknüpfung von Seinsphilosophie und Gottesbegriff einen enormen Einfluss auf die philosophische Theologie aus. Auch Aristoteles selbst sieht in seiner Argumentation für eine göttliche Substanz eine wichtige Abkehr von den Gottesvorstellungen der Volksreligion. (Met. 1074 b 1 ff.) Das erste Argument zugunsten göttlicher Substanzen knüpft unmittelbar an die Lehre von der Priorität der Wirklichkeit gegenüber der Möglichkeit an: Angenommen, das höchste Wesen des Kosmos und zugleich das Prinzip für Bewegung und Veränderung wäre etwas, was nur der Möglichkeit nach besteht, dann gäbe es keinen hinreichenden Grund dafür, dass es Veränderung und Bewegung im Kosmos wirklich gibt. Es muss daher eine Substanz geben, die wesentlich Wirklichkeit ist, d. h., sie muss ohne Materie existieren (weil Materie immer nur der Möglichkeit nach etwas ist). Dass sie ohne Materie existiert, bedeutet aber zugleich, dass sie nicht vergehen kann, sie muss ewig sein. (Met. 1071 b 19 ff.)

Die höchste göttliche Substanz wird in *Metaphysik* XII 7 durch das Argument vom unbewegten Beweger eingeführt. Es geht davon aus, dass es zu allem Bewegten ein Bewegendes geben muss, das selbst wiederum bewegt ist, dass diese Reihe jedoch nicht ins Unendliche gehen kann, sondern ein Erstes braucht, den unbewegten Beweger. Wie aber kann der göttliche Beweger bewegen, ohne selbst bewegt zu sein? Aristoteles' Lösung ist, dass er »wie ein Geliebtes« bewegt, nicht als mechanische Ursache, sondern als ein Zweck oder Ziel (telos). Von einem derartigen Prinzip hänge »der Himmel und die Natur« ab.

Soweit scheint die Argumentation nachvollziehbar; ein ganz neues Moment kommt allerdings in die Argumentation, wenn Aristoteles diesen ersten Beweger als göttlichen »nous« (Intellekt) beschreibt. Weil er reine Wirklichkeit ist, denkt er ohne Unterbrechung, und zwar einen Gegenstand, der die höchste Würde des göttlichen »nous« nicht beeinträchtigt, indem er selbst unwürdiger wäre. Daher sei klar, dass er das Göttlichste und Würdigste denkt, und weil dies der »nous« selbst ist, kommt es zur »noêsis noêseôs«, dem Denken des Denkens. (Met. 1074 a 26 ff.) – Welcher Zusammenhang aber besteht zwischen dem Beweger-Argument und dem »intellektuellen« Charakter der ersten Substanz? Sachlich lässt sich argumentieren, dass nur das Denken materiefrei ist und nur etwas Materiefreies reine Wirklichkeit sein kann. Vermutlich spielt hier auch eine gewisse philosophische Tradition eine Rolle: die Idee, dass das erste Prinzip des Kosmos etwas Geistiges, Denkendes sein muss, kommt u.a. bei Anaxagoras vor, wird aber auch in Platons Akademie in verschiedenen Formen gelehrt.[64]

12. Theorie der Seele

Platon argumentiert in seinem Dialog *Phaidon*, dass die Seele durch den Tod des Körpers nicht vernichtet werde; vielmehr gehörten Seele und Körper zu zwei verschiedenen Wirklichkeitsbereichen: die Seele zum Bereich des Intelligiblen und Unvergänglichen, der Körper zum Wahrnehmbaren und Vergänglichen. Damit formuliert Platon die Grundzüge für einen Leib-Seele-Dualismus. Wahrscheinlich ist seine Auffassung von den Pythagoreern inspiriert, die nicht nur die Unsterblichkeit der Seele, sondern sogar eine Theorie der Seelenwanderung vertraten. In der vorsokratischen Philosophie findet sich aber auch der gewissermaßen konträre Standpunkt, wonach die Seele aus einer feinen Art von Materie bestehe und sich nach dem Tod des Lebewesens in die materiellen Einzelteile auflöse. Vergleichbare Kontroversen – wenn auch mit veränderten Begriffen des Seelischen und des Materiellen – finden sich in der Philosophie der Neuzeit und der Gegenwart. Aristoteles' Standpunkt ist deswegen systematisch interessant, weil er die Alternative von Materialismus einerseits und Dualismus andererseits zu unterlaufen versucht. – Die wichtigste Schrift ist hier das Buch *De Anima*; Fragen zum sinnlichen Wahrnehmungsapparat werden auch in den kurzen, später unter dem Titel *Parva Naturalia*[65] zusammengefassten Schriften erörtert.

Beseeltsein als Lebendigsein

Auch in der Leib-Seele-Frage wendet Aristoteles die hylemorphistische Analyse an, er behandelt die Seele als die Form eines belebten Körpers (An. II 1); die Seele verhalte sich zum Körper wie die Form zur Materie.[66] »Beseeltsein« heißt bei diesem Ansatz »Lebendigsein«. Die Seele ist genau das, was den Unterschied zwischen einem lebendigen und einem toten Körper ausmacht. Ein beseeltes, lebendiges Wesen unterscheidet sich von einem toten Körper durch bestimmte Fähigkeiten, wie das Vermögen zum Wachstum und zur Ernährung. Während Pflanzen über keine weiteren Seelenvermögen verfügen, kommt bei den Tieren außerdem die Fähigkeit zur Wahrnehmung und Selbstbewegung, bei den Menschen schließlich die Fähigkeit zu denken hinzu. So betrachtet ist »Seele« oder das »Seelische« überhaupt kein spekulativer Begriff; dass es einen Unterschied zwischen »belebt« und »unbelebt« gibt, ist unstrittig, und wenn »beseelt sein« nicht mehr als die das Lebendige auszeichnenden Fähigkeiten und Funktionen meint, wird man über die Existenz der Seele nicht ernsthaft streiten wollen. Nach der hylemorphistischen Seelenkonzeption kann die Seele nicht abgetrennt vom Körper weiterexistieren. (An. 413 a 3 ff.)

Das Seelische im Hylemorphismus beschreibt daher weder wie bei Platon das Unvergängliche und Denkende im Unterschied zum Bereich des Wahrnehmbaren, Inkonstanten und Materiellen noch wie bei Descartes das Bewusste und Geistige im Unterschied zum Ausgedehnten. Für den Hylemorphisten sind Wachsen und Verdauen ebenso Fähigkeiten, die dem Lebewesen durch seine Seele zukommen, wie das Wahrnehmen und Denken. Was wir als geistige, bewusste Vorgänge beschreiben würden, nimmt für den Hylemorphisten als solchen keine Sonderrolle ein. Insofern versteht sich der Hylemorphismus zu

Recht als ein Standpunkt sui generis; er opponiert sowohl dem Leib-Seele-Dualismus als auch dem reduktiven Materialismus.

Gegen den Materialismus wendet der Hylemorphist ein, dass qualitativ identische physiologische Zustände zur materiellen Konstitution ganz unterschiedlicher Entitäten und Vorgänge beitragen können, während die Identität einer Sache nicht allein durch ihre materiellen Komponenten, sondern erst durch eine formale Beschreibung bestimmt wird. Die antimaterialistische Argumentationsstrategie widerlegt jedoch nicht die These, dass es nur eine Art von Substanz gebe, denn auch der Hylemorphist möchte nicht neben der Materie eine zweite Art von Substanz einführen. Wogegen sich das Argument eigentlich richtet, ist die Auffassung, dass die veränderliche Welt hinreichend durch *eine* Art von Ursache, die Materialursache, erklärt werden kann; tatsächlich sind auch Form- und Zweckursachen wirksam. Was der Hylemorphist widerlegt, ist daher nicht der materiale Monismus, sondern der reduktivistische Anspruch, alle Erklärungen in materielle Beschreibungen übersetzen zu können.

Der Hylemorphismus versteht sich aber zugleich auch als antidualistisch. Die basale Idee ist dabei die: Weder Form noch Materie sind für sich genommen eigenständige, zählbare Individuen; vielmehr handelt es sich um diejenigen Aspekte, durch die man die Konstitution eines zählbaren Dings beschreiben kann. Bezogen auf das Verhältnis von Leib und Seele sagt Aristoteles daher: Man dürfe nicht fragen, »ob die Seele und der Körper eines sind, wie man ja auch nicht fragt, ob das Wachs und seine Gestalt und überhaupt die Materie von jedem und das, wovon sie die Materie ist, eines sind« (An. 412 b 6 ff.). Offenbar sieht er in der bloßen Frage nach der Identität von Körper und Seele eine Art von Kategorienfehler vorliegen – so wie wenn man jemanden, der berichtet, er habe sich ein Haus gekauft, fragen würde, ob er auch noch ein paar Wände und ein Dach dazu genommen habe. Seele und Leib sind nicht eines und sind auch nicht verschieden; zwischen ihnen besteht das genuine Verhältnis des »Bestehens aus«, der materiellen Konstitution. Der Fehler des Dualismus liegt demnach darin, dass man versucht, Form und Materie wie zwei selbstständig zählbare Entitäten nebeneinander zu stellen. Daher fordert der Hylemorphist, dass die so genannten seelischen Zustände dem Körper und der Seele gemeinsam sein müssen oder zumindest nicht ohne Körper sein können. Dies wiederum ist die Grundlage dafür, dass der Hylemorphist es ablehnt, die Seele zum Subjekt oder Akteur für Vorgänge zu machen, die nur dem aus Seele und Körper zusammengesetzten Lebewesen zugesprochen werden können. Von der Seele zu sagen, *sie* sei es, die empfinde oder denke, sei so, wie wenn man sagte, die Seele webe oder baue. (408 b 11 ff.)[67]

Wahrnehmung

Aristoteles zeigt, dass es für die sinnliche Wahrnehmung fünf Sinne gibt und dass es darüber hinaus keine weiteren Sinne geben kann; höher entwickelte Lebewesen können sehen, hören, riechen, schmecken und tasten. Der elementarste Sinn ist der Tastsinn; er findet sich bei allen wahrnehmenden Wesen und braucht kein Medium zwischen dem Organ und dem wahrgenommenen Gegenstand. Die Distanzsinne Sehen, Hören, Riechen, die bei den einfachsten Wesen fehlen, benötigen hingegen immer ein Medium.

Weil ein Sinn eine »dynamis« und weil die Wirklichkeit früher als die Möglichkeit/Fähigkeit ist, wird jeder Einzelsinn durch den Wahrnehmungsakt definiert. (An. 415 a 18 ff.) Da dieser etwas Relatives ist, muss jeder einzelne Sinn durch seinen besonderen Gegenstand definiert werden. Der Gegenstand der

Einzelsinne ist jeweils durch die Skala eines Gegensatzpaares spezifiziert, sodass jeder Sinn wie folgt bestimmt werden kann: Gesichtssinn ist die Wahrnehmung von hell und dunkel, Gehör die Wahrnehmung von hohen und tiefen Tönen, Geruchssinn die Wahrnehmung von bitterem und süßem Geruch, Geschmackssinn die Wahrnehmung von bitterem und süßem Geschmack. Nur der Tastsinn besteht in der Wahrnehmung verschiedener Gegensatzpaare, nämlich heiß und kalt, feucht und trocken, hart und weich. Neben der Wahrnehmung dieser eigentümlichen Sinnesqualitäten (idia), berücksichtigt Aristoteles die Wahrnehmung gemeinsamer Sinnesgegenstände (koina) wie Bewegung, Ruhe, Zahl, Gestalt, Größe; »gemeinsam« heißen sie, weil sie von allen Sinnen wahrgenommen werden können, ohne dass sie dabei von einem einzelnen Sinn wie ein eigentümlicher Gegenstand wahrgenommen würden. (An. 418 a 11 ff.) Schließlich spricht man auch von Wahrnehmung, wenn man etwa sagt, man sehe den Sohn des Kleon; doch handelt es sich dabei nur um eine akzidentelle (kat' symbebêkos) Wahrnehmung, insofern man einen an sich wahrnehmbaren Gegenstand, z.B. etwas Weißes, wahrnimmt, bei dem es sich akzidentellerweise um Kleons Sohn handelt. (An. 418 a 20 ff.) In jede Wahrnehmung ist die Wahrnehmung eines eigentümlichen Sinnesgegenstandes involviert; der Theorie der Wahrnehmung liegt daher eine Theorie der Wahrnehmung eigentümlicher Sinnesgegenstände zugrunde. Während bei der Wahrnehmung eigentümlicher Sinnesqualitäten Täuschung ausgeschlossen ist (jedes Sinnesorgan reagiert nur, wenn es durch die ihm eigentümliche Qualität stimuliert wird), ist Irrtum bei der akzidentellen Wahrnehmung und der Wahrnehmung gemeinsamer Sinnesgegenstände möglich.

Bei der sinnlichen Wahrnehmung wird das Wahrnehmungsorgan *wie* das Wahrgenommene und nimmt die Form des Wahrgenommenen ohne Materie auf. (An. 418 a 3 ff.) Im Zuge seiner berühmt gewordenen Beschreibung der intentionalen Inexistenz zitiert Franz Brentano diese Formel und gratuliert Aristoteles zu der Entdeckung, dass bei der Empfindung des Kalten die Kälte nicht materiell, sondern nur als Erkanntes oder intentional im Empfindenden existiere.[68] Ähnlich verstehen schon mittelalterliche Philosophen wie Thomas von Aquin die aristotelische Formel: Aristoteles unterscheide zwischen einer natürlichen und einer geistigen Veränderung; bei der natürlichen Veränderung werde die Form des Verändernden dem natürlichen Sein nach in die Seele aufgenommen, wie die Wärme in das Erwärmte. Für die Wahrnehmung hingegen sei eine geistige Veränderung erforderlich, bei der die wahrnehmbare Form nur dem geistigen Sein nach in das Sinnesorgan aufgenommen werde. Demnach finde bei der Wahrnehmung von Rot keine wirkliche Rötung des Auges, sondern nur eine geistige Aufnahme der Rot-Form statt.

In der neueren Forschung argumentieren verschiedene Autoren, dass genau das nicht die Absicht der aristotelischen Formel war.[69] Wenn Aristoteles sagt, dass die Form bei der Wahrnehmung ohne Materie aufgenommen wird, meine er damit, dass keine Materie von außen ins Organ gelangt. Früheren Autoren schien dies ein zu trivialer Sinn der Formel zu sein; allerdings war diese Feststellung für Aristoteles keineswegs trivial, da eine der zu seiner Zeit erfolgreichsten Theorien der Wahrnehmung, nämlich die atomistische, genau dies behauptete: dass kleine Materiepartikel in die Organe gelangen müssen. Unter diesen Umständen aber gibt die aristotelische Formel nicht mehr den Sinn einer nur geistigen Aufnahme der wahrgenommenen Form her. Im Gegenteil verwendet Aristoteles viel Mühe darauf, die materielle Konstitution der Sinnesorgane aus dem spezifischen Sinnesobjekt und den allgemeinen Gesetzen über die kausale

Einwirkung entgegengesetzter Qualitäten zu erschließen. Und dies scheint nur deshalb erforderlich, weil er annimmt, dass die Sinnesorgane sich materiell verändern. Das wäre der Fall, wenn die wahrgenommenen Formen buchstäblich vom Organ angenommen würden: Bei der Rot-Wahrnehmung befindet sich Rotes im durchsichtigen Glaskörper des Auges, beim Hören entsteht ein Geräusch in der Flüssigkeit des Innenohrs.

Beide Interpretationen, diejenige, die eine nur geistige Veränderung, und diejenige, die eine buchstäbliche Veränderung der Sinnesorgane annimmt, können gewisse Textevidenzen für ihre Position beanspruchen. Wichtig ist, dass man eine materielle Veränderung der Sinnesorgane auch dann einräumen muss, wenn man den eigentlichen Wahrnehmungsakt mit einer nur »geistig-perzeptuellen« Veränderung verknüpfen will. Aristoteles scheint der Auffassung zu sein, dass eine Veränderung der peripheren Sinnesorgane allein die Wahrnehmung ohnehin nicht vollständig erklären kann; mehrmals weist er darauf hin, dass die verschiedenen Sinne miteinander verknüpft sein müssen, und bisweilen taucht hierbei die Vorstellung eines inneren Zentralsinns auf, an den Reizungen der peripheren Sinne weitergeleitet werden müssen. Allerdings bleiben die Andeutungen zu diesem zentralen Sinn relativ dunkel.

»Phantasia«

Wahrnehmung beginnt damit, dass die Sinnesorgane durch die Anwesenheit eines geeigneten Gegenstandes stimuliert werden; jedoch setzt jede höhere kognitive Leistung die Fähigkeit voraus, Sinneseindrücke zu konservieren und auch in Abwesenheit entsprechender Gegenstände zu reproduzieren. Weil nun die Tiere einerseits nur über die Fähigkeit zur Sinneswahrnehmung, nicht aber wie der Mensch über ein Denkvermögen verfügen, andererseits dennoch ein gewisses Erinnerungsvermögen haben und in der Lage sind, bestimmte Sinneseindrücke mit den Qualitäten »erstrebenswert« und »zu vermeidend« zu verknüpfen, muss die Fähigkeit, Sinneseindrücke zu bewahren, der Wahrnehmungsseele und nicht der Denkseele zugehören. Für alle Funktionen, bei denen ein sinnlicher Gehalt in Abwesenheit entsprechender Sinnesobjekte auftritt, hat Aristoteles daher das Vermögen der »phantasia« als Teil der sinnlichen Seele vorgesehen. Dieses Vermögen ist im Spiel, wenn wir uns abwesende Gegenstände vorzustellen versuchen[70], halluzinieren, durch wiederholte Wahrnehmung die Erinnerung an einen Gegenstand ausbilden[71], eine gegenwärtige Wahrnehmung mit früheren Wahrnehmungen ähnlicher Gegenstände assoziieren und wenn wir die unklare Wahrnehmung eines entfernten Gegenstandes zu einem vollständigen Sinnesbild ergänzen.

Während eigentliche Wahrnehmung die Anwesenheit eines entsprechenden Gegenstandes erfordert, ist die Leistung der »phantasia« immer dann involviert, wenn ein sinnlicher Gehalt in Abwesenheit eines entsprechenden äußeren Gegenstandes gegeben ist (An. 417 b 20 ff.; Mem. 461 b 22 ff.) oder wenn die kausalen Kräfte der äußeren Gegenstände den sinnlichen Gehalt nicht hinreichend bestimmen. Diese Leistung der »phantasia« ist auch deshalb von besonderer Bedeutung, weil nach Aristoteles das Denken immer zusammen mit Vorstellungsbildern (phantasmata) erfolgt. (Mem. 449 b 31 ff., An. 431 a 16 f., u. ö.) Es verhalte sich nämlich beim Denken allgemeiner Begriffe ähnlich wie beim Zeichnen geometrischer Figuren: Obwohl es auf eine bestimmte Größe gar nicht ankommt, zeichne oder denke man stets an Dreiecke einer bestimmten Größe. (Mem. 450 a 1 f.)

Aristoteles widmet der »phantasia« das ganze Kapitel *De Anima* III 3, in dem es überwiegend darum geht zu zeigen, dass die »phantasia« mit keinem der schon bekannten seelischen Vermögen zusammenfällt. Eine direkte Beschreibung des Vermögens gibt er nur ein einziges Mal:

»Aber weil, wenn etwas verändert wurde, etwas anderes dadurch verändert wird, scheint phantasia eine Art von Veränderung (kinêsis) zu sein, die nicht ohne Wahrnehmung auftritt, sondern nur bei Wesen auftritt, die wahrnehmen, und Gegenstände betrifft, die wahrgenommen werden können, und weil eine Veränderung entsteht infolge der Wirklichkeit (energeia) der Sinneswahrnehmung und diese notwendigerweise der Wahrnehmung ähnlich ist, dürfte diese Veränderung weder ohne Sinneswahrnehmung noch bei Wesen, die nicht wahrnehmen, möglich sein, und das, was sie hat, tut und erleidet ihr gemäß vieles und kann wahr oder falsch sein.« (An. 428 b 10 ff.)

An dieser Stelle wird die »phantasia« durch ihre kausale Rolle beschrieben; sie ist immer eine sekundäre Veränderung des Sinnesapparates, die durch die primäre Veränderung in den Sinnesorganen angestoßen wird. Sie produziert einen Effekt, der dem Effekt der direkten Sinneswahrnehmung ähnlich ist. Auch wenn die »phantasia« daher immer durch eine vorgängige Veränderung der Sinnesorgane verursacht wird, muss sie keineswegs zeitgleich auftreten, sie kann auch versetzt nach einer längeren Zeitspanne auftreten. Durch den zeitlichen Abstand und vielleicht auch dadurch, dass die »phantasia« verglichen mit dem ursprünglichen Impuls eine schwächere Veränderung darstellt (Rhet. 1370 a 28 f.), muss der sinnliche Gehalt, den die »phantasia« bewirkt, nicht immer und nicht genau dem Gehalt der ursprünglichen Sinneswahrnehmung entsprechen (er muss nur allgemein wahrnehmbaren Gehalten ähnlich sein). Besonders unter anomalen physiologischen Einflüssen, wie sie durch Alkohol, Fieber oder starke Emotionen bewirkt werden, kann der relativ schwache Impuls der »phantasia« gegenüber dem ursprünglichen Gehalt stark abgeändert werden, was zu Sinnestäuschungen oder gar Halluzinationen führt. (De Insomniis 460b 1ff.). Bei Tieren, die ja über keine kontrollierende Vernunft verfügen, und bei Menschen im Zustand eingeschränkter Vernunfttätigkeit kommt es dann auch dazu, dass man den durch die »phantasia« verursachten Eindrücken entsprechend handelt. (An. 429a 4f.)[72]

Denken

Das Denkvermögen bzw. der Intellekt (nous) wird definiert als »das, womit die Seele denkt und Annahmen macht« (An. 429a 22f.). Er ist selbst ohne eigene Eigenschaften und dadurch in der Lage, die Formen des Gedachten aufzunehmen. Er ist nichts von dem, was er denken kann, der Wirklichkeit nach, bevor er denkt, und wird deswegen auch mit einer leeren Schreibtafel verglichen. Während Sinnesorgane durch übermäßige Eindrücke zerstört werden können, gibt es kein Denkbares, das für den »nous« zu intensiv wäre. Der »nous« kommt nur den Menschen, nicht aber den Tieren zu. Durch ihn ist der Mensch in der Lage, allgemeine Wesensformen zu denken und zu verstehen. Wie schon Platon unterscheidet Aristoteles innerhalb des denkenden Seelenteils das unfehlbare Erfassen von einfachen Gegenständen, d.h., besonders das Erfassen von Wesensbegriffen, von den fehlbaren Arten des Denkens, die immer eine Verknüpfung von Gedanken, sei es prädizierend, schlussfolgernd oder vergleichend, enthalten. Wenn der Ausdruck »nous« zur Bezeichnung des denkenden Seelenteils benutzt wird, umfasst er beide Funktionen, manchmal benutzt ihn Aristoteles aber auch im engeren Sinn zur Bezeichnung der ersten Funktion. (An. II 4)

Aristoteles geht davon aus, dass der Intellekt bzw. »nous«

alles denken oder erkennen können muss. (An. 429a 18ff.) Diese so genannte Plastizität des Intellekts wäre, so meint er, beeinträchtigt, wenn sich das Denken durch ein körperliches Organ mit bestimmten Eigenschaften vollzöge, weil solche Eigenschaften eines Denkorgans die Erkenntnis eben derselben Eigenschaften ausschließen würden. Dieses Phänomen tauche in der körperlichen Sinneswahrnehmung auf: Berühren wir etwas, was exakt dieselbe Temperatur hat wie unser Körper, haben wir überhaupt keine Wahrnehmung. Aristoteles folgert, dass sich das Denken nicht durch ein Organ vollziehen kann.[73] Das Plastizitätsargument bildet die Basis dafür, dass für den Intellekt eine Ausnahme von der hylemorphistischen Regel gemacht wird, dass seelische Zustände selbst zugleich körperlich sind; der Intellekt ist als einziges Seelenvermögen mit dem Körper unvermischt. (An. 429a 18) – Heißt das nun, dass es dem Intellekt im Prinzip freistehen würde, ohne Körper zu existieren? Aristoteles zieht diese Konsequenz mit Sicherheit nicht. Es werden nämlich nicht nur die allgemeinen Begriffe, durch die der Intellekt denkt, aus der sinnlich vermittelten Erfahrung genommen, auch wenn solche Begriffe im individuellen Intellekt bereits etabliert sind, vollziehe sich das Denken ausnahmslos immer in »phantasmata«, in Vorstellungsbildern (An. 431a 16f.), und diese stellten immer körperliche Veränderungen dar. Obschon der Intellekt daher kein Organ hat, impliziert jeder Denkakt einen davon numerisch verschiedenen körperlichen Vorgang. Da etwa das Denken an Dreiecke außerdem andere Vorstellungsbilder erfordert als beispielsweise das Denken an Schwalben, muss eine Kovarianz zwischen dem Denken verschiedener Gegenstände und dem Gesamtzustand des Körpers bestehen. Auch wenn der Denkakt also nicht wie die Wahrnehmung aus einer körperlichen Veränderung *besteht*, bleibt das menschliche Denken *wesentlich* auf Veränderungen des Körpers angewiesen.

Damit wäre, was die Körpergebundenheit des Intellekts angeht, eigentlich alles gesagt, wenn da nicht noch das Kapitel *De Anima* III 5 wäre, in dem Aristoteles in ganzen fünfzehneinhalb Zeilen den »bewirkenden Intellekt« (später »nous poiêtikos« genannt) behandelt. Weil es von diesem heißt, er sei unsterblich, liegt der Schluss nahe, dass zumindest diese eine, aktive oder bewirkende, Funktion des Intellekts ohne Körper realisierbar sei. Nach einer bis in die Antike zurückreichenden und noch heute vorherrschenden Kommentierungstradition versteht man unter dem bewirkenden Intellekt ein Vermögen der menschlichen Seele, das die Aufgabe hat, aus den sinnlichen Eindrücken die allgemeinen Wesensformen zu abstrahieren. Diese Erklärung betont zwar zu Recht, dass der Übergang von der Erfahrung zum Erfassen allgemeiner Begriffe keineswegs trivial ist, sondern eine besondere Leistung des Intellekts erfordert; dass es aber gerade diese Leistung ist, die mit dem Attribut »bewirkend« beschrieben werden soll, steht bei Aristoteles nirgendwo. Außerdem fällt auf, dass Aristoteles nie mit Bezug auf die kognitive Leistung der Abstraktion von diesem Vermögen spricht. – Da alle Merkmale des bewirkenden Intellekts bei der Beschreibung des göttlichen Intellekts wiederkehren, scheint es näher liegend, dass der »nous poiêtikos« in *De Anima* III 5 weder ein menschliches Vermögen noch eine überindividuelle Instanz darstellt, von der das menschliche Denken abhängig wäre, sondern einfach mit dem ersten Gott aus *Metaphysik* XII identisch ist.[74] Damit aber entfiele auch jede Grundlage für die Annahme, dass die individuelle menschliche Seele unsterblich sein könnte.

13. Biologie

Zu Beginn seiner Exiljahre (ca. 347-335) kam Aristoteles auf die nordgriechische Insel Lesbos. Allem Anschein nach hat er dort zusammen mit Theophrast seine biologischen Studien begonnen. Viele Beobachtungen, die in Aristoteles' Tierkunde (*Historia Animalium*) dokumentiert sind, lassen sich nämlich auf diesen geographischen Raum oder sogar auf eine bestimmte Lagune auf der Insel Lesbos zurückführen.[75] Aristoteles hat sich dabei auf die Erforschung von Tieren bzw. Lebewesen (sowohl nichtmenschlichen als auch menschlichen), also auf die Zoologie, konzentriert, während Theophrast auch über Pflanzen, also zur Botanik, gearbeitet hat. Die zoologischen Schriften des Aristoteles machen insgesamt rund ein Viertel seines überlieferten Gesamtwerks aus. Er schildert darin mehrere hundert verschiedene Tierarten und befasst sich ausführlich mit deren jeweiligen Anatomie, den Fortbewegungsarten, der Fortpflanzung sowie den Lebensgewohnheiten und der Nahrungsaufnahme. Dafür greift er auf die Ergebnisse eigener Beobachtungen und eigener Sektionen sowie auf die Berichte von Fachleuten, z.B. Fischern, Imkern, Viehzüchtern, Jägern, Ärzten, sowie – für die Schilderung exotischer Tiere – auf Reiseberichte zurück.

Biologie und Aristotelische Philosophie

Grundsätzlich sieht Aristoteles die Biologie als Teil seiner Naturphilosophie (vgl. *Meteorologie* I 1, 338a20-339a9), deren Grundlagen in der *Physik* behandelt werden und die außerdem die Astronomie, also die Kunde von den Himmelskörpern (vgl. *De Caelo*), die Behandlung von Elementen (vgl. *De Generatione et Corruptione*) und das Studium von Wetterphänomenen, Winden, Erdbeben usw. (vgl. *Meteorologie*) beinhaltet. Außerdem steht die Biologie, die das Lebendige zum Gegenstand hat, der philosophischen Behandlung der Seele in *De Anima* und der Behandlung der das Lebendige auszeichnenden Funktionen (Wahrnehmen, Schlafen, Wachen, Atmen, Altern, Selbstbewegung usw.) in der als *Parva Naturalia* bezeichneten Schriftensammlung nahe.

Im Vergleich mit diesen anderen Bereichen der Naturforschung zeichnen sich die zoologischen Werke jedoch durch sehr viel mehr empirische Details aus. Weil Letztere für den zoologischen Laien kaum zu überprüfen sind, ist die Lektüre dieser Werke für die philosophisch interessierten Leser des Aristoteles nicht ganz einfach und nicht immer philosophisch ertragreich, was die Erforschung von Aristoteles' biologischen Werken in der Geschichte der Aristoteles-Auslegung erheblich erschwert hat. Erst in der jüngeren Forschung hat man anerkannt, wie eng die biologische Methode mit Aristoteles' allgemeiner Theorie des Wissens und der Wissenschaft aus der *Zweiten Analytik* verzahnt ist.[76] Außerdem stellen wichtige Hypothesen, die Aristoteles in der Biologie aufstellt, in gewisser Weise eine Anwendung seiner metaphysischen Thesen, z.B. des zentralen Begriffspaars Form und Materie, dar.[77]

Trotz dieser unverkennbar philosophischen Bezüge scheint Aristoteles' zoologische Forschung ein durchaus selbstständiges Projekt zu sein. Bei der Beschreibung zoologischer Einzelheiten ist er meist skrupulös und unbeirrbar (z.B. Migration der Fische: HA VIII 13, verschiedene Arten zu trinken: HA VIII 6, präferierte Fortpflanzungszeiten verschiedener Arten: HA V 8-13), auch wenn diese Unterschiede keinerlei philosophische Konsequenzen haben. Offenbar war sich Aristoteles darüber bewusst, dass die zoologische Faktensammlung eine für die Philosophen seiner Zeit ungewöhnliche Betätigung war. Am Ende des programmatischen ersten Buches von *Über die Teile der Lebewesen* spricht er daher gezielt ein Publikum an, das im Anschluss an die Philosophie Platons und seiner Vorgänger gewohnt war, dass sich Philosophie mit den vornehmsten und göttlichsten Dingen befassen muss. In einer Art von »Werbung für die Biologie«, wie der Passus (PA I 5, 644b22-645a30) in der Forschung genannt wird, erklärt Aristoteles, dass man über die höchsten und göttlichsten Dinge (einschließlich der Himmelskörper) nur wenige Kenntnisse haben könne, während wir Menschen mit Bezug auf botanische und zoologische Gattungen in der günstigeren Lage seien, mit ihnen zusammen aufgewachsen zu sein und daher viele Eigenschaften von ihnen erkennen zu können, wenn man nur wolle – so dass uns das Wissen über Tiere und Pflanzen geradezu einen Ausgleich für die Dürftigkeit der Einsichten über die ewigen Dinge verschaffe:

»Denn auch bei dem, was daran [bei den niedrigen Tieren] unansehnlich ist, gewährt die Natur, die es geschaffen hat, bei der Untersuchung in gleicher Weise denen, die imstande sind, die Ursachen zu erkennen, und die von Natur aus Philosophen sind, unermessliche Freuden. [...] Deshalb darf man nicht in kindischer Weise einen Widerwillen gegen die Untersuchung der niedriger stehenden Lebewesen haben. Denn in allem Natürlichen ist etwas Staunenswertes enthalten.« (Übersetzung: Kullmann)

Aristoteles' biologisches Werk

Nach Aristoteles' Theorie des Wissens und der Wissenschaft[78] erfordert Wissen im strengen Sinn des Wortes die Kenntnis von den Ursachen oder Gründen der gewussten Sache. Bevor man nach den Ursachen und Gründen suchen kann, muss man aber die zu erklärenden Phänomene und Fakten, die zu einer jeden Wissenschaft gehören, sammeln (z.B. An. pr. I 30). Das biologische Werk des Aristoteles ist streng im Sinne dieser Zweiteilung in Faktenfeststellung einerseits und Suche nach den Gründen und Ursachen andererseits strukturiert. Die *Tierkunde* bzw. *Historia Animalium* (HA) ist der Sammlung der für die Zoologie einschlägigen Fakten gewidmet. Die Bücher I-IV der HA behandeln die inneren und äußeren »Teile«, d.h. Organe, Gewebe, Körperflüssigkeiten, Extremitäten der Lebewesen, die Bücher V-VII die Geschlechtsteile und alles, was mit der Fortpflanzung zu tun hat, und die Bücher VIII-IX behandeln schließlich die Lebensformen und den Charakter verschiedener Lebewesen.

Zwei weitere Hauptwerke der Aristotelischen Biologie haben nun die Aufgabe, die in der HA gesammelten Fakten zu erklären (man nennt sie daher »aitiologisch« nach aitia: Grund, Ursache, Erklärung). Und zwar widmet sich das Werk *Über die Teile der Tiere* bzw. *De Partibus Animalium* (PA)[79] ganz der Anatomie. Es gilt zu erklären, welche Funktionen die einzelnen Teile eines Körpers haben, warum sie für diese Funktion eine bestimmte Gestalt haben oder eine bestimmte materielle Beschaffenheit haben müssen und warum bei verschiedenen Arten und Gattungen die Teile oder Organe, die dieselbe oder analoge Funktion erfüllen, unterschiedlich gestaltet sind: Warum z.B. haben Fische Kiemen und Landlebewesen Lungen, warum haben manche Vögel kurze und manche lange Beine, warum ist die Brust des Menschen breit und die von Hunden und Pferden vergleichsweise schmal usw.? Entsprechend widmet sich das Werk *Über die Entstehung der Lebewesen* bzw. *De Generatione Animalium* (GA) der Erklärung aller Phänomene, die mit der Fortpflanzung zu tun haben. Warum gibt es bei einigen Lebewesen verschiedene Geschlechter und welchen Beitrag leisten diese zur Fortpflanzung?

Wie geht die Zeugung vonstatten und in welchen Schritten entwickelt sich ein Embryo? Wie ist schließlich die Vererbung zu erklären und warum haben Lebewesen derselben Art unterschiedliche Augenfarben? Eine kleinere Schrift, die meistens unter dem lateinischen Titel *De Incessu Animalium* (deutsch etwa: »Über die Fortbewegung der Lebewesen«) zitiert wird, erklärt die unterschiedliche Beschaffenheit und Anzahl der Extremitäten, die es mit der Fortbewegung zu tun haben. Dagegen hat es die ebenfalls kurze Schrift mit dem ähnlich lautenden Titel *Über die Bewegung der Lebewesen* bzw. *De Motu Animalium* (MA) mit der konkreten Frage zu tun, was denn die gemeinsame Erklärung jeglicher Art von Selbstbewegung von Lebewesen ist und welche Rolle dabei die Seele spielt.

Tiere und Menschen

Einen bemerkenswerten Aspekt der Aristotelischen Zoologie kann man darin sehen, dass sie das bis dahin fast ausschließlich dem Menschen geltende Interesse der Philosophie auf den gesamten Bereich des (makroskopisch beobachtbaren) Lebendigen erweiterte. Erst die umfassende Beschäftigung mit nicht-menschlichen Tieren bringt ans Licht, wie viel der Mensch mit anderen, höher entwickelten Lebewesen gemeinsam hat. In den Büchern VIII und IX der HA spricht Aristoteles verschiedenen Tieren zahlreiche Fähigkeiten und Charaktermerkmale zu, die man im Allgemeinen nur beim Menschen zu finden meint. Ausdrücklich sagt er:

> »Denn auch bei den meisten Tieren gibt es Spuren von Eigenschaften, die mit der Seele zu tun haben; bei den Menschen tragen diese (nur) deutlicher ausgeprägte Merkmale. Denn Zahmheit und Wildheit, Freundlich-

keit und Aggressivität, Tapferkeit und Feigheit, Anwandlungen von Furcht und Verwegenheit, von Mut und Verschlagenheit liegen bei vielen von ihnen vor und Ähnlichkeiten einer Verstandestätigkeit, die in den Bereich des Denkens gehört.« (HA VIII 1, 588a19-24; Übersetzung: Schnieders)

Ausführlich spricht er z.B. über die Freundlichkeit und Hilfsbereitschaft von Delphinen oder über die Klugheit von Hirschen. Er interessiert sich sehr für die unterschiedlichen Strategien, die verschiedene Spezies zu ihrem Selbstschutz entwickelt haben, und er sammelt zahlreiche Hinweise auf eine mögliche Selbstmedikation (meistens durch den Verzehr bestimmter Kräuter) bei Tieren.

Zugleich verteidigt Aristoteles aber auch eine hierarchische Ordnung im Bereich des Lebendigen, an deren Spitze der Mensch steht. Der Gedanke ist der, dass ein Lebewesen umso höher in dieser Ordnung anzusiedeln ist, je mehr es von denjenigen Fähigkeiten aufweist, die nach Aristoteles das Lebendig-Sein ausmachen; dazu gehören die einfachen vitalen und vegetativen Funktionen einschließlich der Fähigkeit zum Wachstum und zur Fortpflanzung, die verschiedenen Formen der sinnlichen Wahrnehmung, die Fähigkeit zur Selbstbewegung und schließlich die Fähigkeit zu denken. Nach diesem Kriterium stehen die Pflanzen ganz unten in der Stufenfolge des Lebens, weil sie zwar wachsen und sich vermehren können, aber nicht wahrnehmen und sich nicht selbst bewegen können. Danach kommen Tiere, die nur über den elementaren Tastsinn verfügen, dann Tiere, die auch andere Arten der Wahrnehmung aufweisen, schließlich solche, die zusätzlich zur Wahrnehmung ein Gedächtnis haben, und letztlich folgt der Mensch aufgrund seines Denk- und Vernunftvermögens. Während nun aber das traditionell gebrauchte Bild einer natürlichen Stufenfolge (»scala naturae«) nahelegt, dass es hier klar definierte und diskrete Übergänge – von einer Stufe zur nächsten – gibt, zeigt gerade die biologische Forschung, dass diese Übergänge oft fließend sind:

»... insgesamt jedoch erscheint die Gattung der Pflanzen im Vergleich zu den anderen Körpern fast wie beseelt, im Vergleich aber zu den Lebewesen unbeseelt. Der Übergang von ihnen zu den Lebewesen ist fließend, wie schon gesagt. Denn bei einigem von dem, was sich im Meer findet, könnte man ins Grübeln geraten, ob es ein Lebewesen ist oder eine Pflanze. Vieles Derartige ist nämlich angewachsen und geht ein, wenn man es entfernt.« (HA VIII 1, 588b9-14; Übersetzung: Schnieders)

Bei Arten wie Seeanemonen, Seegurken und Schwämmen rätselt Aristoteles daher, ob es sich noch um Pflanzen oder schon um Tiere handelt. Schwämme z.B. sind typischerweise an Riffen festgewachsen und scheinen daher wie Pflanzen, andererseits hat Aristoteles von Tauchern gehört, dass man sich ihnen unbemerkt nähern muss, damit sie beim Ablösen keinen Widerstand leisten (HA I 1, 487b9-12). Wenn das so wäre, schließt er, müssten sie über Wahrnehmung verfügen und wären daher eher Tiere als Pflanzen.

Gilt das Prinzip der fließenden Übergänge auch für das Verhältnis von Menschen zu nicht-menschlichen Lebewesen?[80] Wenn ja, dann wäre auch der Mensch nur graduell von den höher entwickelten Tieren unterschieden. Aristoteles' Auskunft ist in dieser Hinsicht zumindest nicht eindeutig. In den ethischen Schriften betont er, dass allein der Mensch glücklich sein und handeln kann und dass selbst der unvernünftige Seelenteil des Menschen besonders ist, weil er dazu in der Lage sei, »auf die Vernunft zu hören«. Überhaupt betont Aristoteles in unterschiedlichen Zusammenhängen, dass »von allen Lebewesen allein dem Menschen« die Vernunftfähigkeit zukommt. In den biologischen Werken spricht er dagegen auch von »Handlungen«, wenn er das Verhalten von nicht-menschlichen Lebewesen beschreibt. Auch ist er im empirischen Kontext der Biologie durchaus bereit, den Tieren mehr oder weniger Verstand oder Intelligenz zuzuschreiben: »Andere Tiere wiederum, die in höherem Grade mit Verstand begabt sind und mehr Gedächtnisleistung zeigen, verkehren mit ihrem Nachwuchs in einer eher politischen Weise.« (HA VIII 1, 589a1-3) »Sie [die Lebewesen] haben auch alle teil an einer gewissen Erkenntnis, die einen in höherem, die anderen in niederem und wieder andere in einem sehr geringen Grade.« (GA I 23, 731a32-24)

Ewige Arten?

Eine wesentliche Errungenschaft von Aristoteles' Biologie ist die umfassende Klassifikation bzw. Taxonomie der Tierarten. Die Gruppierung erfolgt einerseits anhand von morphologischen Merkmalen, d.h. anhand der Frage, wie funktionsgleiche oder funktionsanaloge Körperteile beschaffen sind, sowie andererseits anhand des Kriteriums der Fortpflanzungsgemeinschaft; zumindest bei der sexuellen Fortpflanzung pflanzen sich in der Regel nur Tiere derselben Art miteinander fort und erzeugen wiederum einen Nachwuchs derselben Art (»Der Mensch zeugt einen Menschen«). Die Systematik der Tierarten ist für Aristoteles' biologisches Werk auch deshalb von so großer Bedeutung, weil sie es ihm erlaubt, übereinstimmende Merkmale nahe verwandter Arten gemeinsam zu behandeln, ohne sie für jede einzelne Spezies wiederholen zu müssen (PA I 1). Im Tierreich unterscheidet er zunächst (HA I 6) zwei »höchste Gattungen«, die blutführenden und die blutlosen Lebewesen. Die blutführenden wiederum unterscheidet er in fünf Hauptgattungen, nämlich Vögel, Fische, Wale (Cetacea), eierlegende Vierfüßer (Amphibien, Reptilien) sowie eine Gattung, die aus Menschen und allen lebendgebärenden Vierfüßern besteht. Bei den blutlosen Tieren unterscheidet er Schaltiere, Krebstiere, Kephalopoden und Insekten. Die im 18. Jahrhundert von Carl von Linné entwickelte Taxonomie, die der modernen Zoologie zugrunde liegt, spiegelt wichtige Strukturmerkmale der Aristotelischen Klassifikation wider; so treten an die Stelle von Aristoteles' obersten Gattungen die beiden sogenannten Stämme der Wirbeltiere und der Nichtwirbeltiere; der Stamm der Wirbeltiere wird – ähnlich wie bei Aristoteles – in Vögel, Fische, Amphibien und Säugetiere unterteilt.

Trotz dieses wichtigen Beitrags zur biologischen Forschung ist die Aristotelische Auffassung von Arten und Gattungen von der modernen Biologie nach Charles Darwin (1809-1882) grundsätzlich durch Aristoteles' Postulat ewiger Arten unterschieden. Im Allgemeinen, so die Aristotelische Auffassung, zeugt jedes Tier ein Tier derselben Art, so dass zwar die einzelnen Lebewesen geboren werden und sterben, die Spezies aber immer dieselbe und unverändert bleibt (An. II 4, 415a26-b7, GA II 1, 731b31-732a1), die einzelnen Lebewesen also durch Reproduktion (und nur durch sie) an der Ewigkeit teilhaben. In der Zeugung wird die für eine Art wesentliche und notwendige Form (eidos) durch den Samen an die Nachkommen weitergegeben (GA I 17-22).[81] Eine Entwicklung der Arten – wie in der Darwin'schen Evolutionstheorie – ist in diesem Modell nicht vorgesehen. Begünstigt wird die Aristotelische Auffassung zum einen durch den Essentialismus seiner Metaphysik, wonach eine jede natürliche Substanz ein unveränderliches und notwendiges Wesen hat, das für alle Angehörigen derselben Spezies definitorisch identisch ist. Zum anderen ist Aristoteles davon überzeugt, die Ewigkeit und Unentstandenheit der Welt bewiesen zu haben, so dass ihm eine naturhistorische Betrachtungsweise ohnehin ferngelegen haben dürfte.

Wie lassen sich diese (wie wir heute wissen) falschen Grundannahmen mit den Aristoteles zugänglichen Daten vereinbaren? Hier zeigt sich, dass der Naturforscher Aristoteles immer wieder Phänomene beschreibt, die eigentlich seinen metaphysischen Vorannahmen zu widersprechen scheinen. Zum Beispiel ist das Phänomen von Kreuzungen und Hybridbildungen ein offensichtlicher Einwand gegen die Annahme, bei der Fortpflanzung würden immer zwei artgleiche Eltern zur ewigen Reproduktion derselben Art beitragen. Tatsächlich erwähnt Aristoteles in der *Metaphysik* (VII 8, 1033b29ff.) kurz das Beispiel des Maultiers (das von einer Pferdestute und einem Eselhengst abstammt), fügt aber sofort hinzu, dass das Maultier unfruchtbar sei, so dass die (metaphysisch für Aristoteles unerwünschte) Bildung neuer Arten ausgeschlossen scheint. In der biologischen Behandlung der Hybride (GA II 7-8) ergibt sich aber ein viel differenzierteres Bild. Hier führt Aristoteles aus, dass die Unfruchtbarkeit der Maultiere gerade die Ausnahme ist und dass andere Hybride sich über mehrere Generationen hinweg fortpflanzen. Bei der hypothetischen Schilderung einer Kreuzung von Löwe und Hund (GA II 8, 747b30ff.) sagt Aristoteles sogar, es entstehe dann ein »von beiden Arten verschiedenes Tier«, was wohl so viel bedeutet wie ein Tier einer anderen, neuen Art. Ist das eine Vorwegnahme von Darwins These der Entstehung neuer Arten? Keineswegs. Für Aristoteles führt die Entstehung solcher Arten nicht dazu, dass die Überlebensfähigkeit der entsprechenden Tiere (»survival of the fittest«) verbessert wird – im Gegenteil. Aristoteles beschreibt zwar in seinen biologischen Schriften häufig, inwiefern Tiere an ihren Lebensraum optimal angepasst sind oder welche unterschiedlichen Merkmale Exemplare ein und derselben Art aufweisen, wenn sie in unterschiedlichen geographischen Zonen leben (HA VIII 28), jedoch spricht er dabei einfach von der Angepasst*heit*, nicht vom Prozess einer allmählichen *Anpas-*

sung. Außerdem ist Aristoteles bemüht, die (vorübergehende) Entstehung von Hybridarten als Ausnahme darzustellen, die nur eintritt, wenn die Eltern zu verwandten Arten gehören, die von ähnlicher Größe sind und ähnliche Tragzeiten haben. Schließlich gibt Aristoteles an (GA II 4, 738b32ff.), nach einigen Generationen würden die Nachkommen solcher Hybride immer mehr der Mutter ähnlich. Das alles lässt sich vielleicht am ehesten so interpretieren, dass Aristoteles zwar die Entstehung von Hybridarten und die Ausprägung regionaler Besonderheiten in ein und derselben Art (bedingt durch unterschiedliche Nahrung, klimatische Gegebenheiten und Unterschiede in der Materie) einräumt, dass er darin aber keinen Anlass sieht, das Entstehen ganz neuer essentieller Formen (eidê) zu erwägen.

»Die Natur tut nichts umsonst«

Aristoteles' Biologie hat grundsätzlich den Anspruch, die wiederkehrenden Eigenschaften der Lebewesen, ihre anatomischen Besonderheiten sowie die Unterschiede zwischen den verschiedenen Arten erklären zu können. Im Zuge seiner Erklärungsbemühungen appelliert Aristoteles immer wieder an den heuristischen Grundsatz »Die Natur tut nichts umsonst«. Geht man nämlich von dieser Hypothese aus, dann müsste es möglich sein, für die verschiedenen beobachteten Phänomene jeweils einen Grund zu finden, warum sie sich so und nicht anders verhalten (oder, bildlich gesprochen, warum sie von der Natur so und nicht anders eingerichtet wurden). Wenn die Natur nichts umsonst tut, dann müsste jeweils ein Grund dafür zu finden sein, warum einige Tiere Hörner oder Geweihe haben und andere nicht, warum im Menschen die Luftröhre vor der Speiseröhre platziert ist, warum einige Lebewesen Augenlider haben und andere nicht, warum manche einen schnelleren und andere einen langsameren Lidschlag haben, usw. Wie sehen die gesuchten Erklärungen konkret aus?

Grundlegend für Aristoteles' Methode in der Biologie ist die Konkurrenz zwischen zwei Arten von Erklärung, der materiellen und der finalen (oder »teleologischen«) Erklärung.[82] Aristoteles wirft seinen Vorgängern vor, natürliche Phänomene unter Rückgriff auf eine ominöse »Notwendigkeit« – einer Mischung aus, Aristotelisch gesprochen, Material- und Bewegungsursachen – erklären zu wollen (z.B. GA V 8). Dagegen hält er es selbst für primär wichtig, nach dem »Worum-willen« eines Phänomens, der Finalursache, zu fragen. Bei der Behandlung von Körperteilen heißt das zum Beispiel, dass man primär danach fragen muss (PA I 1, 639b11ff.), welcher Funktion ein bestimmter Körperteil als Instrument (organon) dient und welche Vorzüge für die Ausübung dieser Funktion es hat, dass der Körperteil so und so geformt und so und so angeordnet ist. Erst wenn das Worum-willen oder das Wozu, sprich: die Funktion, bestimmt ist, kann man fragen, welche materielle Beschaffenheit dieses Organ haben muss, um diese Funktion auszuüben (so wie eine Axt, wenn sie die Funktion hat, etwas zu spalten, nicht aus weichem Material beschaffen sein kann).

Beispiel: Hirsche tragen ein Geweih, das Geweih besteht nach Aristoteles' Auffassung wie alle knöchernen Teile des Körpers vor allem aus dem Element Erde. Warum also hat der Hirsch ein Geweih? Die von Aristoteles abgelehnte rein materielle Erklärung könnte zum Beispiel lauten, dass dem Hirsch ein Geweih wachsen muss, weil in seinem Körper reichlich irdene Materie vorhanden ist, die zum Kopf hinaufsteigt. Aber warum lenkt die Natur diese irdene Materie ausgerechnet in das Geweih und nicht in ein massiveres Gebiss oder in längere Schenkelknochen? Eine adäquate Erklärung muss daher mit der Finalursache beginnen (PA III 2): Der Hirsch hat ein Geweih zum Zweck der Selbstverteidigung und weil das Geweih das Instrument der Selbstverteidigung ist, das den Hirsch am wenigsten in seiner sonstigen Lebensform behindert. Weil es der Selbstverteidigung dient, darf es nicht aus weichem, nachgiebigen, sondern muss aus hartem, knöchernen Material bestehen. Und das ist wiederum der Grund, warum die Natur die überschüssige irdene Materie nicht etwa in die Verstärkung des Gebisses, sondern in den Aufbau des Geweihs umleitet.

Viele solche Erklärungen gehen direkt von der Lebensform der verschiedenen Spezies aus. Greifvögel zum Beispiel leben überwiegend in der Luft und müssen ihre Beute aus großer Höhe erkennen können. Das ist ihre Lebensform, die Angepasstheit an diese Lebensform macht es erforderlich, dass sie gut fliegen und scharf sehen können. Damit sie gut fliegen können, wird die Nahrung überwiegend für den Aufbau kräftiger Flügel verwendet (PA IV 12), ihr Leib dagegen bleibt klein. Umgekehrt ist es bei den Vögeln, die am Boden leben; für sie wäre es überflüssig, kräftige Flügel zu haben, daher geht bei ihnen die Nahrung in die Ausformung eines größeren und schweren Leibes. Bei anderen Vögeln wiederum wird die verfügbare Materie in die Länge der Beine gelenkt. Das ist so, weil sie im Sumpf leben und es für ein solches Leben vorteilhaft ist, längere Beine zu haben. Sie haben lange Beine, weil sie im Sumpf leben, aber sie leben nicht im Sumpf, weil sie lange Beine haben, »denn die Natur schafft die Organe für die Funktion, aber nicht die Funktion für die Organe« (PA IV 12, 694b14). Zurück zu den Greifvögeln: Weil sie scharfsichtig sein müssen, brauchen sie feuchte, weiche Augen. Im Unterschied zu den harten, trockenen Augen z.B. von Insekten sind die feuchten Augen leicht verletzlich, daher brauchen solche Vögel eine Nickhaut, mit der sie blinzeln können, um das Auge zu schützen (PA II 13). Die Lebensform wird also für die Erklärung der Funktion (Scharfsichtigkeit) und die Funktion wiederum für die Erklärung der anatomischen Details (feuchtes Auge, Nickhaut) herangezogen. Bei den am Boden lebenden schweren Vögeln fällt erstens das funktionale Erfordernis der Scharfsichtigkeit weg. Weil sie zudem keine kräftigen Flügel brauchen, konnte die Nahrung bzw. die verfügbare Materie zum Aufbau einer härteren Haut verwendet werden. In der Härte der Haut wiederum (also in einem materiellen Faktor) sieht Aristoteles den Grund dafür, dass diese schweren Vögel anders als leichte Vögel, aber ähnlich wie Krokodile die Augen mit dem unteren Augenlid schließen.

Unter der Voraussetzung, dass die Natur nichts umsonst tut, d.h. nichts überflüssig oder dysfunktional einrichtet, versucht Aristoteles auf diese Weise die ihm bekannten, signifikanten Phänomene des Tierreichs zu erklären. Die Orientierung dieser Erklärungen an den Lebensfunktionen, an den für alle Lebewesen elementaren Zielen der Nahrungssuche und der Fortpflanzung sowie an der Verschiedenheit der Lebensformen scheint ein vielversprechender Ansatz, auch wenn Aristoteles im Einzelnen immer wieder falschen Phänomenbeschreibungen (z.B. dass sich Igel – um sich nicht mit ihren Stacheln zu piksen – aufrecht stehend paaren) aufsitzt oder bei den Funktionszuschreibungen (z.B. dass das Herz unter anderem auch der Sitz der Wahrnehmung ist, während das Gehirn der Kühlung dient) danebenliegt.

14. Wirkung

Aristoteles' Denken wirkt nicht nur dort nach, wo Philosophen ihm ausdrücklich zustimmen und seine Theorien aufgreifen und zu erneuern versuchen; oft wirkt seine Philosophie auch implizit, indem sich Philosophen und Theoretiker unterschiedlicher Richtungen – mehr oder weniger bewusst – bestimmter Begriffe und Theoreme bedienen, die zuerst von Aristoteles geprägt wurden. Selbst in Phasen der Philosophiegeschichte, in denen Aristoteles programmatisch abgelehnt wird, gibt es bisweilen das Phänomen, dass gerade die Abgrenzung zu Aristoteles ein ganzes Forschungsprogramm strukturiert. Von »neu-« oder »neo-aristotelischen« Strömungen lässt sich an zahlreichen Stellen der Philosophiegeschichte sprechen, jedoch haben diese oft wenig miteinander gemeinsam, da sie erstens an ganz unterschiedliche Teilaspekte der aristotelischen Philosophie anknüpfen können (so haben z.B. neu-aristotelische Bestrebungen in der Logik oder Argumentationstheorie herzlich wenig mit dem Neo-Aristotelismus der politischen Philosophie gemein) und da es sich dabei zweitens um Anpassungen einzelner aristotelischer Theoreme an wechselnde zeitgenössische Debatten handelt: Wer sich auf Aristoteles beruft, um eine Position oder auch nur ein einzelnes Argument in einer aktuellen Debatte zu umreißen, der ist in der Regel an genau bestimmten Teilen der aristotelischen Philosophie – und nicht an der Übernahme des gesamten aristotelischen Weltbildes – interessiert; aus diesem Grund ist der »Neo-Aristotelismus« zu allen Zeiten ein komplexes Phänomen. Ebenso vielfältig ist der »Anti-Aristotelismus«, der sich in der Regel gegen bestimmte Auslegungstraditionen und bestimmte Verteidiger des Aristoteles richtet und daher denselben historischen Entwicklungen unterliegt wie die zustimmenden Bezugnahmen auf Aristoteles.

Die Wirkung des Aristoteles auf die Entwicklung der Philosophie und der Wissenschaften nachzuzeichnen wäre daher ein prinzipiell unabschließbares Unterfangen: Im Folgenden können nur wenige, exemplarisch ausgewählte Stationen der philosophischen Rezeption des Aristoteles aufgezeigt werden.

Antike

In der Zeit nach Aristoteles' Tod führte Theophrast dessen Schule fort und betätigte sich auch in den verschiedenen Teilgebieten der Philosophie, für die Aristoteles bekannt war. Er selbst wurde besonders für seine Leistungen in der Botanik bekannt. Unsere Kenntnis der peripatetischen Philosophie nach Theophrast wird dadurch erschwert, dass der größte Teil der peripatetischen Schriften nicht erhalten ist.[83] Nach Theophrast gingen die Anhänger der aristotelischen Schule, die so genannten Peripatetiker, oft sehr frei mit den Vorgaben des Schulgründers um; einige von ihnen spezialisierten sich, den vielfachen Interessen des Aristoteles folgend, auf einzelwissenschaftliche, besonders empirische und historische Studien. Eudemos z.B. arbeitete über die Geschichte der Mathematik und der Astronomie, Menon wandte sich der Sammlung medizinischer Lehrmeinungen zu. Obschon die Peripatetiker gegenüber den in hellenistischer Zeit neu aufkommenden Schulen der Stoa, der Epikureer und der Pyrrhonischen Skepsis immer wieder den spezifisch aristotelischen Standpunkt zur Geltung bringen, spielte insgesamt die Verteidigung der aristotelischen Dogmen keine zentrale Rolle. Einige Vertreter der peripatetischen Philosophie verhielten sich sogar auffallend unorthodox, so etwa Straton von Lampsakos, der u.a. die für Aristoteles wichtige Unterscheidung von Denken und Wahrnehmen grundsätzlich in Frage zu stellen scheint. Im ersten Jahrhundert v. Chr. entstanden zusammen mit der Werkausgabe durch Andronikos die ersten Kommentare zu Aristoteles;[84] die ersten galten der Schrift *Kategorien*, im zweiten Jahrhundert n. Chr. entstand Aspasios' Kommentar zur *Nikomachischen Ethik*. Um 200 n. Chr. lehrte der wichtigste Aristoteles-Kommentator der Antike, Alexander von Aphrodisias. Alexander legte umfassende Kommentare u.a. zur aristotelischen *Metaphysik*, zur *Topik* und den *Ersten Analytiken* vor. In seinem Traktat *De Anima* entwickelte er eine an Aristoteles angelehnte Lehre von der Seele und den verschiedenen Arten des Intellekts; für viele Kontroversen sorgte seine Auffassung, der bewirkende Intellekt (*nous poietikos*) sei mit dem göttlichen Intellekt identisch. In seiner Schrift *De Fato* argumentierte Alexander aus peripatetischer Sicht gegen den stoischen Determinismus.

Einen wichtigen Einschnitt für den Umgang mit dem aristotelischen Werk stellte das Wirken Plotins im dritten Jahrhundert n. Chr. dar. Plotin, der als Begründer des Neuplatonismus angesehen wird, ging es in erster Linie um eine systematisierende Darstellung der Philosophie Platons, doch ließ er sich immer wieder auch auf eingehende Auseinandersetzungen mit aristotelischen Lehren ein. Folgenreich war seine Kritik der aristotelischen Kategorienlehre: Plotin folgte strikt der platonischen Unterscheidung von sinnlicher und intelligibler Welt und zeigte, dass Aristoteles' Kategorien nicht gleichermaßen auf beide Seinsbereiche angewandt werden können. Es ist bemerkenswert, dass trotz dieser kritischen Einstellung Plotins zu Aristoteles in den folgenden drei Jahrhunderten alle Aristoteles-Kommentare von

Platonikern bzw. »Neuplatonikern« verfasst wurden – die einzige Ausnahme sind die drei »Paraphrasen« des in Konstantinopel lehrenden Themistios, der z.B. in seiner Paraphrase zu *De Anima* weitgehend an den Diskussionsstand bei Alexander anknüpfte. Für die Platoniker schien Aristoteles besonders in solchen Bereichen von Bedeutung, zu denen Platons Dialoge wenig Explizites enthalten, wie etwa zu Fragen der Logik. So wurde Aristoteles' *Organon*, die Sammlung der logisch-methodischen Schriften, zum festen Bestandteil des platonischen Lehrcurriculums. Plotins Schüler Porphyrios verfasste eine Einleitung (*Isagogê*) zu Aristoteles' *Organon*, die als Propädeutikum zur Philosophie überhaupt benutzt wurde. Iamblichos formulierte ein Lehrprogramm, in dem die Behandlung der aristotelischen Philosophie gewissermaßen als Vorkurs zu Platon galt. Die neuplatonischen Kommentatoren waren aber auch mit echten Widersprüchen zwischen Platon und Aristoteles konfrontiert, z.B. wenn es um Fragen der Entstehung oder Ewigkeit der Welt, der Unsterblichkeit der Seele oder der Existenz allgemeiner ewiger Ideen ging. Die Kommentatoren unterschieden sich deutlich im Umgang mit diesen Widersprüchen: Während bei manchen (z.B. Syrianos und Proklos) die Kritik an Aristoteles überwog, gab es bei einigen anderen (z.B. Ammonios und Simplikios) die Tendenz, die Widersprüche als nur vordergründig zu erweisen.[85] Simplikios und der christliche Platoniker Johannes Philoponos lehrten auch noch im sechsten Jahrhundert n. Chr. zu der Zeit, als die Schließung der Platonischen Akademie durch Justinian verfügt wurde.

Mittelalter

Die mittelalterliche Aristoteles-Rezeption erfolgt in unterschiedlichen Sprach- und Kulturkreisen. Am wenigsten erforscht ist die griechisch-byzantinische Rezeption;[86] die Blüte der Aristoteles-Kommentierung in Konstantinopel begann mit Michael Psellos im 11. Jahrhundert sowie mit Eustratios von Nikaia und Michael von Ephesos im 12. Jahrhundert. Von Letzterem stammt, wie man heute annimmt, der Kommentar zu Aristoteles' *Metaphysik* VI-XIV, der unter dem Namen Alexanders von Aphrodisias überliefert wurde; wichtige Kommentare stammen außerdem von Georgios Pachymeres und Theodoros Metochites im 13. und 14. Jahrhundert.

Die Auseinandersetzung mit Aristoteles in der arabisch-islamischen Welt fand ihren Höhepunkt in der Zeitspanne zwischen 850 und 1200.[87] Die Anfänge der vertieften Aristoteles-Auslegung im 9. Jahrhundert standen noch ganz in der Tradition der neuplatonischen Aristoteles-Kommentierung. Al-Kindis Auflistung der Werke des Aristoteles diente als eine Art von Einführung in die griechische Philosophie überhaupt, zeigte aber auch, dass seine Kenntnis der aristotelischen Texte noch sehr lückenhaft war. Gegenüber der neuplatonischen Tradition wurde ein neuer Schwerpunkt durch die Übersetzung der *Topik* ins Arabische gesetzt. Auch die *Physik* wurde übersetzt, wobei vor allem die Ausführungen zum Infiniten und zum unbewegten Beweger Beachtung fanden. Mit al-Farabi im 10. Jahrhundert setzte sich ein seit Alexander von Aphrodisias nicht mehr erreichtes Niveau bei der Auseinandersetzung mit der aristotelischen Logik durch. Neben der Logik galt das Interesse der arabischen Gelehrten vor allem der Naturphilosophie und der Metaphysik. Auch die *Nikomachische Ethik* wurde kommentiert, während die *Politik* unübersetzt blieb, so dass politische Überzeugungen des

Aristoteles teils aus Platon, teils aus der aristotelischen *Rhetorik* erschlossen werden mussten. Mit dem persischen Arzt und Philosophen ibn Sina (Avicenna) im 11. und mit dem in Córdoba geborenen Aristoteles-Kommentator ibn Rušd (Averroes) im 12. Jahrhundert fand die islamische Wiederentdeckung des Aristoteles ihren vorläufigen Abschluss. Averroes' Kommentare zu Aristoteles werden weithin zum Höhepunkt der Aristoteles-Auslegung gerechnet. Als im 13. Jahrhundert im Westen die neuen lateinischen Übersetzungen des Aristoteles gelesen wurden, geschah dies oft unter Anleitung der ebenfalls übersetzten Kommentare des Averroes. Dessen Interpretation der aristotelischen Intellektlehre, wonach Teile dieses Intellekts allen gemeinsam und damit überindividuell seien, sollte im christlichen Westen für erhebliche Aufregung sorgen.

Im frühen Mittelalter war die Philosophie des christlichen Westens durch den Platonismus der Kirchenväter, insbesondere durch Augustinus, geprägt.[88] Aristoteles war vor allem durch Boethius' Übersetzungen von *Kategorien* und *De Interpretatione* bekannt (nach dem Bekanntwerden der übrigen Schriften des aristotelischen *Organons* nannte man dies die »logica vetus«, der die neu entdeckte »logica nova« gegenübergestellt wurde). Auf der schmalen Basis der logica vetus beruhte auch im Wesentlichen Petrus Abaelardus' Neubegründung der aristotelischen Logik und Semantik in der ersten Hälfte des 12. Jahrhunderts. Im Verlauf des 12. und 13. Jahrhunderts wurden dann mehr und mehr aristotelische Werke bekannt. Die Übersetzung der logica nova geht auf einen Jakob von Venedig zurück. Robert Grosseteste übertrug die *Nikomachische Ethik*, Michael Scotus die zoologischen Schriften und Wilhelm von Moerbeke schließlich die Übersetzung der *Metaphysik* und andere Schriften – wobei in einigen Fällen die übersetzten Kommentare der arabischsprachigen Aristoteliker vor den entsprechenden Schriften des Aristoteles bekannt geworden waren. Der Durchbruch des scholastischen Aristotelismus kam mit Albertus Magnus, der zur Mitte des 13. Jahrhunderts zuerst in Paris und dann in Köln lehrte. Er fertigte Paraphrasen von den ihm zugänglichen Werken des Aristoteles an und trug so zur Verankerung der Philosophie in der theologischen Ausbildung bei. Sein Verständnis des Aristoteles war in vielerlei Hinsicht von den arabischen Kommentatoren geprägt, zugleich aber hielt er den Traktat *Liber de Causis*, der eine Zusammenstellung neuplatonischer Thesen darstellt, wie alle seine Zeitgenossen für einen angemessenen Ausdruck der aristotelischen Metaphysik.

Die Verbreitung der aristotelischen Lehren zu Alberts Zeit stieß auf nicht unerhebliche Widerstände, da einige Ansichten des Aristoteles offenbar in Widerspruch zur christlichen Theologie standen, z.B. seine Auffassung über die Ewigkeit der Welt (was eine Erschaffung der Welt durch Gott auszuschließen scheint) sowie seine Auffassung zur Natur der Seele, die ein Weiterleben der Seele nach dem Tod eines Menschen nicht zu erlauben scheint. So kam es zu verschiedenen Verurteilungen und Verboten von kirchlicher Seite aus, wobei mal die Vorlesungstätigkeit über Aristoteles an Universitäten schlechthin, mal einzelne Werkgruppen oder Thesen verboten wurden. Schließlich wurden 1255 an der Pariser Artistenfakultät Vorlesungen über Aristoteles verbindlich in das Lehrprogramm aufgenommen. Trotz dieser Ausbreitung kam es auch noch 1270 zur Verurteilung der so genannten »averroistischen« Thesen und 1277 zum Verbot von 219 Thesen durch den Bischof von Paris. Thomas von Aquin trat gegen diesen Widerspruch von Aristoteles und christlichem Glauben an und versuchte die Vereinbarkeit von Theologie und Philosophie zu beweisen, wobei er Aristoteles als »*den* Philosophen« bezeichnete. Die meisten seiner Werke, vor allem aber auch seine *Summa Theologiae*, schrieb er in enger Anlehnung an seine Aristoteles-Kommentierung; viel beachtet sind seine Gottesbeweise, die er u.a. auf Aristoteles' Beweis des Unbewegten Bewegers stützt. Neben Themen der Metaphysik und der philosophischen Seelenlehre ist auch seine Ethik und politische Philosophie durchgängig von aristotelischen Gedanken geprägt – wenngleich an einigen entscheidenden Stellen auch der Einfluss von Augustinus und den ihm zugänglichen neuplatonischen Quellen deutlich wird. In der Auseinandersetzung um die Deutung der aristotelischen Seelenlehre bezog er gegen die von der Kirche verurteilten Thesen der radikalen Aristoteliker (oft auch als »Averroisten« bezeichnet), Siger von Brabant und Boethius von Dacien, Stellung: Gegen deren Lehre von der Einheit des Intellekts betont Thomas von Aquin, dass der Intellekt so wie die ganze Seele Form des individuellen Körpers sei, wodurch die Möglichkeit des individuellen Weiterlebens der Seele nach dem Tod bewahrt bleibt. Obwohl das populäre Bild vom mittelalterlichen Aristotelismus oft von den Leistungen des Thomas von Aquin geprägt ist, ist die Wirkung des Aristoteles im Mittelalter weitaus vielfältiger. Weder ist der Aristotelismus philosophisch unumstritten, noch ist entscheidbar, welche der verschiedenen Richtungen den authentischeren Aristoteles vertrat, zumal Aristoteles selbst zu der umkämpften Frage nach der Einheit oder Individualität des Intellekts nur wenige, sehr schwer verständliche Zeilen beigetragen hat. Auch nach Albert und Thomas blieb Aristoteles in der mittelalterlichen Philosophie präsent, jedoch wandte sich die Aufmerksamkeit auch anderen Themen zu: Marsilius von Padua beispielsweise berief sich auf Aristoteles' *Politik* und die politische Natur des Menschen. In der sich lange hinziehenden Debatte um den Status von Universalien wurde Aristoteles immer wieder als Vertreter einer mittleren Position bemüht, nach welcher Universalien zwar real sind, jedoch nur in den Gegenständen (weder »ante rem« noch »post rem«, sondern »in re«) vorkommen.

Neuzeit

Im 15. und 16. Jahrhundert änderte sich das Ansehen der aristotelischen Philosophie erheblich. Oft wurde Aristoteles in dieser Zeit in expliziter Konkurrenz zu Platon gesehen. Stellvertretend für diese Tendenz kann ein Disput zwischen Kardinal Bessarion und dem Aristoteliker Georg von Trapezunt über den Vorrang der platonischen oder aristotelischen Philosophie angesehen werden. Bedeutende Vertreter der Renaissance-Philosophie wie Marsilio Ficino schlugen sich in diesem Disput klar auf die Seite Platons und trugen so zu einer einflussreichen Erneuerung der platonischen Philosophie bei. Nach der Wiederentdeckung des Werks des römischen Epikureers Lukrez erhielt der Aristotelismus durch den Einfluss des Neu-Epikureers Lorenzo Valla außerdem Konkurrenz von epikureischer Seite her. Dennoch verhält es sich keineswegs so, dass der mittelalterliche Aristotelismus plötzlich in einen anti-aristotelischen Neubeginn umschlagen würde. Im Gegenteil entstanden gerade im Zeitalter der Renaissance wichtige Neuübersetzungen der aristotelischen Werke. Da aristotelische Philosophie einen festen Platz in den universitären Lehrprogrammen hatte, war auch die Produktion von Aristoteles-Kommentaren bis in das frühe 17. Jahrhundert hinein so intensiv wie nie zuvor. Dem Florentiner Platonismus standen in Padua bedeutende Aristoteliker gegenüber:[89] Pietro Pomponazzi argumentierte von einem aristotelischen Standpunkt aus gegen die gewöhnliche Erklärung von Wundern und gegen die Unsterblichkeit der Seele, was zu einer viel beachteten Kontroverse mit Agostino Nifo führte und ihm außerdem erhebliche Schwierigkeiten mit der Kirche einbrachte. Wenige Jahrzehnte später lehrte in Padua Giacomo Zabarella, der seine Karriere als Logiker und Interpret der aristotelischen Logik begann, sich dann im Anschluss an Aristoteles' *Analytiken* mit Fragen der wissenschaftlichen Methodologie befasste und eine Naturphilosophie entwarf, die auch eine wissenschaftliche Erklärung der Seele anstrebte.

Kennzeichnend für die Aristoteles-Rezeption in der Zeit der Renaissance ist der Umstand, dass auch die Schriften *Rhetorik* und *Poetik* zunehmend in den Mittelpunkt des Interesses rückten. Die aristotelische *Rhetorik* wurde stark aus der Perspektive der römischen Rhetoriklehrer Cicero und Quintilian interpretiert, die aristotelische *Poetik* wurde bevorzugt im Lichte ihres römischen Pendants, der *Ars Poetica* des Horaz, gelesen. Für beide Werke entstanden im 16. Jahrhundert wichtige Übersetzungen und Kommentare, die Auseinandersetzung mit der Poetik inspirierte die Entstehung neuer Poetiken, wie z.B. Julius Caesar Scaligers *Poetices Libri Septem.*

Im 17. Jahrhundert verstanden sich die innovativen Strömungen in Philosophie und Wissenschaft als wesentlich »anti-aristotelisch«, womit oftmals jedoch weniger der antike Philosoph selbst als vielmehr das scholastisch-aristotelische Weltbild insgesamt gemeint war.[90] Unter dem Einfluss von Figuren wie Johannes Kepler, Galileo Galilei, Francis Bacon, Thomas Hobbes, René Descartes und John Locke erwiesen sich wichtige Elemente dieses Weltbilds als obsolet. Aus philosophischer Sicht wurde vor allem Aristoteles' Hylemorphismus, die Lehre, dass materielle Gegenstände aus Form und Materie zusammengesetzt seien, attackiert. Für die wissenschaftliche Betrachtung von Körpern und ihren Funktionen schien die Annahme einer zusätzlichen Form vollkommen überflüssig. Mit der Ablehnung des Hylemorphismus wurden auch andere Teile der aristotelischen Philosophie fragwürdig, da z.B. bestimmte notwendige Formen für Aristoteles das Wesen einer Sache ausmachen und da das Erfassen von Formen eine zentrale Rolle in seiner Epistemologie spielt. Auch der aristotelischen Lehre von der Sinneswahrnehmung, bei der das wahrnehmende Subjekt der wahrgenommenen Form ähnlich wird, war somit die Grundlage entzogen. Vor allem aber schien dadurch auch die aristotelische Konzeption der Seele hinfällig: Die Fähigkeit zur Ernährung und Wahrnehmung konnte ohne Annahme einer Form der Untersuchung des Körpers zugesprochen werden, für den Intellekt nahm zumindest Descartes eine eigene Substanz an. Die Ablehnung des aristotelischen Hylemorphismus hatte daher erhebliche Folgen und brachte eine ganze Reihe origineller Alternativmodelle hervor. Anknüpfungen an Aristoteles blieben daher meist auf einzelne Theoreme und Werke beschränkt. So soll Hobbes Aristoteles zwar als »the worst teacher that ever was« bezeichnet haben, hob aber dessen Rhetorik und Zoologie als rühmliche Ausnahmen hervor. Bei allen grundsätzlichen Unterschieden kam es auch bei Leibniz zu einer vorsichtigen Wiederannäherung an Aristoteles im Hinblick auf die Akzeptanz von Finalursachen und substantialen Formen.

Im späten 18. Jahrhundert schien Aristoteles mit der kritischen Philosophie Kants aus mehreren systematischen Gründen (z.B. wegen seiner Metaphysik des Seienden und seiner auf dem Glücksbegriff basierenden Ethik) unvereinbar und damit endgültig überholt. Doch formulierten bereits wenige Jahrzehnte später Hegel und Schelling wieder ein dezidiertes Interesse an aristotelischer Philosophie. Von den 1830er Jahren an ging ein starker aristotelischer Impuls von dem in Berlin lehrenden Friedrich Adolf Trendelenburg aus,[91] der durch seine eigene Philosophie sowie durch seine zahlreichen Schüler in ganz unterschiedliche Teilbereiche der Philosophie hinein wirkte. Trendelenburg hatte im Ausgang von Aristoteles u.a. eine neue Theorie der Wissenschaft sowie die Lehre der Kategorien als sprachlich manifestierter Denkformen entwickelt. Die Kategorienlehre wurde von einem seiner bekanntesten Schüler, Franz Brentano, in der Schrift *Von der mannigfachen Bedeutung des Seins bei Aristoteles* aufgegriffen. Brentanos Abhandlung *Die Psychologie des Aristoteles* gab Anlass zu einem Disput mit Eduard Zeller über die Unsterblichkeit der Seele und die Individualität der Form bei Aristoteles. In dieser stark konfessionell geprägten Auseinandersetzung um die richtige Aristoteles-Interpretation erhielt der Katholik Brentano Unterstützung von dem späteren Reichskanzler und mit Brentano weitläufig verwandten Georg von Hertling. Abgesehen von solchen weltanschaulich gefärbten Kontroversen waren für die Aristoteles-Studien im 19. Jahrhundert insgesamt aber eher das Erscheinen von Bekkers erster kritischer Aristoteles-Ausgabe, die philologisch-kritischen Untersuchungen zu Aristoteles' *Metaphysik* durch Christian August Brandis und Hermann Bonitz sowie die Erstedition der griechischen Aristoteles-Kommentare prägend.[92]

20. Jahrhundert und Gegenwart

Im 20. Jahrhundert gibt es stark anti-aristotelische Tendenzen, aber auch eine überraschende Wiederbelebung des Aristotelismus in ganz unterschiedlichen Bereichen.[93]

Die Philosophie Martin Heideggers baut in vielerlei Hinsicht auf Aristoteles auf.[94] Heidegger ist nicht nur ein Kenner der aristotelischen und der scholastischen Philosophie, er knüpft auch an verschiedene aristotelische Strömungen des 19. und frühen 20. Jahrhunderts an. So befasst er sich intensiv mit dem Aristoteliker Franz Brentano, der selbst wiederum eine wichtige Rolle in der Vorgeschichte der phänomenologischen Philosophie spielt. Brentanos Schrift *Von der mannigfachen Bedeutung des Seins bei Aristoteles* gibt die Konzentration auf den Seinsbegriff vor, mit dem sich Heidegger lange befasst und der in seinem Hauptwerk *Sein und Zeit* einer originellen, über Aristoteles hinausgehenden

Analyse unterzogen wird. Heidegger befasst sich intensiv mit Aristoteles' *Physik*, interessiert sich dort vor allem für den Begriff der *physis* (Natur) und setzt sich kritisch mit dessen »apophantischem« Wahrheitsbegriff auseinander, den Heidegger durch die »Unverborgenheit« als Sinn von »Wahrheit« zu ergänzen sucht. Das besondere Interesse Heideggers gilt außerdem der Behandlung der *pathê* (Emotionen) bei Aristoteles.[95] In *Sein und Zeit* (140, Fußn.) verweist er dafür auf das zweite Buch der aristotelischen *Rhetorik*: Heidegger sieht darin Modi der Befindlichkeit ausgedrückt. In der Vorlesung über *Grundbegriffe der aristotelischen Philosophie* befasst er sich ausführlich mit Aristoteles' *Rhetorik*. Er versteht dabei die Rhetorik als die Auslegung des konkreten Daseins, als die Hermeneutik des Daseins selbst. Das Miteinandersprechen, das Gegenstand der *Rhetorik* ist, sei ein Leitfaden für die Aufdeckung des Daseins als Sein-in-einer-Welt. Besonders ausführlich wird die Furcht als eine existentielle Befindlichkeit behandelt.[96]

Heideggers Auslegung des Aristoteles und der Antike überhaupt hat eine kaum zu überschätzende Wirkung auf die deutsche und die gesamte kontinental-europäische Philosophie. Hans-Georg Gadamer konzipiert im Anschluss an Heidegger seine hermeneutische Philosophie in enger Auseinandersetzung mit Platon und Aristoteles. Das platonische Gespräch und die aristotelische Dialektik dienen ihm immer wieder als Hintergrund für seine Konzeption des Verstehens. Insbesondere findet der Begriff der *phronêsis* die Aufmerksamkeit der hermeneutischen Philosophie. Der Gräzist Wolfgang Schadewaldt gibt eine einflussreiche, deutlich von Heidegger'schen Gedanken angeregte Neuinterpretation der aristotelischen *Poetik*, bei welcher aus den tragischen Affekten Furcht und Mitleid[97] die »naturhaft ungebrochenen Elementaraffekte« Schauder und Jammer werden, durch die der Betrachter der Tragödie gewissermaßen existentiell, im Hinblick auf sein eigenes Dasein erschüttert werde. Eine ebenfalls von Heidegger zumindest inspirierte Deutung der aristotelischen Substanzlehre regt der junge Ernst Tugendhat in seiner Dissertation *Ti kata tinos* an. Der französische Philosophiehistoriker Pierre Aubenque legt sowohl eine Deutung der aristotelischen *Metaphysik* (*Le problème de l'être chez Aristote*) als auch eine Interpretation des aristotelischen *phronêsis*-Begriffs (*La prudence chez Aristote*) vor, die Aristoteles im Lichte von Heidegger auslegen. Eine an der Phänomenologie, der Hermeneutik und an Heidegger orientierte Auslegung der Metapher – besonders auch der Metapher bei Aristoteles – findet sich bei dem französischen Philosophen Paul Ricœur.

In der so genannten »analytischen« Philosophie steht zunächst eher die Abgrenzung von der traditionellen Metaphysik und daher auch von dem vermeintlichen Begründer dieser Tradition, Aristoteles, im Vordergrund. In dem berühmten Aufsatz *Überwindung der Metaphysik durch logische Analyse der Sprache* skizziert Rudolf Carnap programmatisch, wie eine dem Typ nach aristotelische, nämlich auf der Auseinandersetzung mit dem Seienden gründende, Metaphysik durch Aufdeckung systematischer Mehrdeutigkeiten zu überwinden ist. Willard Van Orman Quine liefert von physikalistischer Seite her einen radikalen Gegenentwurf zur aristotelischen Substanzphilosophie: Anstelle von in der Zeit beharrenden Substanzen spricht Quine von vierdimensionalen Gegenständen, die durch die Raumzeitstellen bestimmt sind, die sie jeweils einnehmen; die Annahme solcher Gegenstände eigne sich besser zur Beschreibung derjenigen Entitäten, mit denen es die moderne Physik zu tun hat, widerspricht aber der Intuition des Aristoteles und der gewöhnlichen Sprache, dass es persistierende Substanzen gibt, die alle möglichen Veränderungen überstehen können. Auch der aristotelische Essentialismus, die Überzeugung, dass Substanzen durch bestimmte notwendige Eigenschaften definiert sind, scheint im Lichte der Quine'schen Kritik an Modalitäten sowie dem Argument, dass die vermeintlichen Essenzen nur relativ zu einer sprachlichen Beschreibung, jedoch nicht absolut notwendig sind, hinfällig. Vor diesem Hintergrund – der Philosophie des Logischen Positivismus und einer physikalistischen Wissenschaftstheorie – sowie in Anbetracht des allgemeinen Desinteresses der frühen analytischen Philosophie an der Philosophiegeschichte ist es kaum verwunderlich, dass sich wichtige Strömungen der Philosophie im 20. Jahrhundert als dezidiert anti-aristotelisch verstehen. Weitere Gründe für die Ablehnung kommen aus ganz anderen Richtungen der Philosophie, z.B. aus Richtung der praktischen und der politischen Philosophie, hinzu: Hier wird immer wieder gegen den aristotelischen Gedanken einer festgelegten menschlichen Natur, gegen Aristoteles' oft so genannte »biologische Metaphysik«, mit dem Hinweis protestiert, dass es eine solche unveränderliche Natur nicht gebe, sondern dass unser Verständnis der menschlichen Natur vielmehr historischen und kulturellen Veränderungen ausgesetzt und in bestimmter Hinsicht eine Frage der menschlichen Selbstbestimmung sei. Auch wird in diesem Zusammenhang geltend gemacht, dass Aristoteles selbst in verwerflicher Weise von dem Argument der menschlichen Natur Gebrauch mache, wenn er aus der vermeintlichen Natur des Menschen die Idee so genannter »natürlicher Sklaven« sowie die weitgehende Unselbstständigkeit der Frau zu begründen suche.

Dass sich entgegen dieser verbreiteten anti-aristotelischen Tendenz die analytische Philosophie des 20. Jahrhunderts doch in verschiedenen Bereichen an aristotelische Positionen annähert, geht nicht unwesentlich auf bestimmte Entwicklungen der Oxforder Philosophie während der 1950er und 1960er Jahre zurück, wo führende Figuren der analytischen Philosophie nicht nur ausgezeichnete Kenner der antiken Philosophie waren, sondern

Aristoteles auch explizit in die Diskussion ihrer Zeit einbrachten. Zu der ersten Generation der für diese Entwicklung einschlägigen Figuren gehören u.a. Gilbert Ryle, John Austin, Peter Frederick Strawson sowie Elizabeth Anscombe. Zu etwa derselben Zeit lehren in Oxford von der frühen analytischen Philosophie beeinflusste Aristoteles-Forscher wie G.E.L. Owen und John Ackrill. In seinem Hauptwerk *The Concept of Mind* argumentiert Ryle gegen ein bestimmtes Verständnis des Cartesischen Dualismus, das er in dem von ihm so genannten Mythos vom Gespenst in der Maschine ausgedrückt sieht: Nach dieser als »Mythos« bezeichneten Auffassung mache sich unser Geist innerhalb des Körpers ähnlich wie ein in einer Maschine verschanztes Gespenst, nämlich als ein selbstständiges und im Innern operierendes Wesen, bemerkbar. In Ryles Antidualismus sehen viele eine Geistesverwandtschaft mit der aristotelischen Seelenlehre ausgedrückt, wonach die Seele die Form eines natürlichen Körpers ist und daher kein von dem Körper unabhängig agierendes Wesen sein kann. Nach einer Passage von Aristoteles' *De Anima* I 4 sei es sogar missverständlich, wenn man sagt, es sei die Seele, die sich erzürne, denn dann könnte man genauso gut sagen, die Seele webe ein Tuch oder baue ein Haus. Richtiger sei es anzunehmen und zu sagen, dass es ein Mensch ist, der so etwas durch oder mithilfe der Seele tue. Diese Passage wird oft als eine geradezu wörtliche Vorwegnahme der Ryle'schen Kritik am Dualismus verstanden. Da Aristoteles' Auffassung, die Seele sei die Form eines natürlichen Körpers und sei mit den Fähigkeiten verknüpft, die ein lebendiges Wesen von einem toten Körper unterscheiden, einen mittleren Bereich zwischen einem Dualismus von Seele und Körper und dem Versuch, alle seelischen oder mentalen Eigenschaften auf körperliche Zustände zurückzuführen, einzunehmen scheint, ist Aristoteles' Name immer wieder in der neueren Philosophie des Geistes präsent, wenn es darum geht, eine gewissermaßen mittlere Option zwischen Dualismus und reduktivem Materialismus auszuloten. So sehen einige Vertreter des Funktionalismus, der sich ebenfalls als eine Alternative zu den beiden genannten Extremen präsentiert, in Aristoteles einen gewissen Vorläufer: Der Funktionalismus sieht geistige Zustände als funktionale Zustände, die durch einen bestimmten Input und einen bestimmten Output definiert sind. Solange diese Funktion gewährleistet ist, lässt sie sich in verschiedenen materiellen Konstellationen realisieren. Wenn nun Aristoteles einen seelischen Zustand wie den Zorn dadurch bestimmt sein lässt, dass er durch eine Herabsetzung (bzw. durch die Meinung, dass eine solche Herabsetzung stattgefunden hat) ausgelöst werde (gewissermaßen der Input) und in einem Streben nach Vergeltung (gewissermaßen der Output) bestehe, und wenn er von diesem seelischen Zustand außerdem sagt, er sei mit einer bestimmten Veränderung im Körperinnern, nämlich mit einem Sieden des Blutes in der Gegend des Herzens, verbunden, dann scheint dies auf den ersten Blick dem Funktionalismus tatsächlich ähnlich. Nachdem zuerst Hilary Putnam und Martha Nussbaum auf diese Ähnlichkeit hingewiesen haben, entsteht eine intensive Debatte um den angeblichen Funktionalismus des Aristoteles. Der wichtigste Einwand gegen eine funktionalistische Interpretation besteht darin, dass Aristoteles von einem anderen Begriff der Materie und einer anderen Physik Gebrauch mache als die modernen Funktionalisten; außerdem wird von Aristoteles-Interpreten bestritten, dass die so genannte »multiple Realisierbarkeit« auch bei Aristoteles uneingeschränkt gegeben sei.[98]

Die Oxforder Philosophen Ryle und Austin verweisen auch im Rahmen ihrer Handlungs- und Willenstheorie auf Aristoteles zurück: Sie bestreiten, dass man – wie traditionell häufig angenommen – für die Erklärung des Unterschieds zwischen freiwilligen und unfreiwilligen Handlungen auf den Begriff eines Willens zurückgreifen müsse, durch dessen Aktivität eine freiwillige Handlung erst zur freiwilligen wird. Für eine solche Einsicht berufen sie sich auf Aristoteles, der zwar klare Kriterien für die Freiwilligkeit einer Handlung aufstelle, dafür aber nirgendwo auf einen unabhängig agierenden Willen rekurriere. Sie schließen sich vielmehr der aristotelischen Praxis an, die Freiwilligkeit und Zurechenbarkeit einer Handlung anhand der in jedem einzelnen Fall zutreffenden Entschuldigungsgründe zu untersuchen. Auf ähnliche Weise verbindet der ebenfalls in Oxford lehrende und von Wittgenstein und Ryle beeinflusste Anthony Kenny die Ablehnung eines Willensbegriffes mit der Ablehnung jeglicher kausaler Handlungstheorie, worunter er die Annahme versteht, dass ein im Inneren tätiger Wille, der nur durch Introspektion zugänglich sei, die Handlungen verursache. Aristoteles verkörpert für ihn den Verzicht auf eine derartige Theorie; wenn er dennoch ein Buch mit dem Titel *Aristotle's Theory of the Will* verfasst, dann will er damit Aristoteles gerade keinen kausal wirksamen Willen zuschreiben, sondern behandelt lediglich ein koordiniertes Bündel von aristotelischen Theorien, die dem Problem der Freiwilligkeit, der Intentionalität und der praktischen Rationalität gewidmet sind. Neben Aristoteles' Behandlung der Freiwilligkeit findet in den Handlungstheorien des 20. Jahrhunderts immer wieder Aristoteles' Modell des praktischen Syllogismus[99] Beachtung, was besonders auch in der für die moderne Handlungstheorie grundlegenden Schrift *Intention* von Elizabeth Anscombe deutlich wird: Anscombe möchte die Besonderheit des praktischen Denkens gegenüber dem theoretischen Denken hervorheben; dabei dient der praktische Syllogismus des Aristoteles als ein Modell der praktischen Überlegung oder Deliberation. Mit Aristoteles betont Anscombe, dass die Konklusion eines praktischen Syllogismus die Handlung selbst sei. Donald Davidson hingegen sieht im Obersatz eines solchen praktischen Syllogismus ein Streben, im Untersatz hingegen eine Meinung ausgedrückt. Im Untersatz wird festgestellt, dass eine gegebene Handlungsoption einen konkreten Fall dessen darstellt, was im Obersatz als allgemein erstrebenswert dargestellt wurde. Das Paar von Streben und Meinung (desire & belief) liefert einen Handlungsgrund und dieser Grund sei, so Davidson, auch die Ursache einer Handlung: Wenn dieses Paar gegeben sei, folge die entsprechende Handlung, wenn keine äußeren Hindernisse vorliegen, ebenso wie bei Aristoteles die Handlung unmittelbar auf den Ober- und den Untersatz eines praktischen Syllogismus folge. Somit dient Aristoteles in der Handlungstheorie des 20. Jahrhunderts gleichermaßen als Vorbild für bestimmte anti-kausale und bestimmte kausale Ansätze.

Aus der Oxforder Philosophie der 1950er und 1960er Jahre geht noch eine weitere »aristotelisierende« Tendenz der Philosophie hervor: In seinem Werk *Individuals* macht Peter Frederick Strawson den berühmten Unterschied zwischen einer Metaphysik, die die bestehende Sprache zu verbessern sucht (die »revisionäre« Metaphysik), und einer Metaphysik, die lediglich die Voraussetzungen einer tatsächlich in Anspruch genommenen Sprache darzulegen beabsichtigt (die »deskriptive« Metaphysik). Strawson plädiert entschieden für die zweite Art der Metaphysik und wendet sich so gegen den von Vertretern des Logischen Positivismus oder von William Van Orman Quine unternommenen Versuch, die Strukturen unserer Sprache zu verbessern und sie somit näher an die Erfordernisse der Naturwissenschaften, besonders der modernen Physik, heranzuführen. Dieser Zugang ist im Allgemeinen dem des Aristoteles verwandt, und Strawson bekennt sich in dieser Hinsicht auch deutlich zur Aristotelischen Philosophie. Auch im Besonderen besteht eine gedankliche Nähe zwischen Aristoteles und Strawson, da durch Strawsons deskriptive

Herausstellung der Rolle von individuellen Dingen als Gegenständen unserer sprachlichen Referenz und als Subjekte von verschiedenartigen Prädikationen auch Aristoteles' Konzeption einer ersten Substanz, wie er sie vor allem in der Schrift *Kategorien* darstellt, rehabilitiert wird.[100] Auch in der folgenden Generation der Oxforder Philosophen gibt es Erneuerungen der aristotelischen Substanztheorie: David Wiggins lenkt die Aufmerksamkeit auf die so genannten »Sortale«, allgemeine sprachliche Terme, die eine Antwort auf die Frage geben, was eine Sache ist. Im Unterschied zu Massentermen (z.B. Kohle, Nahrung, Wasser) ermöglichen es Sortale (z.B. Hund, Katze, Maus), die unter sie fallenden Gegenstände zu zählen. Im Übrigen können durch die Teilung eines durch ein Sortal individuierten Gegenstands keine zusätzlichen Exemplare derselben Art entstehen: Durch die Teilung z.B. einer Maus entstünden keine neuen Mäuse, während durch die Teilung eines Haufens Kohle durchaus neue Kohle-Portionen entstehen. Damit verhält sich ein sortaler Term zu den durch ihn individuierten Gegenständen ähnlich wie eine zweite Substanz bei Aristoteles (ein Art- oder Gattungsbegriff, z.B. »Mensch«) zu der ersten Substanz (einem individuellen Gegenstand, der zu einer bestimmten Art gehört, z.B. ein einzelner Mensch). Wiggins entwickelt nun das Argument, dass unterschiedliche Sortale mit unterschiedlichen Mengen von Identitätsbedingungen verbunden seien, sodass ein jedes Einzelding nur im Hinblick auf ein Sortal individuiert und reidentifiziert werden kann: Ein Funkturm hat z.B. andere Identitätsbedingungen als eine Landmarke, er könnte im Prinzip an einen anderen Ort versetzt werden, bliebe aber derselbe Funkturm, solange er dieselbe Gestalt behält, seine Funktion erfüllt, usw.; viele Funktürme dienen jedoch zugleich als Landmarken, an denen man sich orientiert und die geografisch nicht versetzt werden können, ohne ihre Identität einzubüßen. Ein derartiges Gebäude bliebe also nach einem

Umzug derselbe Funkturm, aber nicht dieselbe Landmarke. So betrachtet sind für die Identität eines jeden Gegenstandes die mit einem Sortal gegebenen Identitätsbedingungen wesentlich. Ein Sortal, das die Identitätsbedingungen eines Gegenstandes nicht nur für eine bestimmte Phase, sondern für die gesamte Dauer seiner Existenz angibt (also z.B. das Sortal »Frosch«, nicht aber das Phasen-Sortal »Kaulquappe«), beinhaltet daher die Essenz eines Gegenstandes, sodass mit dem Argument der Sortalabhängigkeit von Identität im Grunde ein Argument für den Aristotelischen Essentialismus gegeben ist. Unabhängig von der Aristoteles-Auslegung und den Oxforder »Aristotelikern« entstehen in der zweiten Hälfte des 20. Jahrhunderts neue Begründungen des Essentialismus, z.B. in der Philosophie von Saul Kripke oder Hilary Putnam – wobei Letzterer speziell auch den Begriff der Natürlichen Arten stützt, der in Aristoteles' Denken eine wichtige Rolle spielt. Durchaus in Auseinandersetzung mit Aristoteles entsteht Kit Fines Plädoyer für ein neues Verständnis des Essentialismus, bei welchem die Essenzen nicht aus notwendigen Eigenschaften, sondern umgekehrt die Notwendigkeit aus der Natur oder Essenz einer Sache heraus begründet werden soll. Dies wiederum wirft ein neues Licht auf die alte Frage der ontologischen Abhängigkeit: Wenn man den Begriff der Substanz, wie im Grunde schon Aristoteles, durch die Unabhängigkeit der Substanz von anderen Dingen begründet, dann gilt es, genauer zu fassen, was es heißt, dass Substanzen unabhängig von anderen Dingen existieren können. Können gewöhnliche, sinnlich wahrnehmbare Substanzen tatsächlich unabhängig von allem anderen existieren? Ist z.B. ein einzelnes Lebewesen nicht abhängig von der Ei- und Samenzelle, aus der es entstanden ist? Ist nicht jede einzelne Substanz irgendwie abhängig von den Teilen, aus denen sie zusammengesetzt ist? Und wenn einzelne Substanzen zu einer bestimmten Art gehören, muss es dann nicht auch diese allgemeinen Arten geben? Die neuere Diskussion um das richtige Verständnis der ontologischen Abhängigkeit[101] hat sich dem Begriff des »grounding«, der Begründung oder Fundierung, zugewandt: In diesem Sinn ist x abhängig von y, wenn x nur existiert, *weil* y existiert. Ein Gegenstand, der in diesem Sinn abhängig ist, kann keine Substanz sein. Obwohl sich die entsprechende Diskussion von der Interpretation des aristotelischen Substanzbegriffs weitgehend frei gemacht hat, ist dies ein Ergebnis, das gewisse philosophische Affinität zu Aristoteles' Auffassung zur Form als einer Art von Grund oder Ursache aufweist.

Auch in der praktischen Philosophie gibt es im 20. Jahrhundert eine von den genannten Entwicklungen gänzlich unabhängige »Wiederentdeckung« des Aristoteles. Diese hat wiederum mehrere, z.T. zeitversetzte Ursprünge. Im deutschsprachigen Bereich bestehen in den auf die frühe Nachkriegszeit folgenden Jahrzehnten verschiedene Traditionen, die die ethische und politische Theorie des Aristoteles vor allem aus scholastischer (J. Pieper, W. Kluxen) oder hegelianischer (J. Ritter, M. Riedel) Perspektive zu erneuern suchten. Obschon die Kantische Ethik als der aristotelischen Ethik geradezu entgegengesetzt gilt, gibt es auch Annäherungen an Aristoteles aus eher kantianischer Sicht (O. Höffe). Dafür, dass eine dem Typ nach aristotelische Ethik am Ende des 20. Jahrhunderts international zu den prominentesten Strömungen der praktischen Philosophie gehört, ist eine Entwicklung verantwortlich, die wiederum vom Oxford der 1950er Jahre ausgeht. Hier veröffentlicht Elizabeth Anscombe 1958 einen Aufsatz, der die zeitgenössischen Strömungen der Moralphilosophie scharf kritisiert und für eine Rückkehr zu einer Tugendethik aristotelischen Typs plädiert. Im Zuge dieser Streitschrift wird die aristotelische Ethik als Alternative zu einer an den moralischen Pflichten (deontologisch) oder an den Folgen unseres Handelns (konsequentialistisch) orientierten Ethik etabliert. Anscombes Provokation führt nicht sofort zu einem neuen Trend in der praktischen Philosophie, wirkt jedoch zunächst in Anscombes engerem Umfeld (Peter Geach *The Virtues* 1977, Philippa Foot *Virtues and Vices* 1978) nach und führt dann spätestens von den 1980er und 1990er Jahren an zu einer wahren Flut von Publikationen, die die Möglichkeiten einer aristotelischen Tugendethik untersuchen. Die Gründe und Motivationen, die auf einmal zu einer Bevorzugung der bis dahin als überholt oder sogar reaktionär eingeschätzten Tugendethik führen, sind vielfältig. Anscombe selbst hebt an dem Tugendvokabular als positiv hervor, dass von einer als »ungerecht« oder »feige« eingeschätzten Handlung zugleich klar ist, dass sie moralisch falsch sein muss – im Unterschied zu, wie Anscombe meint, leeren Ausdrücken wie »ist geboten«, »man muss« wird das tugendethische Vokabular als gewissermaßen »dick« eingestuft. Geschätzt wird an der Tugendethik außerdem, dass sie die ganze Person des Handelnden und nicht nur einzelne Handlungen in den Blick nimmt: Es kommt nicht so sehr auf die einzelne, z.B. gerechte, Handlung an, sondern darauf, dass die Person als ganze gerecht ist. Hierzu gehört, dass ein Handelnder nicht nur die richtigen Handlungen, sondern die richtigen Handlungen zusammen mit der richtigen Motivation ausführt: Das Gerechte aus Furcht vor Bestrafung zu tun macht einen noch nicht zur gerechten Person. Tatsächlich verlangt Aristoteles von der tugendhaften Person, dass sie die richtigen Handlungen gerne und aus den richtigen Motiven heraus tut.

So kommen über die Tugenden und die Motivation für tugendhaftes Handeln auch die Lust und die Emotionen in den Blick. Und tatsächlich wird die philosophische Analyse der Emotionen in den letzten Jahrzehnten des 20. Jahrhunderts zu einer eigenen philosophischen Disziplin. Einige führende Theoretiker im Bereich der Emotionsforschung, wie zunächst vor allem William

Lyons, nehmen explizite Anleihen bei Aristoteles: Für Aristoteles stehen Emotionen in einem engen Zusammenhang mit evaluativen Urteilen; die Emotion der Furcht z.B. kommt zustande, wenn eine Situation als ernsthafte und nahe bevorstehende Gefahr beurteilt wird, die Emotion des Zorns, wenn eine Handlung als unverdiente Herabsetzung verstanden wird. Dies findet in der Tradition von Ludwig Wittgenstein den Beifall solcher Philosophen, die es ablehnen, Emotionen auf nur privat zugängliche und daher schwer kommunizierbare Gefühlszustände zu verkürzen. Außerdem enthält Aristoteles' Erklärung der Emotionen viele weitere Elemente, die in den modernen Theorien an unterschiedlichen Stellen auftauchen: Emotionen sind mit Zuständen von Lust und Schmerz verbunden, sie gehen mit außerordentlichen körperlichen Veränderungen einher, sie sind von langfristigen Prägungen des individuellen Charakters abhängig, usw.

Die Vorliebe für aristotelische Tugendtheorie bringt ein Interesse für zwei weitere zentrale Begriffe der aristotelischen Ethik mit sich: Da die Betätigung der Tugenden nach Aristoteles für das Glück des Menschen konstitutiv ist, sehen auch viele der modernen Tugendtheoretiker im Anschluss an Aristoteles ein enges Verhältnis zwischen dem Erwerb und der Ausübung von Tugenden und dem menschlichen Wohlergehen (in der modernen Theorie oft als »human flourishing« bezeichnet); Martha Nussbaum gibt in den 1990er Jahren eine einflussreiche Deutung der aristotelischen Tugenden als Fähigkeiten (capabilities), ohne welche man ein solches Wohlergehen nicht oder nur eingeschränkt erreichen könne. Allgemein wird Aristoteles in der philosophischen Glücksdiskussion als Kronzeuge dafür benutzt, dass das menschliche Glück, obschon von individuellen Präferenzen und deren Erfüllung abhängig, mit bestimmten Einschränkungen grundsätzlich doch Gegenstand einer philosophischen Theorie sein kann. Für viele Philosophen bringt die Frage nach dem menschlichen Wohlergehen einen weiteren Begriff ins Spiel, nämlich den der menschlichen Natur. Auch Aristoteles stellt diesen Zusammenhang explizit her, wenn er im so genannten *»ergon*-Argument« das Glück des Menschen aus den für die menschliche Natur spezifischen Fähigkeiten herleitet. Darauf bezieht sich der »Neo-Aristotelian Naturalism« (vertreten z.B. durch Philippa Foot, Rosalind Hursthouse, Michael Thompson), wenn er das Gutsein eines Menschen in Analogie zu den objektiv erfassbaren Kriterien dafür sieht, wann die artspezifische Lebensweise einer biologischen Spezies gut oder nur beeinträchtigt erfüllt werden kann. Ähnlich wie z.B. ein Specht, der keine Löcher mehr in Bäume hacken kann, die specht-spezifische Lebensweise nur noch defizitär ausübt, so habe ein Mensch, der nicht tugend-, sondern lasterhaft lebt, einen objektiv benennbaren Defekt. John McDowell dagegen bezweifelt, dass aus Annahmen über die Natur des Menschen direkt Handlungsgründe gewonnen werden können. Er beruft sich vielmehr auf die »zweite Natur« des Menschen, die durch seine Vernünftigkeit geprägt ist, und diese wiederum scheint ihm die Voraussetzung dafür zu sein, dass man überhaupt genuine Handlungsgründe haben kann.

Schließlich hat die Wiederentdeckung der aristotelischen Tugendethik auch Konsequenzen für die politische Theorie: Alasdair MacIntyre verbindet in seinem Buch *After Virtue* eine grundlegende Kritik der Moderne und des modernen Staates mit einer Berufung auf eine vermeintlich aristotelische Tugendlehre. Er sieht die Tugenden bei Aristoteles als radikal gemeinschaftsabhängig; sie werden zum einen durch das gemeinsame Gut oder Ziel definiert, das jede Gemeinschaft zu erreichen versucht, und sind zum anderen von der spezifischen Rolle abhängig, die ein jeder innerhalb seiner Gemeinschaft zu spielen hat. Wenn wir von der Gemeinschaft, in der wir aufgewachsen sind, und ihrem übergeordneten Ziel abstrahieren, werden unsere praktischen Entscheidungen beliebig. Innerhalb der zeitweilig heftig geführten Debatte zwischen Liberalisten, die auf die Priorität von Grund- und Freiheitsrechten in einem modernen Rechtsstaat pochen, und Kommunitaristen, die das gemeinschaftliche Gut einer politischen Gemeinschaft definitorisch über die Vorstellung vom jeweils Gerechten stellen, bezieht MacIntyre mit einem, wie er meint, der aristotelischen *Politik* nachempfundenen Modell deutlich Stellung zugunsten der Letzteren. Während somit MacIntyre die aristotelischen Tugenden als gemeinschaftsrelativ versteht, plädiert die schon mehrfach zitierte Martha Nussbaum für eine entgegengesetzte Auffassung, nämlich die Auffassung, dass aristotelische Tugenden nicht relativ, sondern geradezu universalistisch in dem Sinne sind, dass sie als Grundfähigkeiten für das Wohlergehen jedes Menschen unerlässlich sind. Tatsächlich nimmt Aristoteles' Bestimmung der Tugenden in den *Ethiken* keine Rücksicht auf Unterschiede zwischen verschiedenen Staaten, sondern orientiert sich, wie gesagt, eher an der menschlichen Natur. (Wenn man Zweifel an einer universalistischen Tendenz bei Aristoteles hat, dann eher deswegen, weil er sich de facto nur wenig für die außerhalb Griechenlands lebenden Menschen interessiert.) Entgegen der traditionellen Ansicht, dass Aristoteles' politisches Denken eher aristokratisch ausgerichtet ist, macht Nussbaum Aristoteles für die moderne politische Theorie dadurch interessant, dass sie die »sozialdemokratischen« Momente an Aristoteles hervorhebt, wenn er z.B. den Wert einer prosperierenden Mittelschicht und den Nutzen der politischen Partizipation für die Stabilität eines Staates hervorhebt.[102]

Während in den genannten Bereichen aristotelische Positionen heutzutage oft wie aktuelle theoretische Optionen behandelt werden, scheint die formale Logik ein Bereich zu sein, in dem der Kern der aristotelischen Theorie, die syllogistische Logik, durch die Entwicklungen des späten 19. und des 20. Jahrhunderts – vor allem durch die Arbeiten von Frege, Peano und Russell – überwunden und von den Lehrplänen der mathematischen Logik verschwunden ist. Die Erfindung der Syllogistik und der Modalsyllogistik wird vielerorts gewürdigt, jedoch vertritt nur eine verschwindende Minderheit die Auffassung, dass die moderne Logik zur aristotelischen Syllogistik zurückkehren müsste. Dennoch bleibt Aristoteles auch in der Logik so etwas wie ein gerne bemühter Gesprächspartner: Seit z.B. der Satz vom ausgeschlossenen Widerspruch von der »dialethischen« und »parakonsistenten« Logik von Graham Priest bestritten wird, fällt regelmäßig der Name des Aristoteles, wenn es um eine Verteidigung dieses Prinzips geht. Andere Logiker arbeiten sich an dem von Aristoteles in *De Interpretatione* 9 formulierten Problem der Aussagen über kontingente zukünftige Ereignisse ab: Wenn allgemein gilt, dass von einem kontradiktorischen Aussagenpaar die eine Aussage wahr und die andere falsch ist, gilt dann auch von dem Aussagenpaar, dass morgen eine Seeschlacht stattfinden oder nicht stattfinden wird, heute schon, dass die eine Aussage wahr und die andere falsch ist? Der polnische Logiker Jan Lukasiewicz hat sich durch dieses Problem zu der Formulierung einer Logik inspirieren lassen, die neben »wahr« und »falsch« noch einen dritten Wahrheitswert einführt. Arthur Prior bezieht sich bei der Entwicklung seiner temporalen Logik ebenfalls auf dieses Beispiel.

Anders stellt sich die Situation in einem Bereich dar, der ebenfalls die Logik betrifft, aber eher mit der Anwendung von Logik im Bereich der Argumentationstheorie und Rhetorik zu tun hat: Hier gibt es zahlreiche Ansätze, die sich unmittelbar auf Aristoteles berufen. In der Argumentationstheorie wird Aristoteles vor allem deshalb geschätzt, weil er nicht nur – in der Syllogistik – eine Theorie der formalen Gültigkeit von Schlüssen aufstellte, sondern – in seiner Dialektik und Rhetorik – sich auch mit der Gewinnung und der Überzeugungskraft von Argumenten auseinandersetzt. Bei Autoren wie Stephen Toulmin und Chaim Perelman finden sich daher häufige Anleihen bei Aristoteles. Toulmin etwa führt den Begriff der »inference warrants« in deutlicher Analogie zum Gebrauch der aristotelischen *topoi* ein. Der »pragma-dialektische« Zugang zur Argumentationstheorie hebt auf eine Balance zwischen Effektivität und Vernünftigkeit rhetorischer Überzeugungsmittel ab und sieht ein Vorbild dafür in Aristoteles' dialektisch geprägter Rhetorik.[103]

Anhang

Anmerkungen

1 Zum Leben des Aristoteles vgl.: I. Düring, Aristotle in the Ancient Biographical Tradition, Göteborg 1957.

2 Vgl. P. Moraux, Les Listes Anciennes des Ouvrages d'Aristote, Leuven 1951.

3 W. Jaeger, Aristoteles. Grundlegung einer Geschichte seiner Entwicklung, Berlin 1923, 2. Aufl.: 1955.

4 Zur Problematik der entwicklungsgeschichtlichen Aristoteles-Exegese vgl. auch: Ch. Rapp, »Der Erklärungswert von Entwicklungshypothesen. Das Beispiel der Aristoteles-Interpretation«, in: M. v. Ackeren/J. Müller (Hgg.), Antike Philosophie verstehen, Darmstadt 2006, 178-195.

5 Vgl. O. Primavesi, Ein Blick in den Stollen von Skepsis. Vier Kapitel zur frühen Überlieferung des Corpus Aristotelicum, in: Philologus 51, 2007, 51-77.

6 Vgl. P.J. Rhodes, A Commentary on the Aristotelian Athenaion Politeia, 2. Aufl., Oxford 1985; M. Dreher, Aristoteles, Der Staat der Athener, Stuttgart 1993.

7 In der Forschung umstritten ist, ob das Glück das höchste Gut im Sinne eines dominanten oder eines inklusiven Ziels ist. Während nach der dominanten Deutung das Glück deshalb das höchste Strebensziel ist, weil es in einer Aktivität besteht, die mehr als alle anderen Aktivitäten erstrebenswert ist, wird das Glück nach der inklusiven Deutung deswegen mehr als alles andere erstrebt, weil es alle an sich erstrebenswerten Güter in sich vereint. Vgl. A. Kenny, Happiness, in: Proceedings of the Aristotelian Society 66, 1965/66, S. 93-102; J.L. Ackrill, Aristotle on Eudaimonia, in: Proceedings of the British Academy 60, 1974, S. 339-359; P. Stemmer, Aristoteles' Glücksbegriff in der Nikomachischen Ethik, in: Phronesis 37, 1992, S. 85-110; G. Law-

rence, Nonaggregatability, Inclusiveness, and the Theory of Focal Value, in: Phronesis 42, 1997, S. 32-76.

8 Zum Zusammenhang von »phronêsis« und Erfahrung vgl.: R. Elm, Klugheit und Erfahrung bei Aristoteles, Paderborn 1996.

9 Vgl. P. Aubenque, La prudence chez Aristote, Paris 1963; skeptisch gegenüber den angeblichen Leistungen der »phronêsis«: Th. Ebert, Phronesis, in: O. Höffe, Aristoteles. Die Nikomachische Ethik, Berlin 1995, S. 165-186.

10 Vgl. D. Wiggins, Deliberation and Practical Reason, in: A.O. Rorty (Hg.), Essays on Aristotle's Ethics, Berkeley/Los Angeles/London 1980, S. 221-240.

11 Vgl. M.F. Burnyeat, Aristotle on Learning to Be Good, in: A.O. Rorty (Hg.), Essays on Aristotle's Ethics, a.a.O., S. 69-92.

12 Vgl. U. Wolf, Über den Sinn der Aristotelischen Mesoteslehre, in: O. Höffe, Aristoteles. Die Nikomachische Ethik, a.a.O., S. 83-108; R. Bosley/R.A. Shiner/J.D. Sisson (Hg.), Aristotle. Virtue and the Mean, in: Apeiron 28/4, Edmonton 1995.

13 Vgl. F. Ricken, Der Lustbegriff in der Nikomachischen Ethik des Aristoteles, Göttingen 1976; ders., Wert und Wesen der Lust, in: O. Höffe, Aristoteles. Die Nikomachische Ethik, a.a.O., S. 207-228; J.C.B. Gosling/C.C.W. Taylor, The Greeks on Pleasure, Oxford 1982.

14 Vgl. A.J.P. Kenny, Aristotle on the Perfect Life, Oxford 1992.

15 Vgl. zum Thema: S. Sauvé Meyer, Aristotle on Moral Responsibility. Character and Cause, Oxford 1993; T.H. Irwin, Reason and Responsibility in Aristotle, in: A.O.Rorty (Hg.), Essays on Aristotle's Ethics, a.a.O., S. 117-156.

16 Vgl. J. Gosling, Weakness of the Will, Oxford 1990.

17 Vgl. G. Santas, Aristotle on Practical Inference, the Explanation of Action, and akrasia, in: Phronesis 14, 1969, S. 162-189; J. Timmermann, Impulsivität und Schwäche, in: Zeitschrift für philosophische Forschung 54, 2000, S. 47-66.

18 Vgl. E. Schütrumpf, Aristoteles, Politik. Übersetzung und Erläuterungen, Bd. 1, Berlin 1991, S. 39 ff.

19 Vgl. z.B.: A. MacIntyre, After Virtue. A Study in Moral Theory, London 1981.

20 Vgl. zur konstitutiven Rolle der Gerechtigkeit in der aristotelischen Polis: F.D. Miller, Natur, Justice, and Rights in Aristotle's Politics, Oxford 1995.

21 Vgl. dazu: E. Schütrumpf/H.-J. Gehrke, Aristoteles, Politik. Übersetzung und Erläuterungen, Bd. 3, Berlin 1996.

22 Ähnlich bei: Platon, Der Staat III 392d ff. Platon nennt jedoch nur die dramatische Darstellung »mimêsis«.

23 Zur »mimêsis« bei Aristoteles vgl.: A. Kosman, Acting: Drama as Mimêsis of Praxis, in: A.O. Rorty (Hg.), Essays on Aristotle's Poetics, Princeton 1992, S. 51-72; zur »mimêsis« in der antiken Dichtungstheorie vgl.: S. Halliwell, The Aesthetics of Mimesis, Princeton 2002.

24 Wolfgang Schadewaldt argumentiert, dass die bei Aristoteles gemeinten Affekte nicht mit Furcht und Mitleid in unserem Sinne verwechselt werden dürfen, und schlägt die Übersetzung »Jammer« und »Schauder« vor. Vgl. ders., Furcht und Mitleid. Zur Deutung des Aristotelischen Tragödienansatzes, in: Hermes 83, 1955, S. 129-171. Kritisch dazu: M. Pohlenz, Furcht und Mitleid? Ein Nachwort, in: Hermes 84, 1956, S. 49-74; R. Dilcher, Furcht und Mitleid! Zu Lessings Ehrenrettung, in: Antike und Abendland 42, 1996, S. 85-102.

25 Einen Überblick zu Deutungen der Katharsis-Lehre gibt: S. Halliwell, Aristotle's Poetics, London 1986, Appendix.

26 Der Klassiker hierzu ist: J. Bernays, Grundzüge der verlorenen Abhandlung des Aristoteles über die Wirkung der Tragödie, Breslau 1857 (ND: Hildesheim/New York 1970); vgl. aus neuerer Zeit: H. Flashar, Die medizinischen Grundlagen der Lehre von der Wirkung der Dichtung in der griechischen Poetik, in: Hermes 84, 1956, S. 12-48.

27 Vgl. N. Kretzmann, Aristotle on Spoken Sound Significant by Convention, in: Corcoran, 1974, S. 3-21.

28 Vgl. D. Charles, Aristotle on Meaning and Essence, Oxford 2000; D. Modrak, Aristotle's Theory of Language and Meaning, Cambridge 2001.

29 Diese Theorie kritisiert: P.T. Geach, Reference and Generality, Ithaca/N.Y. 1968, S. 34-36.

30 Eine neuere Diskussion dieser Verhältnisse findet sich bei: M. Wedin, Aristotle's Theory of Substance, Oxford 2000, S. 12 ff.

31 Vgl. M. Frede, Categories in Aristotle, in: D. O'Meara, Studies in Aristotle, Washington D.C. 1980, S. 1-24.
32 Vgl. Th. Ebert, Gattungen der Prädikate und Gattungen des Seienden bei Aristoteles, in: Archiv für Geschichte der Philosophie 67, 1985, S. 113-138.
33 Zu Problemen dieses Quadrats vgl.: Terence Parsons, http://plato.stanford.edu/entries/square/.
34 Vgl. zu einem Überblick über die Interpretationsgeschichte: H. Weidemann, Aristoteles, Peri Hermeneias. Übersetzung und Erläuterung, Berlin 1994, S. 300 ff.; zu Weidemanns eigener Lösung besonders S. 292-299; vgl. außerdem: D. Frede, Aristoteles und die Seeschlacht, Göttingen 1970.
35 Vgl. J. Barnes, Proof and the Syllogism, in: E. Berti (Hg.), Aristotle on Science, Padua 1981, S. 17-59.
36 Vgl. G. Patzig, Die aristotelische Syllogistik, 3. Aufl., Göttingen 1969, S. 51-93. Vgl. zum Thema auch: Th. Ebert, Was ist ein vollkommener Syllogismus des Aristoteles? in: Archiv für Geschichte der Philosophie 77, 1995, S. 221-247.
37 Vgl. J. Lukasiewicz, Aristotle's Syllogistic from the Standpoint of Modern Formal Logic, Oxford 1957.
38 Vgl. J. Corcoran, A Mathematical Model of Aristotle's Syllogistic, in: Archiv für Geschichte der Philosophie 55, 1973, S. 191-219.
39 Zur Modalsyllogistik vgl.: U. Nortmann, Modale Syllogismen, mögliche Welten, Essentialismus, Berlin/New York 1996; F. Buddensiek, Die Modallogik des Aristoteles in den Analytica Priora A, Hildesheim 1994; R. Patterson, Aristotle's Modal Logic. Essence and Entailment in the Organon, Cambridge 1995.
40 Für die Gleichsetzung von Dialektik und Philosophie: T.H. Irwin, Aristotle's First Principles, Oxford 1988; M.C. Nussbaum, The Fragility of Goodness, Cambridge 1986. Für Dialektik als Übung: O. Primavesi, Die Aristotelische Topik. Ein Interpretationsmodell und seine Erprobung am Beispiel von Topik B, München 1996. Für verschiedene Verwendungsweisen von Dialektik: R. Bolton, The Epistemological Basis of Aristotelian Dialectic, in: D. Devereux/P. Pellegrin (Hg.), Biologie, logique, et metaphysique chez Aristote, Paris 1990, S. 185-236.

41 Vgl. zu dieser Frage: R. Bolton, Aristotle's Conception of Metaphysics as a Science, in: T. Scaltsas/D. Charles/M.L. Gill (Hg.), Unity, Identity, and Explanation in Aristotle's »Metaphysics«, Oxford 1994, S. 321-354. Eine ganz andere Auffassung zum Verhältnis von Dialektik und Metaphysik vertritt: W. Mesch, Ontologie und Dialektik bei Aristoteles, Göttingen 1994.

42 Zur Bedeutung der »endoxa« vgl.: G.E.L. Owen, Tithenai ta Phainomena, in: J. Barnes/M. Schofield/R. Sorabji (Hg.), Articles on Aristotle, Bd. 1: Science, New York 1975, S. 113-126; J. Barnes, Aristotle and the Methods of Ethics, in: Revue Internationale de Philosophie 33-34, 1980, S. 490-511.

43 Vgl. u.a.: S.E. Toulmin, The Uses of Argument, Cambridge 1958.

44 Umstritten ist die logische Rolle des »topos« bei Aristoteles. Der »topos« der Form »Wenn A, dann B« ist die Prämisse eines aussagenlogischen Schemas (z.B. modus ponendo ponens): Vgl. J. Brunschwig, Topiques (1-4), Paris 1967, S. XL-XLI. Der »topos« ist die Prämisse eines hypothetischen Syllogismus, wie ihn Aristoteles in An. pr. I 44 erwähnt: Vgl. P. Slomkowski, Aristotle's Topics, Leiden/New York/Köln 1997. Die Deutung des hypothetischen Syllogismus als Schluss mit konditionaler Prämisse ist ein Missverständnis: Vgl. N. Strobach, Schlüsse aus Annahmen bei Aristoteles. Eine argumentationstheoretische Deutung des »syllogismos ex hypotheseôs«, in: Zeitschrift für philosophische Forschung 55, 2001, S. 246-257. Der »topos« ist überhaupt keine Prämisse: Vgl. O. Primavesi, Die Aristotelische Topik. Ein Interpretationsmodell und seine Erprobung am Beispiel von Topik B, a.a.O., S. 87 f. mit Fußn. 14.

45 Zwar findet sich die Idee, dass recht verstandene Rhetorik im Grunde mit der Dialektik zusammenfällt, schon in Platons *Phaidros*, jedoch ist bei dieser Behauptung ein ganz anderer Dialektikbegriff im Spiel: Platon meint, dass der wahre Rhetor letztlich Philosoph sein müsse, während Aristoteles »Dialektik« im Sinne der Technik meint, auf der Grundlage fremder Meinungen zu argumentieren.

46 Vgl. Ch. Rapp, Aristotle, Rhetoric, in: E.N. Zalta (Hg.), The Stanford Encyclopedia of Philosophy, http://plato.stanford.edu/entries/Aristotle-rhetoric/.

47 Vgl. zu den in der *Physik* behandelten Themen Wieland 1988, Judson 1991, Bostock 2006, Leunissen 2015.

48 Vgl. R. Sorabji, Necessity, Cause and Blame, London 1980.

49 Vgl. R. Sorabji, Time and Continuum, London 1990.

50 Vgl. A. Anagnostopoulos, Change in Aristotle's Physics, in: Oxford Studies in Ancient Philosophy 39, 2010, 33–79.

51 Vgl. D.M. Balme, Ar.'s Use of Teleological Explanation, London 1965, Johnson 2006, Leunissen 2010.

52 Vgl. H. Mendell, Topoi on topos. The Development of Ar.'s Concept of Space, in: Phronesis 32, 1987, S. 206–231.

53 Vgl. Coope 2006. Außerdem: P.F. Conen, Die Zeittheorie des Ar., München 1964; D. Bostock, Ar.'s Account fo Time, in Phronesis 25, 1980, S. 148–169.

54 Vgl. Solmsen 1960, Jori 2009.

55 Manche Autoren argumentieren, Aristoteles selbst gebrauche auffallend selten Demonstrationen. Barnes vertritt die These, die Demonstration gelte nur der Lehre bzw. der Vermittlung bereits vorhandenen Wissens: J. Barnes, Aristotle's Theory of Demonstration, in: Phronesis 14, 1969, S. 123-152. Nach Burnyeat formuliert die Demonstration die Vertiefung vorhandenen Wissens: M.F. Burnyeat, Aristotle on Understanding Knowledge, in E. Berti (Hg.), Aristotle on Science: the Posterior Analytics, Padua 1981, S. 97-139. Ein ähnlicher Ansatz wird weiterentwickelt bei: W. Detel, Aristoteles, Analytica Posteriora. Übersetzung und Erläuterung, 2 Bde., Berlin 1993.

56 Dass Eigenschaften durch den Träger individuiert werden, behauptet: J.L. Ackrill, Aristotle's Categories and De Interpretatione, Oxford 1963. Dagegen: G.E.L. Owen, Inherence, in: Phronesis 10, 1965, S. 97-105. Vgl. außerdem: M. Frede, Individuals in Aristotle, in: ders., Essays in Ancient Philosophy, Minneapolis 1987, S. 49-71; M. Wedin, Nonsubstantial Individuals, in: Phronesis 38, 1993, S. 137-165.

57 Vgl. G.E.L. Owen, Logic and Metaphysics in Some Earlier Works of Aristotle, in: I. Düring/G.E.L. Owen (Hg.), Aristotle and Plato in the Mid-Fourth Century, Göteborg 1960, S. 163-190; M.T. Ferejohn, Aristotle on Focal Meaning and the Unity of Science, in: Phronesis 25, 1980, S. 117-128.

58 Zu einem kritischen Überblick der Forschungspositionen bis Ende der Achtzigerjahre vgl.: H. Steinfath, Selbständigkeit und Einfachheit. Zur Substanztheorie des Aristoteles, Frankfurt/M. 1991.

59 Zur These der letzten beiden Abschnitte vgl.: A. Code, Aristotle's Metaphysics as a Science of Principles, in: Revue Internationale de Philosophie 51, 1997, S. 357-378.

60 Vgl. J. Driscoll, »Eidê« in Aristotle's Earlier and Later Theories of Substance, in: D.J. O'Meara (Hg.), Studies in Aristotle, Washington 1981, S. 129-159.

61 Dies ist die Auffassung von: M. Frede/G. Patzig, Aristoteles, Metaphysik Z. Text, Übersetzung, Kommentar, 2 Bde., München 1988.

62 Eine weitere Interpretationsalternative findet sich in: F.A. Lewis, Substance and Predication in Aristotle, Cambridge 1991; M. Loux, Primary OUSIA. An Essay on Aristotle's Metaphysics Z and H, Ithaca 1991: Das »eidos« kann allgemein ausgesagt werden (von der Materie), ist aber nicht die Substanz von dem, wovon es allgemein ausgesagt wird, sondern von dem betreffenden Einzelding.

63 Vgl. M.-Th. Liske, Kinesis und Energeia bei Aristoteles, in: Phronesis 36, 1991, S. 161-178.

64 Vgl. Ch. Horn/Ch. Rapp, Vernunft/Verstand (Antike), in: Historisches Wörterbuch der Philosophie, Bd. 11, Basel 2001.

65 Vgl. Aristoteles, Kleine naturwissenschaftliche Schriften, hg. von E. Dönt, Stuttgart 1997.

66 Zur Definition der Seele bei Aristoteles vgl.: J. Ackrill, Aristotle's Definition of psuche, in: Proceedings of the Aristotelian Society 73, 1972/73, S. 119-133; J. Hübner, Die Aristotelische Konzeption der Seele als Aktivität in »De Anima« II 1, in: Archiv für Geschichte der Philosophie 81, 1999, S. 1-32.

67 Eine aufschlussreiche Charakterisierung der Seelenlehre bei Aristoteles gibt: M. Frede, On Aristotle's Conception of the Soul, in: M.C. Nussbaum/A.O. Rorty (Hg.), Essays on Aristotle's »De Anima«, Oxford 1992.

68 Vgl. F. Brentano, Psychologie vom empirischen Standpunkt, Leipzig 1874, Nachdruck: Hamburg 1959, Bd. 1, S. 125, Fußnote.

69 Die Formeln meinen eine geistige Veränderung, behaupten: M.F. Burnyeat, Is an Aristotelian Philosophy of Mind Still Credible? (A Draft), in: M.C. Nussbaum/A.O. Rorty (Hg.), Essays on Aristotle's »De Anima«, a.a.O., S. 15-26; T.K. Johansen, Aristotle on the Sense-Organs, Cambridge 1998. Gemeint ist die körperliche Veränderung, also ein buchstäbliches Rotwerden des Auges, sagen: R. Sorabji, Body

and Soul, in: J. Barnes/M. Schofield/R. Sorabji (Hg.), Articles on Aristotle, Bd. 4, a.a.O., S. 42-64; S. Everson, Aristotle on Perception, Oxford 1997.

70 Dies behandelt Aristoteles eigens in der Schrift *De Insomniis*.

71 Vgl. zum Thema die Schrift *De Memoria*, hier besonders Mem. 450 a 23 ff. und 450 b 10 f.

72 Vgl. zur »phantasia«: M. Schofield, Aristotle on the Imagination, in: M. C. Nussbaum/A. O. Rorty (Hg.), Essays on Aristotle's »De Anima«, a.a.O., S. 227-248; D. Frede, The Cognitive Role of »phantasia« in Aristotle, in: M. C. Nussbaum/A. O. Rorty (Hg.), Essays on Aristotle's »De Anima«, a.a.O., S. 279-296, V. Caston, Why Aristotle Needs Imagination, in: Phronesis 41, 1996, S. 20-55.

73 Vgl. zu diesem Argument: V. Caston, Aristotle's Argument for why the Understanding is not Compounded with the Body, in: Boston Area Colloqium in Ancient Philosophy 16, 2000, S. 135-175.

74 Die Deutung des »nous poiêtikos« ist äußerst kontrovers. Für die hier genannte Erklärung vgl.: V. Caston, Aristotle's Two Intellects, in: Phronesis 44, 1999, S. 199-227; M. Frede, La théorie Aristotélicienne de l'intellect agent, in: C. Viano (Hg.), Corps et Ame, Paris 1997, S. 377-390.

75 Vgl. Kullmann 2014, Kapitel 5, sowie Leroi 2014.

76 Vgl. dazu vor allem Autoren wie Kullmann und Lennox, in neuerer Zeit auch Leunissen.

77 Vgl. oben die Kapitel 11 und 12.

78 Vgl. oben Kapitel 10.

79 Dabei stellt das erste Buch von PA eigentlich eine Einführung in die gesamte biologische Forschung dar.

80 Diese Frage wird auch in den Beiträgen des Bandes Keil, Geert/Kreft, Nora (Hg.): Aristotle's Anthropology, Cambridge 2019, ausführlich und kontrovers diskutiert.

81 Aristoteles nimmt an, dass der Same die einer Art wesentliche Form enthält, die sich dann in der Entwicklung des Embryos nach und nach manifestiert. Damit stellt er sich gegen die pangenetische Auffassung der Hippokratiker, wonach der Same aus allen Teilen des Körpers herkomme. Der Biophysiker und Nobelpreisträger Max Delbrück sieht daher in Aristoteles' Formtheorie geradezu eine frühe Vorwegnahme der Entdeckung der DNA (»Aristotle-totle-totle« 1971). Nun kann

man zwar die Aristotelische Form als eine Art Erbinformation ansehen, nur hat Aristoteles kein Modell, das der Vermischung der Erbinformationen beider Eltern bei der sexuellen Fortpflanzung entsprechen würde. Denn er schreibt die Form allein dem männlichen Samen, der Frau aber nur die Materie (die er in den »Katamenien«, dem in der Menstruation ausgeschiedenen Blut, gegeben sieht) zu. Die Ähnlichkeit der Nachkommen mit der Mutter muss Aristoteles aufgrund seiner eigenen Voraussetzungen so erklären, dass die väterliche Form die mütterliche Materie nicht vollständig durchdrungen hat. In dieser Hinsicht würde man Aristoteles' Fortpflanzungstheorie heute als sexistisch oder zumindest als voreingenommen ansehen (siehe dazu Föllinger 1996, Connell 2016, Epstein 2019).

82 Entsprechend der Material- und der Finalursache; siehe den Abschnitt über die vier Ursachen in Kapitel 9.

83 Zur Geschichte der Schule des Aristoteles und seinem Einfluss auf die griechische Philosophie vgl.: F. Wehrli, Die Schule des Aristoteles, Basel 1944-1969; P. Moraux, Der Aristotelismus bei den Griechen, Berlin 1973-1984.

84 Vgl. zur Tradition der antiken Aristoteles-Kommentare: M. Tuominen, The Ancient Commentators on Plato and Aristotle, Stocksfield 2009.

85 Vgl. hierzu G.E. Karamanolis, Plato and Aristotle in Agreement? Platonists on Aristotle from Antiochus to Porphyry, Oxford 2006, sowie J. Opsomer, Platonismus, in: Ch. Rapp/K. Corcilius (Hgg.), Aristoteles-Handbuch, Stuttgart 2011, Kap. V.A.2.

86 Vgl. hierzu: K. Ierodiakonou (Hg.), Byzantine Philosophy and its Ancient Sources, Oxford 2002.

87 Vgl. hierzu: T. Kukkonen, Arabische Philosophie, in: Ch. Rapp/K. Corcilius (Hgg.), Aristoteles-Handbuch, Stuttgart 2011, Kap. V.A.3; D. Gutas, Avicenna and the Aristotelian Tradition, Leiden 1988; P. Adamson, The Arabic Plotinus, London 2002.

88 Vgl. zur Wirkung des Aristoteles im Mittelalter L. Tuninetti, Scholastik, in: Ch. Rapp/K. Corcilius (Hgg.), Aristoteles-Handbuch, Stuttgart 2011, Kap. V.A.4, sowie K. Flasch, Das philosophische Denken im Mittelalter. Von Augustin zu Machiavelli, Stuttgart 1987, passim.

89 Vgl. E. Kessler, Die Philosophie der Renaissance. Das 15. Jahrhundert, München 2008.

90 Vgl. hierzu: D. Perler, Frühe Neuzeit, in: Ch. Rapp/K. Corcilius (Hgg.), Aristoteles-Handbuch, Stuttgart 2011, Kap. V.A.6.

91 Vgl. hierzu: G. Hartung/K. Ch. Köhnke, Friedrich Adolf Trendelenburgs Wirkung, Eutin 2006, sowie zum Aristotelismus im 19. Jahrhundert ingesamt G. Hartung, Das 19. Jahrhundert, in: Ch. Rapp/K. Corcilius (Hgg.), Aristoteles-Handbuch, Stuttgart 2011, Kap. V.A.7.

92 Vgl. hierzu in der Einleitung den Abschnitt zur Überlieferung der aristotelischen Schriften, zur Diskussion um die Metaphysik im 19. Jahrhundert vgl. S. Menn, Zeller and the Debates about Aristotle's Metaphysics, in: K. Hartung (Hg.), Eduard Zeller. Philosophie- und Wissenschaftsgeschichte im 19. Jahrhudnert, Berlin/New York 2010, S. 93-121.

93 Vgl. zur Wirkung des Aristoteles in der Philosophie des 20. Jahrhunderts auch Ch. Rapp/K. Corcilius (Hgg.), Aristoteles-Handbuch, Stuttgart 2011, Kap. V.B, mit Beiträgen u.a. von Ph. Brüllmann, A. Burkard, K. Corcilius, J. Hübner, C. Kauffmann, M. Kienpointner, W. Kullmann, M. Malink, Ch. Pfeiffer.

94 Vgl. W.A. Brogan, Heidegger and Aristotle. The Twofoldness of Being, Albany NY 2006.

95 Vgl. in Kapitel 8 den Abschnitt »Rhetorik«.

96 Vgl. D.M. Gross/A. Kemmann (Hgg.), Aristotle and Rhetoric, Albany NY 2005.

97 Vgl. in Kapitel 5 den Abschnitt »Tragische Affekte: Katharsis«.

98 Für wichtige Beiträge zu dieser Debatte vgl. den Sammelband: M.C. Nussbaum/A.O. Rorty (Hgg.), Essays on Aristotle's »De Anima«, Oxford 1992.

99 Vgl. in Kapitel 3 den Abschnitt »Das Problem der Willensschwäche«.

100 Vgl. in Kapitel 11 die Abschnitte »Die Ontologie der Kategorien« und »Substanz«.

101 Vgl. hierzu v.a. P. Simons, Parts, Oxford 1987, S. 287-323; K. Fine, Ontological Dependence, in: Proceedings of the Aristotelian Society 95, 1995, S. 269-290; J. Lowe, The Possibility of Metaphysics, Oxford 1998, S. 136-153; B. Schnieder, Substanzen und (ihre) Eigenschaften, Berlin 2004, Teil II.

102 Für einen ausführlichen Überblick zur Rolle des Aristoteles in der politischen Theorie des 20. Jahrhunderts vgl. Th. Gutschker, Aristo-

telische Diskurse: Aristoteles in der politischen Philosophie des 20. Jahrhunderts, Stuttgart 2002.

103 Vgl. F.H. van Eemeren/R. Grootendorst, A Systematic Theory of Argumentation. The Pragma-Dialectical Approach, Cambridge 2004.

Literaturhinweise

1. Schriften von Aristoteles

a) Siglen

An.	*Über die Seele*	*De Anima*
An. post.	*Zweite Analytik*	*Analytica posteriora*
An. pr.	*Erste Analytik*	*Analytica priora*
Ath. pol.	*Der Staat der Athener*	*Athenaiôn politeia*
Cael.	*Über den Himmel*	*De Caelo*
Cat.	*Kategorien*	*Categoriae*
EE	*Eudemische Ethik*	*Ethica Eudemica*
EN	*Nikomachische Ethik*	*Ethica Nicomachea*
GA	*Über die Entstehung der Lebewesen*	*De Generatione Animalium*
Gen. Corr.	*Über Entstehen und Vergehen*	*De Generatione et Corruptione*
HA	*Tierkunde*	*Historia Animalium*
Int.	*Peri hermeneias*	*De Interpretatione*
MA	*Über die Bewegung der Lebewesen*	*De Motu Animalium*
Mem.	*Über die Erinnerung*	*De Memoria*
Met.	*Metaphysik*	*Metaphysica*
PA	*Über die Teile der Lebewesen*	*De Partibus Animalium*
Phys.	*Physik*	*Physica*
Poet.	*Poetik*	*De Arte Poetica*
Pol.	*Politik*	*Politica*
Prot.	*Protreptikos*	*Protreptikos*
Rhet.	*Rhetorik*	*Ars Rhetorica*
Soph. el.	*Sophistische Widerlegungen*	*Sophistici Elenchi*
Top.	*Topik*	*Topica*

Aristoteles wird mit den so genannten Bekker-Zahlen, welche die Seite, die Spalte und die Zeile in Bekkers Textausgabe von 1831 angeben (z. B. 1354 a 10), zitiert; diese Zahlen finden sich in allen guten Aristoteles-Ausgaben wieder. Bei pauschaleren Verweisen genügt bisweilen die Angabe des Titels, der Ordnungsnummer des Buches und des Kapitels (z. B. Met. IV 2); bei manchen Werken wie der *Metaphysik* werden Bücher oft nicht mit einer römischen Zahl, sondern einem Buchstaben des griechischen Alphabets zitiert.

b) Gesamtausgaben und griechische Texte

Griechische Textausgaben der wichtigsten Werke des Aristoteles sind in der Reihe »Oxford Classical Texts« bei Oxford University Press ediert, eine verlässliche griechisch-englische Gesamtausgabe stellt die Loeb-Edition (Cambridge, Mass.) dar; gute Textausgaben sind auch bei der Collection des Universités de France (Paris) erschienen. Aristoteles in englischer Übersetzung zum kostenlosen »Herunterladen« gibt es bei »The Internet Classics Archive« (http://classics.mit.edu/).

Barnes, J. (Hg.), The Complete Works of Aristotle, 2 Bde., Princeton 1984.

Bekker, I. (Hg.), Aristotelis opera, 2 Bde., Berlin 1831 ff.

Flashar, H./Rapp, Ch. (Hg.), Aristoteles. Werke in deutscher Übersetzung, begründet von E. Grumach, fortgeführt von H. Flashar, herausgegeben von Ch. Rapp, Berlin 1956–2012.

Gigon, O. (Hg.), Aristotelis opera, volumen tertium, Berlin/New York 1987.

2. Forschungsliteratur und Einzelübersetzungen

Nicht alle auf dem deutschen Buchmarkt erhältlichen Übersetzungen sind empfehlenswert; deswegen ist im Folgenden nur eine Auswahl deutscher Übersetzungen berücksichtigt. Die besten englischsprachigen Übersetzungen sind zusammen mit hilfreichen Kommentaren in der »Clarendon Aristotle Series« erhältlich. Textausgaben, Übersetzungen und Kommentare sind mit der Sigle der entsprechenden Schrift gekennzeichnet.

Aktuelle Artikel zu Teilbereichen der Aristotelischen Philosophie mit ausführlicher Bibliographie finden sich in der frei zugänglichen Online-Enzyklopädie der Philosophie *The Stanford Encyclopedia of Philosophy* (http://plato.stanford.edu). Zur Zeit sind folgende Einträge zu Aristoteles verfügbar: biology, categories, causality, ethics, logic, mathematics, metaphysics, natural philosophy, non-contradiction, political theory, psychology, rhetoric.

a) Einführungen, Gesamtdarstellungen, Hilfsmittel usw.

Ackrill, J. L., Aristotle the Philosopher, Oxford 1981, deutsch: Berlin/New York 1985.

Anagnostopoulos, G. (Hg.), A Companion to Aristotle, Oxford 2009.

Barnes, J., Aristotle, Oxford 1982.

Ders. (Hg.), The Cambridge Companion to Aristotle, Cambridge 1995.

Bonitz, H., Index Aristotelicus, Bd. V von I. Bekker, Aristotelis opera, Berlin 1870, ND Darmstadt 1960.

Buchheim, Th., Aristoteles, Freiburg/Br. 1999.

Detel, W., Aristoteles, Leipzig 2005.

Düring, I., Aristoteles. Darstellung und Interpretation seines Denkens, Heidelberg 1966.

Flashar, H., Aristoteles, in: H. Flashar (Hg.), Grundriss der Geschichte der Philosophie. Die Philosophie der Antike, Bd. 3, 2. Aufl., Basel 2004, S. 167-492.

Höffe, O., Aristoteles, 3. Aufl., München 2006.

Ders. (Hg.), Aristoteles-Lexikon, Stuttgart 2005.

Horn, Ch./Rapp, Ch. (Hgg.), Wörterbuch der antiken Philosophie, 2. Aufl., München 2008.

Kuhlmann, W., Aristoteles als Naturwissenschaftler, Berlin 2014.

Lear, J., Aristotle: The Desire to Understand, Cambridge 1988.

Primavesi, O./Rapp, Ch., Aristoteles, München 2016.

Rapp, Ch./Corcilius, K. (Hgg.), Aristoteles-Handbuch, Stuttgart/Weimar, 2. Aufl. 2020.

Ross, W. D., Aristotle, London 1953.

Shields, Ch., Aristotle, London 2007.

Ders. (Hg.), Oxford Handbook of Aristotle, Oxford 2012.

b) Ethik

Anagnostopoulos, G., Aristotle on the Goals and the Exactness of Ethics, Berkeley 1994.

Annas, J., The Morality of Happiness, Oxford 1993.

Barnes, J./Schofield, M./Sorabji, R. (Hgg.), Articles on Aristotle, Bd. 2: Ethics and Politics, New York 1978.

Bien, G. (Hg.), Aristoteles, Nikomachische Ethik, übers. von E. Rolfes, Hamburg 1985 (EN).

Bostock, D., Aristotle's Ethics, Oxford 2000.

Broadie, S., Ethics with Aristotle, New York/Oxford 1991.

Broadie, S./Rowe, Ch., Aristotle, Nicomachean Ethics. Translation, Introduction, and Commentary, Oxford 2002 (EN).

Brüllmann, Ph., Die Theorie des Guten in Aristoteles' Nikomachischer Ethik, Berlin/New York 2011.

Buddensiek, F., Die Theorie des Glücks in Aristoteles' Eudemischer Ethik, Göttingen 1999.

Cooper, J. M., Reason and Human Good in Aristotle, Cambridge 1975.

Ders., Reason and Emotion, Princeton 1999.

Curzer, H. J., Aristotle & the Virtues, Oxford 2012.

Dirlmeier, Aristoteles, Eudemische Ethik. Übersetzung und Erläuterungen, 4. Aufl., Berlin 1984 (EE).

Frede, Dorothea, Aristoteles, Nikomachische Ethik. Übersetzung und Erläuterungen, Berlin/Boston 2020 (EN).

Gauthier, R. A./Jolif, J. Y., Aristote, L'Ethique à Nicomaque, 2. Aufl., Leuven/Paris 1970 (EN).

Gigon, O., Aristoteles. Die Nikomachische Ethik, München 1991 (EN).

Gottlieb, P., The Virtue of Aristotle's Ethics, Cambridge 2009.

Hardie, W. F. R., Aristotle's Ethics, 2. Aufl., Oxford 1980.

Höffe, O. (Hg.), Aristoteles. Die Nikomachische Ethik, Berlin 1995.

Inwood, B./Woolf, R., Aristotle. Eudemian Ethics, Cambridge 2012 (EE).

Karbowski, Joe, Aristotle's Method in Ethics, Cambridge 2018.

Kraut, R., Aristotle on the Human Good, Princeton 1989.

Ders. (Hg.), The Blackwell Guide to Aristotle's Nicomachean Ethics, Malden Mass. u.a. 2006.

Leigh, Fiona (Hg.), The Eudemian Ethics on the Voluntary, Friendship, and Luck, Leiden 2012.

Lienemann, Béatrice, Aristoteles' Konzeption der Zurechnung, Berlin/Boston 2018.
Miller, Jon (Hg.), Aristotle's Nicomachean Ethics. A Critical Guide, Cambridge 2011.
Mueller-Goldingen, Ch. (Hg.), Schriften zur aristotelischen Ethik, Hildesheim/Zürich/New York 1988.
Pakaluk, M., Aristotle, Nicomachean Ethics, Books VIII and XI, Oxford 1998 (EN).
Ders., Aristotle's Nicomachean Ethics: An Introduction, Cambridge 2005.
Polansky, R. (Hg.). The Cambridge Companion to Aristotle's Nicomachean Ethics, Cambridge 2014.
Reeve, C.D.C., Practices of Reason. Aristotle's Nicomachean Ethics, Oxford 1992.
Richardson Lear, G., Happy Lives and the Highest Good: An Essay on Aristotle's Nicomachean Ethics, Princeton 2004.
Rorty, A. O. (Hg.), Essays on Aristotle's Ethics, Berkeley/Los Angeles/London 1980.
Schneeweiß, G. (Hg.), Aristoteles, Protreptikos – Hinführung zur Philosophie, Darmstadt 2005 (Prot.).
Taylor, C. C. W. (Hg.), Aristotle, Nicomachean Ethics, Books II-IV, Oxford 2006 (EN).
Urmson, J. O., Aristotle's Ethics, Oxford 1988.
Wolf., U., Aristoteles' Nikomachische Ethik (Werkinterpretationen), Darmstadt 2002.
Dies., Aristoteles, Nikomachische Ethik, übers. und hg., Reinbek 2006 (EN).
Woods, M., Aristotle, Eudemian Ethics, Books I, II and VIII, Oxford 1982 (EE).

c) Theorie der Handlung

Bobonich, Ch./Destrée, P. (Hgg.), Akrasia in Greek Philosophy, Leiden 2007.
Brüllmann, Ph./Rapp, Ch. (Hgg.), The Practical Syllogism, Logical Analysis and History of Philosophy 11 (2008).
Charles, D., Aristotle's Philosophy of Action, London 1984.
Corcilius, K./Rapp, Ch. (Hgg.), Beiträge zur Aristotelischen Handlungstheorie, Stuttgart 2008.

Corcilius, K., Streben und Bewegen. Aristoteles' Theorie der Ortsbewegung, Berlin/New York 2008.

Corcilius, K./Primavesi, O., Aristoteles. De motu animalium. Über die Bewegung der Lebewesen, Hamburg 2018 (MA).

Jedan, Ch., Willensfreiheit bei Aristoteles?, Göttingen 2000.

Kollesch, J., Über die Bewegung der Lebewesen. Über die Fortbewegung der Lebewesen, Übersetzung und Erläuterungen, Berlin 1985 (De Motu, De Incessu).

Lorenz, H., The Brute Within. Appetitive Desire in Plato and Aristotle, Oxford 2006.

Meyer, S. S., Aristotle on Moral Responsibility: Character and Cause, Oxford 1993, 2. Aufl. 2012.

Moss, J., Aristotle on the Apparent Good. Perception, Phantasia, Thought & Desire, Oxford 2012.

Natali, Carlo (Hg.), Aristotle, Nicomachean Ethics, Book VII, Oxford 2009.

Nussbaum, M. C., Aristotle's De Motu Animalium, Princeton 1978 (De Motu).

Pakaluk, M./Pearson, G. (Hgg.), Moral Psychology and Human Action in Aristotle, Oxford 2011.

Pearson, G., Aristotle on Desire, Cambridge 2012.

Rapp, Ch./Primavesi, O., Aristotle. De motu animalium, Oxford 2020 (MA).

d) Politische Philosophie

Chambers, M., Aristoteles, Staat der Athener, Übersetzung und Erläuterungen, Berlin 1990 (Ath. Pol.).

Deslauriers, M./Destrée, P. (Hgg.), The Cambridge Companion to Aristotle's Politics, Cambridge 2013.

Höffe, O. (Hg.), Aristoteles. Politik, Berlin 2001.

Horn, Ch./Neschke-Hentschke, A.B. (Hgg.), Politischer Aristotelismus, Stuttgart 2008.

Keyt, D./Miller, F. D., A Companion to Aristotle's Politics, Oxford/Cambridge 1991.

Keyt, D. (Hg.), Aristotle, Politics, Books V-VI, Oxford 1999 (Pol.).

Kraut, R. (Hg.), Aristotle, Politics, Books VII-VIII, Oxford 1997 (Pol.).

Ders., Aristotle: Political Philosophy, Oxford 2002.
Kullmann, W. (Hg.), Aristoteles, Politik, nach der Übersetzung von F. Susemihl, Reinbek 1994 (Pol.).
Lockwood, Th./Samaras, Th. (Hgg.), Aristotle's Politics. A Critical Guide, Cambridge 2015.
Miller, E. D., Nature, Justice, and Rights in Aristotle's Politics, Oxford 1995.
Patzig, G. (Hg.), Aristoteles' Politik, Göttingen 1990.
Robinson, R., Aristotle, Politics, Books III-IV, Oxford 1992 (Pol.).
Saunders, T.J., Aristotle, Politics, Books I-II, Oxford 1995 (Pol.).
Schütrumpf, E., Aristoteles, Politik. Übersetzung und Erläuterungen, 4 Bde., Teilband 1 und 2: Berlin 1991, Teilband 3: E. Schütrumpf/H.-J. Gehrke, Berlin 1996, Teilband 4: E. Schütrumpf, Berlin 2005 (Pol.).
Schütrumpf, E., Aristoteles, Politik. Übersetzung, Hamburg 2012 (Pol.).
Susemihl, F., Aristoteles' Politik, griech.-deutsch, 2 Bde., Leipzig 1879, ND Aalen 1978 (Pol.).

e) Poetik

Andersen, Ø./Haarberg, J. (Hg.), Making Sense of Aristotle. Essays in Poetics, London 2001.
Belfiore, E., Tragic Pleasures, Princeton 1992.
Bernays, J., Grundzüge der verlorenen Abhandlung des Aristoteles über die Wirkung der Tragödie, Breslau 1857, ND Hildesheim/New York 1970.
Else, G.F., Aristotle's Poetics: the Argument, Cambridge/Mass. 1957.
Fuhrmann, M., Aristoteles, Poetik, griech.-deutsch, Ditzingen 1989 (Poet.).
Halliwell, S., Aristotle's Poetics, London 1986.
Ders., The Poetics of Aristotle, London 1987 (Poet.).
Höffe, O. (Hg.), Aristoteles, Poetik, Berlin 2009.
Luserke, M., Die Aristotelische Katharsis. Dokumente ihrer Deutung im 19. und 20. Jahrhundert, Hildesheim/Zürich/New York 1991.
Rorty, A.O. (Hg.), Essays on Aristotle's Poetics, Princeton 1992.
Schmitt, A., Aristoteles, Poetik. Übersetzung und Erläuterungen, Berlin 2008 (Poet.).

Seidensticker, B./Vöhler, M. (Hgg.): Katharsiskonzeptionen vor Aristoteles. Zum kulturellen Hintergrund des Tragödiensatzes, Berlin/New York 2007.
Sifakis, G.M., Aristotle on the Function of Tragic Poetry, Herakleion 2001.

f) Semantik

Ackrill, J., Aristotle, Categories and De Interpretatione, Oxford 1963 (Int.), (Cat.).
Charles, D., Aristotle on Meaning and Essence, Oxford 2000.
Modrak, D., Aristotle's Theory of Language and Meaning, Cambridge 2001.
Oehler, K., Aristoteles, Kategorien. Übersetzung und Erläuterungen, 4. Aufl., Berlin 2006 (Cat.).
Shields, Ch., Order in Multiplicity. Homonymy in the Philosophy of Aristotle, Oxford 2003.
Weidemann, H., Aristoteles, Peri Hermeneias. Übersetzung und Erläuterungen, 2. Aufl. Berlin 2002 (Int.).

g) Logik

Barnes, J., Truth, etc. Six Lextures on Ancient Logic, Oxford 2007.
Corcoran, J. (Hg.), Ancient Logic and Its Modern Interpretations, Dordrecht 1974.
Crivelli, P., Aristotle on Truth, Cambridge 2004.
Drechsler, M., Interpretationen der Beweismethoden in der Syllogistik des Aristoteles sowie ein logisch-semantischer Kommentar zu den Analytica priora I, 1, 2, 4-7, Frankfurt am Main 2005.
Ebert, Th./Nortmann, U., Aristoteles, Erste Analytik, Buch I, Berlin 2007 (An. pr.).
Frede, D., Aristoteles und die Seeschlacht, Göttingen 1970.
Gaskin, R., The Sea Battle and the Master Argument, Berlin/New York 1995.
Hintikka, J., Time and Necessity. Studies in Aristotle's Theory of Modality, Oxford 1973.
Kapp, E., Der Ursprung der Logik bei den Griechen, Göttingen 1965.
Lukasiewicz, J., Aristotle's Syllogistic from the Standpoint of Modern Formal Logic, 2. Aufl., Oxford 1957.

Malink, M., Aristotle's Modal Syllogistic, Cambridge Mass. 2013.
Nortmann, U., Modale Syllogismen, mögliche Welten, Essentialismus, Berlin/New York 1996.
Patzig, G., Die aristotelische Syllogistik, 3. Aufl., Göttingen 1969.
Smith, R., Aristotle, Prior Analytics, translated, with introduction, notes, and commentary, Indianapolis 1989 (An. pr.).
Striker, G., Aristotle, Prior Analytics, Book I, Oxford 2009 (An. pr.).
Strobach, N., Aristoteles. Erste Analytik, Buch II (übersetzt von N. Strobach und M. Malink, erläutert von N. Strobach), Berlin 2015 (An pr.).
Whitaker, C. W. A., Aristotle's De Interpretatione: Contradiction and Dialectic, Oxford 1996.

h) Dialektik und Rhetorik

Brunschwig, J., Aristote, Topique, texte établi et traduit, Livres I-IV, Paris 1967, Livres V-VIII, Paris 2007 (Top.).
Dorion, L.-A., Les Réfutations sophistiques, Paris 1995 (Soph. el.).
Dow, J., Passions and Persuasion in Aristotle's Rhetoric, Oxford 2015.
Furley, D. J./Nehamas, A. (Hgg.), Aristotle's Rhetoric. Philosophical Essays, Princeton 1994.
Hasper, P. S./Rapp, Ch. (Hgg.), Fallacious Arguments in the History of Philosophy, Logical Analysis and History of Philosophy 15 (2012) (Soph. el.).
Kennedy, G. A., Aristotle, On Rhetoric. A Theory of Civic Discourse, Oxford 1991 (Rhet.).
Owen, G. E. L., Aristotle on Dialectic, Oxford 1968.
Pater, W. A. de, Les Topiques d'Aristote et la dialectique platonicienne, Freiburg/Ü. 1965.
Primavesi, O., Die Aristotelische Topik. Ein Interpretationsmodell und seine Erprobung am Beispiel von Topik B, München 1996.
Rapp, Ch., Aristoteles, Rhetorik. Übersetzung und Erläuterungen, 2 Bde., Berlin 2002 (Rhet.).
Rorty, A. O. (Hg.), Essays on Aristotle's Rhetoric, Berkeley/Los Angeles/London 1996.
Smith, R., Aristotle, Topics, Books I and VIII, translated with a commentary, Oxford 1997 (Top.).

Wagner, T./Rapp, Ch., Aristoteles, Topik. Übersetzung, Einleitung und Kommentar, Stuttgart 2004 (Top.).

i) Physik

Bostock, D., Space, Time, Matter, and Form. Essays on Aristotle's Physics, Oxford 2006.
Buchheim, Th., Über Werden und Vergehen, Übersetzung und Erläuterungen, Berlin 2010 (Gen. Corr.).
Charlton, W., Aristotle, Physics, Books I and II, Oxford 1970 (Phys.).
Coope, U., Time for Aristotle, Physics IV 10-14, Oxford 2006.
De Haas, F./Mansfeld, J. (Hgg.), Aristotle's »On Generation and Corruption« Book I, Oxford 2004.
Falcon, A., Aristotle and the Science of Nature, Cambridge 2005.
Graham, D.W., Aristotle, Physics, Book VIII, Oxford 1999 (Phys.).
Hussey, E., Aristotle, Physics, Books III-IV, Oxford 1983 (Phys.).
Johnson, M.R., Aristotle on Teleology, Oxford 2006.
Jori, A., Über den Himmel, Übersetzung und Erläuterungen, Berlin 2009 (Cael.).
Judson, L. (Hg.), Aristotle's Physics, Oxford 1991.
Leunissen, M., Explanation and Teleology in Aristotle's Science of Nature, Cambridge 2010.
Dies. (Hg.), Aristotle's Physics. A Critical Guide, Cambridge 2015.
Morison, B., On Location. Aristotle's Concept of Place, Oxford 2002.
Pfeiffer, Ch., Aristotle's Theory of Bodies, Oxford 2018.
Ross, W.D., Aristotle's Physics, Oxford 1946 (Phys.).
Solmsen, F., Aristotle's System of the Physical World, Ithaca 1960.
Wagner, H., Aristoteles, Physikvorlesung, Übersetzung und Erläuterungen, 5. Aufl. Berlin 1995 (Phys.).
Wardy, R., The Chain of Change, Cambridge 1990.
Waterlow, S., Nature, Change and Agency in Aristotle's ›Physics‹, Oxford 1982.
Wieland, W., Die aristotelische Physik, 3. Aufl., Göttingen 1992.
Williams, C.J.F., De Generatione et Corruptione, Oxford 1982 (Gen.Corr.).
Zekl, H.G., Aristoteles, Physik, griech.-deutsch, Hamburg 1987/88 (Phys.).

j) Theorie des Wissens und der Wissenschaft

Barnes, J., Aristotle's Posterior Analytics. Translation with Notes, 2. Aufl., Oxford 1994 (An. post.).
Barnes, J./Schofield, M./Sorabji, R. (Hgg.), Articles on Aristotle, Bd. 1: Science, New York 1975.
Berti, E. (Hg.), Aristotle on Science: the Posterior Analytics, Padua 1981.
Bronstein, D., Aristotle on Knowledge and Learning: The Posterior Analytics, Oxford 2016.
Charles D. (Hg.), Definition in Greek Philosophy, Oxford 2010.
Detel, W., Aristoteles, Analytica Posteriora. Übersetzung und Erläuterungen, 2 Bde., Berlin 1993 (An. post.).
Detel, W., Aristoteles, Zweite Analytik. Griechisch-Deutsch, Hamburg 2011.
McKirahan, R. D. jr., Principles and Proofs. Aristotle's Theory of Demonstrative Science, Princeton 1992.
Mignucci, M., Aristotele, Analitici secondi, introduzione di J. Barnes, Rom/Bari 2007.
Rapp, Ch./Wagner, T. (Hgg.), Wissen und Bildung in der antiken Philosophie, Stuttgart 2006.

k) Ontologie und Metaphysik

Ackrill, J. L., Aristotle's Categories and De interpretatione, Oxford 1963 (Cat., Int.).
Annas, J., Aristotle's Metaphysics Books M and N, Oxford 1977 (Met.).
Beere, J., Doing and Being. An Interpretation of Aristotle's Metaphysics Theta, Oxford 2009.
Bodéüs, R., Aristote. Catégories, Paris 2002.
Bonitz, H., Aristoteles, Metaphysik, neu hg. von U. Wolf, Reinbek 1994 (Met.).
Bordt, M., Aristoteles, Metaphysik XII (Werkinterpretationen), Darmstadt 2006.
Bostock, D., Aristotle's Metaphysics Books Z and H, Oxford 1994 (Met).
Burnyeat, M., A Map of Metaphysics Zeta, Pittsburgh 2001.
Castelli, L., Aristotle, Metaphysics Book Iota, Oxford 2018.
Charles, D./Frede, M. (Hgg.), Aristotle's Metaphysics Lambda, Oxford 2000.

Code, A., Collected Papers on Aristotle's Metaphysics, Princeton (im Erscheinen).
Crubellier, M./Laks, A. (Hgg.), Aristotle's Metaphysics Beta, Oxford 2009.
Detel, W., Aristoteles, Metaphysik VII und VIII, griechisch-deutsch mit Kommentar, Frankfurt/M. 2009 (Met).
Frede, M./Patzig, G., Aristoteles, Metaphysik Z. Text, Übersetzung, Kommentar, 2 Bde., München 1988 (Met.).
Galluzzo, G./Mariani, M., Aristotle's Metaphysics Book Z: The Contemporary Debate, Pisa 2006.
Gill, M.-L., Aristotle on Substance. The Paradox of Unity, Princeton 1991.
Kirwan, Ch., Aristotle, Metaphysics IV-VI, Oxford 1971 (Met).
Lewis, F. A., Substance and Predication in Aristotle, Cambridge 1991.
Ders., How Aristotle Gets by in Metaphysics Z, Oxford 2013.
Loux, M. J., Primary Ousia. An Essay on Aristotle's Metaphysics Z and H, Ithaca 1991.
Madigan, A., Aristotle, Metaphysics, Books III and XI 1-2, Oxford 1994 (Met.).
Makin, S., Aristotle's Metaphysics. Book Theta, Oxford 2006 (Met.).
Mann, W.-R., The Discovery of Things, Princeton 2000.
Oehler, K., Aristoteles, Kategorien, Übersetzung und Erläuterungen, Berlin 1984 (Cat.).
Ders., Der unbewegte Beweger bei Aristoteles, Frankfurt/M. 1984.
Peramatzis, M., Priority in Aristotle's Metaphysics, Oxford 2011.
Politis, V., Routledge Philosophy Guidebook to Aristotle and the Metaphysics, London 2004.
Rapp, Ch. (Hg.), Aristoteles, Metaphysik. Die Substanzbücher (Z, H, Θ), Berlin 1996.
Reeve, C. D. C., Substantial Knowledge. Aristotle's Metaphysics, Indianapolis 2002.
Ders., Aristotle. Metaphysics. Indianapolis 2016.
Rhenius, R., Die Einheit der Substanzen bei Aristoteles, Berlin 2005.
Ross, W. D., Aristotle, Metaphysics, Oxford 1923 (Met.).
Scaltsas, Th./Charles D./Gill, M.L. (Hgg.), Unity, Identity, and Explanation in Aristotle's Metaphysics, Oxford 1994.
Steel, C. (Hg.), Aristotle's Metaphysics Alpha, Oxford 2012.

l) Theorie der Seele

Barnes, J./Schofield, M./Sorabji, R. (Hgg.), Articles on Aristotle, Bd. 4: Psychology and Aesthetics, New York 1979.

Corcilius, K. Aristoteles De anima, Hamburg 2017 (An.).

Everson, S., Aristotle on Perception, Oxford 1997.

Frede, D./Reis, B. (Hgg.), Body and Soul in Ancient Philosophy, Berlin/ New York 2009.

Gigon, O., Aristoteles, Vom Himmel, Von der Seele, Von der Dichtkunst, München 1983 (An., Poet.).

Gregoric, P., Aristotle on the Common Sense, Oxford 2007.

Hamlyn, D. W., Aristotle's De anima, Books II and III, 2. Aufl., Oxford 1993, ND 1998 (An.).

Hicks, R. D., Aristotle, »De Anima«, with translation, introduction and notes, Cambridge 1907; ND Hildesheim 1990 (An.).

Johansen, T. K., Aristotle on the Sense-Organs, Cambridge 1998.

Ders., The Powers of Aristotle's Soul, Oxford 2012.

King, R., Aristoteles, De memoria et reminiscentia, Übersetzung und Erläuterungen, Berlin 2004 (Mem.).

Nussbaum, M. C./Rorty, A. O. (Hgg.), Essays on Aristotle's »De Anima«, Oxford 1992.

Polansky, R., Aristotle's De anima, Cambridge 2007.

Shields, Ch., Aristotle, De Anima, Oxford 2016.

Sorabji, R., Aristotle on Memory, Providence 1972 (Mem.).

Theiler, W., Aristoteles, Über die Seele, Übersetzung und Erläuterungen, 8. Aufl., Berlin 2006 (An.).

Van der Eijk, Ph., Aristoteles, De insomniis, De divinatione per somnum, Übersetzung und Erläuterungen, Berlin 1994 (De Insomniis).

Wedin, M., Mind and Imagination in Aristotle, New Haven 1988.

m) Biologie

Connell, S.M., Aristotle on Female Animals. A Study of the Generation of Animals, Cambridge 2016.

Epstein, K., Aristoteles. Historia animalium Buch V, Berlin/Boston 2019 (HA).

Falcon, A./Lefebvre, D. (Hgg.), Aristotle's Generation of Animals. A Guide, Cambridge 2018.

Föllinger, S., Differenz und Gleichheit. Das Geschlechterverhältnis in der Sicht griechischer Philosophen des 4.-1. Jahrhunderts v. Chr., Stuttgart 1996.

Gotthelf, A./Lennox, J. (Hgg.), Philosophical Issues in Aristotle's Biology, Cambridge 1987.

Kullmann, W., Wissenschaft und Methode. Interpretationen zur aristotelischen Theorie der Naturwissenschaften, Berlin 1974.

Ders., Aristoteles und die moderne Wissenschaft, Stuttgart 1998.

Ders., Aristoteles, Über die Teile der Lebewesen, Übersetzung und Erläuterungen, Berlin 2007 (PA).

Lennox, J. G., Aristotle's Philosophy of Biology, Cambridge 2000.

Ders., Aristotle, On the Parts of Animals, Oxford 2002 (PA).

Ders./Bolton, R. (Hgg.), Being, Nature and Life in Aristotle, Cambridge 2010.

Leroi, A. M., The Lagoon. How Aristotle Invented Science, New York 2014.

Schnieders, S., Aristoteles, Historia animalium Buch VIII-IX, Übersetzung und Erläuterungen, Berlin/Boston 2019 (HA).

Zierlein, S., Aristoteles, Historia animalium Buch I-II, Übersetzung und Erläuterungen, Berlin/Boston 2013 (HA).

Zeittafel

384 v. Chr.	Aristoteles wird in Stagiros (bzw. Stagira) geboren.
367 v. Chr.	Er tritt in Platons Akademie ein.
347 v. Chr.	Platon stirbt und Aristoteles verlässt Athen.
335 v. Chr.	Aristoteles kehrt nach Athen zurück und gründet seine Schule, das Lykeion.
323 v. Chr.	Er verlässt Athen.
322 v. Chr.	Aristoteles stirbt in Chalkis (Euboia).

Christof Rapp, geb. 1964, studierte Philosophie, Griechisch, Logik und Wissenschaftstheorie in Tübingen und München; Promotion 1993, Habilitation 2000. Von 2001 bis 2009 Professor für Philosophie an der Humboldt-Universität zu Berlin. Seit 2009 Professor für Philosophie an der Ludwig-Maximilians-Universität München. Veröffentlichungen: Identität, Persistenz, Substantialität (1995); Aristoteles. Die Substanzbücher der »Metaphysik« (1996); Vorsokratiker (1997); Aristoteles. Rhetorik (2002); zusammen mit Christoph Horn: Wörterbuch der antiken Philosophie (2002); zusammen mit Tim Wagner: Aristoteles. Topik (2004); zusammen mit Klaus Corcilius: Beiträge zur Aristotelischen Handlungstheorie (2008); Epikur. Ausgewählte Schriften (2010); zusammen mit Klaus Corcilius: Aristoteles-Handbuch (2011); Metaphysik. Eine Einführung (2016); zusammen mit Oliver Primavesi: Aristotle, De Motu Animalium (2020).